- 本书是"中央高校基本科研业务费专项资金资助"（supported by "the Fundamental Research Funds for the Central Universities"）项目"中国共产党社会救助事业的历史经验研究"的最终结项成果。
- 本书得到了"北京高校中国特色社会主义理论研究协同创新中心（北京师范大学）"和教育部哲社研究重大课题攻关项目"中国共产党认识和解决民生问题的历史经验研究"（10JZD0002）的支持。

当代中国社会救助事业的历史经验研究

◇赵朝峰 著

中山大学出版社
·广州·

版权所有　翻印必究

图书在版编目（CIP）数据

当代中国社会救助事业的历史经验研究/赵朝峰著. —广州：中山大学出版社，2015.12

ISBN 978-7-306-05537-8

Ⅰ.①当… Ⅱ.①赵… Ⅲ.①社会救济—研究—中国 Ⅳ.① D632.1

中国版本图书馆 CIP 数据核字（2015）第 280852 号

当代中国社会救助事业的历史经验研究
dang dai zhong guo she hui jiu zhu shi ye de li shi jing yan yan jiu

出版人：	徐　劲
策划编辑：	陈　露
责任编辑：	范正田
封面设计：	岁　晏
责任校对：	李　娜
责任技编：	汤　丽
出版发行：	中山大学出版社
电　话：	编辑部 020-84111996，84113349，84111997，84110779
	发行部 020-84111998，84111981，84111160
地　址：	广州市新港西路 135 号
邮　编：	510275　传　真：020-84036565
网　址：	http://www.zsup.com.cn　E-mail：zdcbs@mail.sysu.edu.cn
印刷者：	虎彩印艺股份有限公司
规　格：	787mm×1092mm　1/16　21 印张　280 千字
版次印次：	2015 年 12 月第 1 版　2015 年 12 月第 1 次印刷
定　价：	49.00 元

如发现本书因印装质量影响阅读，请与出版社发行部联系调换

目 录

绪 论 ·· 1

    一、相关概念 ·· 1

    二、社会救助的基本原则 ·· 2

    三、社会救助的分类 ·· 4

    四、研究当代中国社会救助事业的意义 ····························· 5

第一章 新民主主义革命时期的社会救助 ································ 8

    一、新民主主义革命时期的弱势群体状况 ·························· 8

    二、中国共产党对弱势群体成因的认识 ··························· 22

    三、新民主主义革命与社会救助举措 ······························ 29

第二章 社会主义过渡时期的社会救助 ································· 54

    一、新中国成立初期的弱势群体状况 ······························ 54

    二、对新中国成立初期弱势群体的认识 ··························· 58

    三、新中国成立初期的社会救助举措 ······························ 65

第三章 集体化时期的社会救助 ·· 110

    一、集体化时期的弱势群体 ··· 110

二、集体化时期的社会救助制度 …………………………………… 124

　　三、集体化时期的社会救助实践 …………………………………… 137

第四章　改革开放以来的社会救助 ……………………………………… 181

　　一、农村困难群众救助 ……………………………………………… 181

　　二、自然灾害救助 …………………………………………………… 237

　　三、城市困难居民救助 ……………………………………………… 264

　　四、特殊人员的救助 ………………………………………………… 280

第五章　当代中国社会救助事业的历史经验 …………………………… 311

　　一、坚持中国共产党的领导，加强社会救助的政治和组织保证 …… 311

　　二、抓住经济建设这个中心，夯实社会救助的物质基础 …………… 314

　　三、重视社会救助工作，实现救助功能的托底兜底 ………………… 317

　　四、加强制度建设，确保社会救助的公平有效 ……………………… 320

　　五、适应社会发展变化，多渠道地筹措救助资金 …………………… 324

　　六、根据中国实际，循序渐进地推进社会救助工作 ………………… 329

表格索引 …………………………………………………………………… 331

绪　论

一、相关概念

1. 社会救助

社会救助是国家通过国民收入的再分配，对因自然灾害或其他经济、社会原因而无法维持最低生活水平的社会成员给予救助，以保障其最低生活水平的制度。社会救助是对古代社会救济思想的继承和发展，是随着现代国家观念和人权思想的产生而出现的，是现代社会保障体系中最基本的内容，它与社会保险、社会福利一同构成了现代社会保障制度。其中，社会保险是社会保障体系的核心部分，社会福利是社会保障的最高层次，社会救助是社会保障的最后一道防线。社会救助的对象是社会保险这道安全网保护不了的人群。社会保障可以暂时没有社会福利，或者暂时没有社会保险，但不能没有保障社会安全的"最后一道防线"——社会救助。

2. 社会救济与社会救助的区别

（1）实施理念不同。这表现在"恩赐性"与"义务性"、"歧视性"与"尊重性"的区别。一般而言，社会救济是消极性济贫行为，带有施舍的、随意的色彩，即使是国家或教会的社会救济，也强调君主或教会的恩赐，是怜悯心、慈爱心的体现，并不认为贫困者享有接受救济的权利。而社会救助是积极性扶贫行为，通过国家立法与政府实施，明确了国家义务与公民权利，注意保护贫困者的人权、尊严与隐私。

（2）实施标准不同。这表现在"随意性"与"规范性"、"特殊性"与"普遍性"的区别。社会救济既然是恩赐、施舍，救济多少取决于施救者的随意性，没有标准定量，而社会救助则通过经济统计制定"贫困线"标准，通过家庭经济情况调查确认具体对象的补差数额。社会救济一般是微观性地实施，社会救助则是宏观性地普遍实施。

（3）实施作用不同。这表现在"消极性"与"积极性"、"保守性"与"发展性"的区别。社会救济偏向于消极地"救急"，应付一时生活之需，社会救助的最终目的是根本解决贫困生计。社会救济的作用是较为保守的，社会救助是更为积极的，以受助者为本并努力尊重受助者的制度安排，旨在保障社会成员的基本权利，根据其实际需要提供帮助，并努力使其摆脱困境。

（4）实施内容不同。这表现在"狭窄性"与"广泛性"的区别。社会救济一般只针对最低生活需求的救济，救济手段与救济项目较狭窄。而社会救助则由国家和社会全面实施，以最低生活保障制度为核心和基础项目，此外还有五保、医疗、教育、住房等专项救助，灾民、流浪乞讨人员、临时困难家庭等临时性救助项目，内容广泛，应对贫困人口各方面需求。

（5）实施目的不同。这表现在"防范性"与"保护性"的区别。传统社会救济，统治阶级实施的目的是防范贫困人口反抗。现当代社会救助的目的是保护贫困人口，帮助他们最终摆脱贫困，平等地参与社会活动。[①]

而在实际工作中，有时候社会救济与社会救助二者并没有严格的区分，两个词常常互用。

二、社会救助的基本原则

1. 保障基本生活原则

社会救助是对依靠自身能力难以维持基本生活的公民提供的物质帮助

---

① 米勇生：《社会救助》，中国社会出版社2009年版，第2—3页。

和服务，社会救助制度的设计初衷和最终目的是保障社会成员的基本生活，满足其维持基本生存的需要。救助标准和救助水平过高，一方面可能引起"福利依赖"者的不劳而获问题，不利于促进就业，也不利于与社会保险、社会福利等其他社会保障制度衔接；另一方面，可能使国家财政不堪重荷而最终导致制度失效。救助标准和救助水平过低，不能满足社会成员维持基本生存的需要，使社会救助制度丧失效用，造成一部分贫困人口被排斥在社会救助之外，给社会稳定带来隐患。

2. 与经济社会发展相适应原则

社会救助的"与经济社会发展相适应原则"，是指社会救助的救助内容、救助范围、救助标准和救助水平，在制定与设计时都应考虑到与经济水平、财政规模、社会发展程度等相适应，并随着经济社会的发展而及时、适量地予以调整。随着经济社会的不断发展进步，国家的经济实力不断提升，人民群众的生活水平逐步提高，社会成员维持基本生存的需求也逐渐增加，这些都要求社会救助的内容、范围、标准和水平必须随着经济社会的发展适时进行调整。

3. 与其他社会保障制度相衔接原则

在一定意义上说，社会救助基本上发挥"生存性"的保护功能，社会保障侧重于发挥"发展性"的保护功能，社会福利有一定的"享受性"保护功能。三者缺一不可。社会救助与其他社会保障制度相衔接，就是要求社会救助制度与社会保险、社会福利等在标准、范围、水平等方面形成梯次，做到有序衔接，相关信息和数据实现互联互通、资源共享。

社会救助制度在中国当前发挥着重要的作用。这是因为社会保障体系中的社会福利、社会保险在一段时期内还无法做到对社会成员的全覆盖，具有一定的局限性和有偿性。社会救助制度因其对全体社会成员的全覆盖和独具的无偿性，能较好地满足社会成员基本生存的需求，缓解社会福利制度、社会保险制度的压力。

4. 公开、公平、公正原则

公开、公平、公正原则，是指社会救助实施时要遵循与坚持信息公开、待遇公平、程序公正。

公开性原则要求积极地、有效地、全面地公开社会救助的政策内容、办事程序、救助对象、救助金额等相关信息，接受社会和群众的监督。公平性原则要求落实社会救助"面向全民""公民待遇""实施的非义务性"等原则。公正性原则是要求社会救助工作的操作要规范，程序要完善，办事要公正，杜绝优亲厚友、徇私舞弊等行为。

5. 依法实施原则

社会救助的依法实施原则，是指必须坚持按照法律法规的规定，遵守其赋予性与禁止性条款，严格依照社会救助法律法规制定的宗旨、原则、程序、标准等一系列规范实施社会救助。这一原则强调的是法治精神与法制精神。依法实施原则体现了社会救助的"国家责任原则"。国家通过立法的手段赋予了政府实施社会救助的责任与主体地位。①

三、社会救助的分类

根据社会救助的外延，社会救助可以根据不同的限定词划分为不同的类别。

按照救助对象划分，可以分为社会性弱势群体、灾害性弱势群体和生理性弱势群体。社会救助是对社会弱势群体的救助，弱势群体也叫社会脆弱群体、社会弱者群体，是根据人的社会地位、生存状况而非生理特征和体能状态来界定，它在形式上是一个虚拟群体，是社会中一些生活困难、能力不足或被边缘化、受到社会排斥的散落的人的概称。生理性弱势群体，是由于明显的生理原因造成的，如儿童、老年、残疾人；灾害性弱势群体是因为各类灾害如疫病、地震、水旱灾害等导致的暂时生活困难的群体；

---

① 米勇生：《社会救助》，中国社会出版社2009年版，第6—9页。

社会性弱势群体则基本上是社会原因造成的，如下岗、贫困、失业等。在现实生活中，三个类别往往会相互影响，交相叠加。

按照救助时间划分，可以分为定期救助和临时救助。定期救助也叫定期定量救助，指在一定期限内对特定救助对象依据规定标准定期发放现金和实物等生活补助。如现今中国这类对象主要是五保户、城乡最低生活保障对象等。临时救助是指政府对遭受突发事件等原因导致生活陷入困境的成员的临时性救助，包括因为自然灾害造成生活困难的人口，也包括因疾病、生育、季节性困难和其他特殊原因影响生活的人口。

按照救助内容可以划分为现金救助、物质救助和心理救助。现金和物质救助是指国家、政府、社会对基本生活陷入贫困者给予现金和物质上的补助，这是一种基本的救助方式。心理救助指的是思想和精神上的辅导和安慰，如老人的生活照料、消除孤独情绪等问题；流浪儿童的思想教育；贫困人口的精神激励、自主脱贫问题等。

按救助的类别划分，可以分为基本生活救助和专项社会救助。基本生活救助是指部分贫困人口由于各种原因陷入生活贫困，不能保证最低的基本生活水平，国家和社会给予生活上的救助。专项社会救助是对如患病、子女教育等很多其他因素导致无法依靠自身力量解决困难的部分社会成员进行专门的社会救助举措，如城乡医疗救助、子女教育救助、住房救助等等。

从救助手段看，可以分为实物救助、资金救助、住房救助、医疗救助、教育救助、司法救助、法律援助、生产救助、就业救助等。

四、研究当代中国社会救助事业的意义

社会救助是中国共产党着力推进的一项民生工程，既是一个经济问题，又是一个政治问题。社会救助是公民的一项基本权利。宪法第四十五条明确规定："中华人民共和国公民在年老、疾病或者丧失劳动能力的情况下，有从国家和社会获得物质帮助的权利。"在革命、建设和改革时期，中国

共产党高度重视社会救助事业，积极探索中国特色的社会救助之路。中共十七届五中全会通过的《中共中央关于制定国民经济和社会发展第十二个五年规划的建议》中，进一步提出了"实现城乡社会救助全覆盖"的奋斗目标。因此，研究当代中国社会救助事业的历史经验，具有重要的现实意义。

第一，研究当代中国社会救助事业的历史经验是新时期加快推进以民生为重点的社会建设的需要。社会建设与人民幸福安康息息相关。中共十七大以来，中国共产党更加重视民生问题，而社会救助属最基本的民生内容，是社会保障的最后一道防护线和安全网。通过对中国共产党既往社会救助事业的考察，可以进一步增强对社会救助事业重要性的认识；通过对中国共产党社会救助事业的历史过程的梳理，可以了解中国共产党社会救助事业的进展状况，找出新时期社会救助事业的着力点；通过总结经验教训，可以更好地把握社会救助事业的规律性，增强贯彻落实科学发展观的自觉性，为探索中国特色的社会救助模式提供直接的借鉴。

第二，研究当代中国社会救助事业的历史经验是建设社会主义和谐社会的需要。社会和谐是中国特色社会主义的本质属性，是国家富强、民族振兴、人民幸福的重要保证。中共十六大以来，中共中央反复强调要把推进社会主义和谐社会建设作为全面建设小康社会和中国未来发展的重要任务。由于自然、社会的原因和生理性差别，中国还存在着大量的社会性弱势群体、灾害性弱势群体及生理性弱势群体。没有他们的安康，很难说是和谐的社会；没有他们的安全，很难保社会的长治久安。研究中国共产党社会救助事业的经验教训，就是要切实有效地维护他们的基本生存权利，实现"民主法治、公平正义、诚信友爱、充满活力、安定有序、人与自然和谐相处"的目标。

第三，研究当代中国社会救助事业的历史经验是巩固其阶级基础与扩大群众基础的需要。政党的阶级基础和群众基础，是政党赖以生存和发展的依托。一个政党能否夺取政权，能否巩固执政地位，关键在于能否得到人民群众的普遍拥护和支持，在于是否有稳固的阶级基础和广泛的群众基础。无视人民群众的生存权利，连社会的弱势群体都茫然不顾的政党，不可能得到人民的认同和支持。研究中国共产党社会救助事业的经验教训，就是为了提高社会救助事业的能力，不断夯实其生存的社会土壤，进一步增强中国共产党执政的合法性。

第四，研究当代中国社会救助事业的历史经验也是深化和拓展中共党史研究的需要。研究中国共产党既往社会救助事业的历史经验，可以进一步深化和拓展中共党史研究的内容，弥补学术界对此问题研究的不足，为全面了解中国共产党的社会救助思想、实践和制度安排尽可能提供一定的学术成果。

第一章 新民主主义革命时期的社会救助

近代中国,由于西方列强的入侵和国内落后势力的盘剥,并在自然灾害的推动下,中国出现了大量急需救助的弱势群体。但是,无论是北洋军阀政府还是国民党南京政府,都不是真正代表人民利益的责任政府,或不予救助或救助不力。这正是中国共产党领导人民群众进行革命,建立人民政权的根本原因。在新民主主义革命、建立局部政权的过程中,中国共产党形成了一整套革命根据地建设的思想和实践,其中社会救助是其中重要的内容。

一、新民主主义革命时期的弱势群体状况

1840年以后,西方资本帝国主义列强入侵中国,一方面促使中国封建社会解体,促使中国由封建社会变成了半封建的社会;另一方面,它们又残酷地统治了中国,把一个独立的中国变成了一个半殖民地和殖民地的中国。这种半殖民地半封建社会的社会性质,不但改变了中国社会原有的阶级结构,而且改变了社会各阶层的政治、经济和社会地位。在这样的社会背景下,弱势群体又与从事的工作密切相关,呈现阶层性的社会性弱势群体。

(一)中华民国统治下的弱势群体

1. 农民弱势群体

从阶级成分看,农民阶级处于中国社会的底层,极差的经济地位,也

决定了他们极低的政治地位,是社会最大的弱势群体。在农民阶级中,"中国的贫农,连同雇农在内,约占农村人口百分之七十"。① 毛泽东在《中国社会各阶级分析》中指出:半无产阶级成分的绝大部分半自耕农、贫农、小手工业者、店员、小贩等,他们生活困苦。"半自耕农,其生活苦于自耕农,因其食粮每年大约有一半不够,须租别人田地,或者出卖一部分劳动力,或经营小商,以资弥补。春夏之间,青黄不接,高利向别人借债,重价向别人籴粮,较之自耕农的无求于人,自然景遇要苦,但是优于贫农。因为贫农无土地,每年耕种只得收获之一半或不足一半;半自耕农则租于别人的部分虽只收获一半或不足一半,然自有的部分却可全得。""贫农是农村中的佃农,受地主的剥削。其经济地位又分两部分。一部分贫农有比较充足的农具和相当数量的资金。此种农民,每年劳动结果,自己可得一半。不足部分,可以种杂粮、捞鱼虾、饲鸡豕,或出卖一部分劳动力,勉强维持生活,于艰难竭蹶之中,存聊以卒岁之想。故其生活苦于半自耕农,然较另一部分贫农为优。""所谓另一部分贫农,则既无充足的农具,又无资金,肥料不足,土地歉收,送租之外,所得无几,更需要出卖一部分劳动力。荒时暴月,向亲友乞哀告怜,借得几斗几升,敷衍三日五日,债务丛集,如牛负重。他们是农民中极艰苦者"。与农民地位相似的小手工业者称为半无产阶级,"他们虽然自有简单的生产手段,且系一种自由职业,但他们也常常被迫出卖一部分劳动力,其经济地位略与农村中的贫农相当。因其家庭负担之重,工资和生活费用之不相称,时有贫困的压迫和失业的恐慌,和贫农亦大致相同。店员是商店的雇员,以微薄的薪资,供家庭的费用,物价年年增长,薪给往往须数年一增,偶与此辈倾谈,便见叫苦不迭。其地位和贫农及小手工业者不相上下"。"小贩不论肩挑叫卖,或街畔摊售,总之本小利微,吃着不够。其地位和贫农不相上下"。②

---

① 《毛泽东选集》第2卷,人民出版社1991年版,第643页。
② 《毛泽东选集》第1卷,人民出版社1991年版,第6-7页。

北洋军阀统治时期，大批农民破产，贫困农民增多。如江苏昆山、南通，1914年自耕农分别占农村总户数的11.7%、15.8%，佃农分别占71.7%、61.5%，而到了1924年自耕农分别下降为8.37%、13%，佃农分别上升为77.6%、64.4%。①很多贫困农民，"老弱者辗转以至死亡，强壮者则流为乞丐，流为兵匪，或卖身于南洋、美洲，或转为城市之手工业者，或充为娼妓、流氓，……农村中失业者已见增加，此无数之失业农民，所受之痛苦最甚，其数目亦最多"。②大革命失败后，农民贫困化的倾向日益明显。1928—1933年，陕西省渭南中农户由原来农村总户的32.9%下降到26.3%，贫农、雇农则由55.9%上升到62.7%；河南许昌中农户由21.2%下降到17%，贫农、雇农由64.2%上升到68.1%；江苏启动中农户由36.3%，下降到31.4%，贫农、雇农由50.8%上升到57.8%。③很多农民"逃生无路，水藻捞尽，草根掘尽，树皮剥尽。阖户自杀者，时有所闻，饿殍四野，途中时见。大小村落，鸡犬无声，耕牛绝迹。"④

抗日战争时期的国民党统治区，农村阶级分化加剧，大地主增加，贫雇农增加，而自耕农减少。根据川、滇、康、湘等15省统计，1936年佃农、半佃农占农民总数的55%，自耕农占45%，到1941年，佃农、半佃农增加到67%，而自耕农则下降到33%，⑤农村的贫困化程度可想而知。至于日军占领区的广大人民，生活更加恶化。八年抗日战争已疲惫不堪的农村经济，随着国民党发动的内战而更加迅速地趋于崩溃。广大农民饥寒交迫，流离失所，处于水深火热之中。据1946年4月的不完全统计，仅山东解放区需要紧急救济的灾民、还乡难民2450000人，占全区总人口的8%；鳏寡孤独者2300000人，占总人口的7%；贫民6357000人，占总人

---

① 严中平：《中国近代经济史统计资料选辑》，科学出版社1955年版，第276页。
② 《第一次国内革命战争时期的农民运动》，人民出版社1953年版，第12—13页。
③ 严中平：《中国近代经济史统计资料选辑》，科学出版社1955年版，第265页。
④ 薛暮桥、冯和法主编：《＜中国农村＞论文选》（下册），人民出版社1983年，第829页。
⑤ 《论保障佃农》，《新华日报》1943年7月11日。

口的21%，总计约有11107000人急需救济，约占总人口的36%。[①]

2. 工人弱势群体

中国无产阶级身受帝国主义、封建主义和官僚资本主义的三种压迫，他们受到压迫剥削的严重性和残酷性在世界各民族中是非常少见的。

首先，工人的工作时间长，工作条件恶劣。据统计，工人的一个劳动日很少低于10小时，通常12小时以上，最长的有13、14小时以至15、16小时。有些厂矿交通企业的劳动时间中包括午饭和休息时间，一般都不超过一小时，大都是在午饭或半夜换班时间各给15分钟至30分钟。但也有好些厂矿，特别是纱厂"都没有为休息或吃饭而规定的任何间歇时间，人们在饿急时就吃起来，一面照料着机器或是看守卷丝车和锭子，一面不时地吞上一口"。中国工人不但每日劳动时间很长，而且全月或全年劳动日数也很多。除因季节影响、气候关系（如汉口纱厂每年因夏季炎热暂时停工或缩短工时）以及市场变动、劳资纠纷而停工或减时外，平时例假休息时间很少。全年假日主要是旧历3节（春节、端午、中秋）。星期日休息的权利几乎全被剥夺，大多数是每月分班休息1日或2日。据调查，各地纱厂全年工作日数是：北京为310天，天津为266~312天，上海为300~350天，武汉为270天。开滦各矿坑的年均劳动日数为354~355天。

工人阶级的工作环境非常恶劣，厂房狭窄，设备简陋，缺乏阳光，空气污浊。如纺织工业，"厂中温度，平日亦较他处为高，灰尘与原棉之纤维，亦时飞散空中，有时温度过高，灰尘四处飞扬，殊为不合卫生"。缫丝工业，"丝车间车声震荡，煮茧盆中，热气沸腾，间内空气，较间外空气加热四十度"。甚至一位外籍经理也不得不承认"这是个名副其实的地狱"。印刷工业，工人们"集中在一间很气闷的房子里，油墨的臭气、汗气、

[①] 《山东革命历史档案资料选编》第16辑，山东人民出版社1984年版，第395页。

再加上铅里面发出的毒素,弄得空气的成分,腐坏到了十分"。烟草工业,资本家怕烟叶受潮,"不问冬夏,都是四窗紧闭,因此,烟气弥漫全室,脑子都被熏得麻醉,衣服被汗染湿。此等状况,实不异于身囚牢狱。"火柴工业,据参观天津丹华火柴厂的外国人说:"场中的空气,非常污浊,牛胶磷的气味,极其难堪,我们参观了不多时,已经觉得头痛目眩。"在这样条件下,男女童工照样从始至终站立工作,"执役纱厂,热气蒸煮,纤维障目,于儿童目光身体已属非宜,况于火柴厂、制烟厂以及种种制革厂制药厂等厂,更为臭味漫染,脑子全昏,虽幸长大,殆成废人"。矿场劳动条件比工厂还要坏。矿工们不仅从事极其艰苦的劳动,而且还面临着倒塌、穿水、起火的危险。在日本资本家控制下的奉天抚顺煤矿,自诩"关怀劳动保险",其灾害次数与伤亡人数有增无已,1907年灾害事故125次,伤亡工人141名,到1919年灾害事故增加到4724次,伤亡工人增加到4799名,占该矿工人总数46353名的10%。开深煤矿每月因伤死于矿内者平均4人,多的时候,是十人、几十人不等。而资本家对受害者却不负任何法律上的赔偿责任。对伤害死亡的工人,有时迫于社会舆论的声势,略给"抚恤",但少得不及一个牲畜的价值。例如开深煤矿工人因公致死者恤金20元,但死马一匹须损失60元,所以,该矿有"人命一条不如一马"之诮。由于劳动条件恶劣,加上营养不良,还造成了职业病和传染病的流行,并且得不到应有的治疗。在矿业工人中,患矽肺病、结核病、气管炎、关节炎、肠胃病的人,占70%~80%。纺织工人中,患肺病、呼吸病、脚气病、寄生虫病、腿疮等的人也很普遍。其他各业工人,如塘沽久大盐厂工人,经常接触盐引起组织炎症,地毯工人患沙眼症,印刷工人铅中毒等,发病率都很高。①

其次,工人阶级的工资水平和生活状况极差。中国在半殖民地化过程

---

① 刘明逵编:《中国工人阶级历史状况》第1卷第1册,中共中央党校出版社1985年版,第231-240页。

中，破产的农民和手工业者特别多。劳动力的充裕，造成了劳动力价格低廉，因而中国工人的工资低微。如19世纪末至20世纪初，除少数技术工人外，一般工人的日工资平均约一角五分至二角左右。女工则更低，一般比男工低12%~25%，童工更是少得可怜，日工资仅为七八分钱。这种工资水平与同期资本主义国家的工资水平相比，是极低的。1910年3月，农工商部编印的《商务官报》第5期中，有一个美国绢业协会调查一般纺织工人日工资水平的统计材料：美国男工为1.50~3.00元，女工为1.00~2.50元；法国、瑞士男工为0.75~1.50元，女工0.50~0.90元；意大利男工为0.50~0.80元，女工20.30~0.60元；日本男工为0.15~0.20元，女工0.10~0.12元；中国男工为0.10~0.12元，女工0.06~0.09元。这个材料说明，同样是纺织工人，外国纺织工人的工资竟比中国工人高出5倍、15倍乃至20倍。即使在中国的外资企业中，中外工人的工资待遇也相差很大。如1920年的抚顺煤矿中，日本工人比中国工人的工资也高5倍。香港海员中，中国工人与外籍工人的工资之比，也约为1:5或更高的比例。正因为中国工人的工资低微，所以中国厂矿企业与国外相比，剩余价值率就高得多。如20世纪初，美国的剩余价值率为84%~94%，而在中国的外国资本的剩余价值率，竟然是360%~400%。民族资本创办的南洋烟草公司1915年的剩余价值率也高达404%。

中国工人的名义工资比外国低得多，而实际工资还要低。这首先是由于克扣繁多和层层盘剥。经过大小工头和形形色色的中间人的扣剥，最后落到工人手中的工资已所剩无几。其次是由于物价上涨，货币贬值。如1912年至1919年，上海、天津、广州三大城市，工资共增加5%~30%，而生活必需品价格却上涨了33%~59%，1915年至1919年，铜元贬值1/4。而资本家又大多用铜元支付工资，使工人实际收入降低许多，工人生活得十分悲惨。如湖北织布局的工人，由于工资低，生活苦，"50人也找不出一个体格健康的人"。上海缫丝女工，"面色苍白，精神萎靡者十而八九"。本溪湖煤矿工人的悲惨境况是"坑夫室，臭秽不可仰逼，衣不蔽体，倒地而卧，面目黝黑，仅露白齿"。许多厂矿的女工，由于营养极差，工作劳累，而直接影响到工人第二代的生育和健康。总之，工人的生活，贫困到了连维持劳动力的简单再生产也几乎不可能的境地。① 此外，在近代企业中，资本家采用资本主义和封建主义相结合的压迫形式，苛刻地管理和约束工人。在矿场中，有的甚至设置刑具，对工人施以私刑。同时，中外资本家与中国封建把头和其他黑暗势力相勾结，普遍施行带有封建主义性质和奴隶制残余的剥削形式，如包工制、养成工制、包身工制和学徒工制等。

由于西方资本帝国主义的入侵，中国自给自足的自然经济趋于解体，为资本主义的发展创造了条件。但同时，西方资本帝国主义的入侵和封建主义的压制，又极大限制了中国资本主义的发展，因此，造成了中国大批失业人口的增加。在天津，"元隆找一个只管饭吃的学徒，报考应试者有数百人之多。一家报馆找一个月薪十数元的校对，报名者有数百，某工厂找一个小职员有千人前来，其中还有留学生，南大招考图书馆员，某机关聘请书记，应征者有千人之多。"② 在南京"各机关招考书记，报名者动辄数百数千，而所需要者寥寥数人，至多亦不过数十人"。③ 万国总商会会长李夫指出，1925 年，中国人口总数为 436094953 人，失业总数为 168332654 人，则其失业率当为 38.6%。④ 也就是说，4 亿多人口中有三分之一多的人失业。此数字未必准确，但失业人数多却是不争的事实。表 1 的统计大致也反映出失业人数多的现象。从表 1 可以看出，广东省失业人数最多，有 150 余万，上海为 61 万，四川省为 54 万，江西省为 46 万，江

---

① 王建初、孙茂生主编：《中国工人运动史》，辽宁人民出版社 1987 年版，第 21—23 页。
② 《百业萧条的天津市》（三），《益世报》1933 年 11 月 17 日。
③ 《中国最近各地人民失业概况》，《时事月报》1930 年第 6 期。
④ 徐直：《上海市失业问题及其救济方法》，《社会月刊》第 2 卷第 2 号，第 4 页。

苏省约42万，浙江省、湖北省也在20万—30万之间，湖南省约为12万，河北省、河南省、山东省的失业人数也在5万—6万，安徽省与广西的失业人数在1万以下。以上基本上反映出工商业相对发达的省份和城市都是失业形势比较严重的地区。

表1　1935年全国失业人数统计

地区	失业人数	地区	失业人数	地区	失业人数
河北	49750	江西	460300	南京	161476
山东	48996	湖北	223391	上海	610701
河南	58010	湖南	114756	北平	500935
江苏	411991	四川	534960	青岛	104500
浙江	278813	广东	1578482		748630
安徽	5545	广西	1960		5893196

资料来源：程海峰：《一九三五年之中国劳工界》，《东方杂志》第33卷第17号，1936年，第155页。

1930—1936年全上海失业或无业人员不少于60万—70万人。① 1945年10月重庆17万产业工人中有近6万人失业；昆明失业工人亦有5万人；贵阳约有4万工人失业；上海有90%以上工厂停工，失业工人至少在50万以上。②

3. 灾害性社会弱势群体和战争难民

近代中国，天灾人祸交互作用，灾荒频仍，面积之广，灾民之众，历史罕见。从1912年到1948年的37年间，全国各地（不包括今新疆、西藏和内蒙古自治区）总共有16698县次发生一种或数种灾害，年均451县次，按民国时期县级行政区划的最高数（1920年北京政府时期有2108个，1947年国民政府时期为2246个）计算，即每年约有1/4的国土笼罩在各种自然灾害的阴霾之下。在所有这些灾害中，最严重的依然莫过于水旱两灾。从1912至1948年，全国遭水灾的共有7408次，年均200县次，位居第一位；旱灾5955县次，年均161县次，位居第二；蝗灾则成为第三

---

① 邹依仁：《旧上海人口变迁的研究》，上海人民出版社1980年版，第31页。
② 陈达：《我国抗日战争时期市镇工人生活》，中国劳动出版社1993年版，第188页。

大灾害,共1719县次。①严重的灾害,造成大量的灾民。如果将每年每省有灾民10万人以上的灾害作为一次计算的话,据统计,从1912年到1948年,除了1913、1914、1916、1918和1923等5年或者灾情不重或者无确切数字之外,在其余的32年里共有235省次,总计85213万人,年均(以37年计)6.35省次2303万人;而且从其阶段性变动情况来看(见表2),与前述受灾总县次的变动趋势基本一致,在波动之中呈跳跃式扩张的态势,其中1928—1937年、1942—1948年两阶段年均受灾人数分别占总人口的8.79%和6.57%。②

表2　1912—1948年历年灾民总数阶段变动

项目类别		1912-1919	1920-1927	1928-1937	1938-1941	1942-1948
省次	总数	9	36	118	11	61
	年平均	0.89	4.5	11.8	2.75	8.71
灾民(人)	总数	16973782	113138390	448830530	22189102	251001135
	年平均	2121723	14142299	44883053	5547276	35857305
注：		单位：每年每省10万人以上灾民=1省次				

资料来源：夏明方：《民国时期的自然灾害与乡村社会》,中华书局2000年版,第73-74页。

因战争而出现的难民和需要救济的人为数众多,仅抗日战争结束后,国民政府《全国人民生命损失及人民劳力损失统计表》统计,全国难民战时流亡数95448771人,几近1亿人。③因战争致残及其他因卫生条件限制而造成的生理性弱势群体也不在少数,因生活困难及其他原因而沦为乞丐的亦有很多。

此外,受传统封建思想的影响,政权、神权、族权、夫权如同四大绳索,牢牢地禁锢和钳制着广大妇女,近代中国还出现了为数众多的妇女弱势群体。邓颖超指出："在过去的几千年中,中国的文化、历史、制度、习惯、法律上,概不承认女子是一个'人',视女子为玩物,为奴隶。未婚时是

---

① 夏明方：《民国时期的自然灾害与乡村社会》,中华书局2000年版,第35、37页。
② 夏明方：《民国时期的自然灾害与乡村社会》,中华书局2000年版,第35、37页。
③ 吴广义：《日本侵华战争遗留问题》,昆仑出版社2005年版,第21页。

第一章　新民主主义革命时期的社会救助

父母的私有财产，已婚后是丈夫的私有玩物，是翁姑的牛马奴隶，陷居于凄惨羁绊的、监狱变形的家庭里。痛苦含酸，隐忍以度非人的生活，以致难堪忍受，出于悬梁、自刎、服毒……而自杀的人，不知有几千万万了。"①占中国人口一半的妇女，"一切社会事业，她们不能参加，简直失掉做人的根本意义。在政治方面，她们更毫无参加的可能；在法律方面，她们得不到一点自由；财产继承权，……成了男子的独占物；在教育上，她们更少求学的机会，尤其是一般穷苦的青年妇女，受尽了种种经济上的压迫和虐待。这是人类社会的大缺点。"②在工厂的女工，遭受的压迫和剥削更重，"中国普通工人工作时间，每日须十小时，但在私立的小工厂中，则可随意苛待工人，增加工作，尤以对待女工童工为最甚，竟有十二小时十三小时以至十四小时之多。工资，则男子最高工资可得一元，而女子最高工资不能过七角，最低工资不足一角。最高工资，尚能维持简单刻苦生活；其中下的工资，不过仅能为最底〔低〕生活一部分的补助。至工厂之待遇，则受工头的责骂踢打为常事，也只能隐忍不能反抗。女工之离家近者，放工之后，尚可得休息游散的自由，其城市之大工厂而由四乡各县招来土人便须住于厂中，住厂规则，直不如被圈牛马，实为永久监禁的囚徒，星期日既不放假，平常又不得自由出入。睡觉之时，则完全被锁于居室之中。"③因此，"一部人类惨痛史，倒有半部是女子的屈辱史"。④

此外，在城市乡村的特殊角落还有一些因生活困顿、战争纷扰、家庭变故、兵痞欺压等原因沦为娼妓的广大妇女弱势群体。

总之，在半殖民地半封建社会，国破民穷是近代中国的真实写照和普遍状况。因此，民主革命时期的弱势群体集中体现为经济地位低下的工人、

---

① 《中国妇女运动历史资料（1921-1927）》，中国妇女出版社 1991 年版，第 162 页。
② 《中国妇女运动历史资料（1921-1927）》，中国妇女出版社 1991 年版，第 283 页。
③ 《中国妇女运动历史资料（1921-1927）》，中国妇女出版社 1991 年版，第 179 页。
④ 《中国妇女运动历史资料（1921-1927）》，中国妇女出版社 1991 年版，第 293 页。

农民、灾民、难民、失业者及妇女等。

（二）革命根据地和解放区的弱势群体

由于战争的破坏和自然条件的影响，中国共产党领导下的革命根据地也出现大批的弱势群体，主要表现为灾民、难民、伤残军人等。

1. 广大的灾民

在土地革命战争时期，由于战争的影响和水旱灾害的打击，中国共产党领导下的苏区经常出现灾荒现象，灾民众多。如1929年，江西省委的报告中指出：江西省"农村缺乏粮食的平均要占60%—70%，故青黄不接的饥荒实为一大问题。"①1931年7月，长江流域发生水患，洪湖苏区60%的地区受灾，灾民近百万人，②在此影响下，"特别是沔阳，房屋倒塌，室如悬磬，令人伤心怵目"，鄂豫皖苏区，在春夏之交，"仅麻城一地就有三千人没有饭吃，红军的给养也发生了问题。"③罗山宣化店一带"甚至于连菜根也找不着"，④而出现饿死人现象；皖西同样"粮食恐慌"，不但群众饥饿，各级苏维埃机关也只能以稀饭充饥，"有的竟断炊。⑤1932年，中央苏区先后受水旱灾害的影响，农业歉收，加以奸商趁机囤积居奇，社会上出现米荒，根据地军民食粮出现困难。⑥1933年，"粮食缺乏，米价飞涨，夏荒问题，在中央苏区许多地方，已成为一个严重问题。"⑦毛泽东也指出，

---

① 湖南省财政厅编：《湘赣革命根据地财政经济史料摘编》，湖南人民出版社1986年版，第231页。

② 《湘鄂西省苏维埃的工作》，《红旗周报》第40期，1931年5月15日。

③ 《革命根据地的财政经济》，中央财政经济出版社1985年版，第33、28页。

④ 《鄂豫皖中央分局通知——关于党和苏维埃机关每日二餐稀饭的原因》（1931年5月17日），转引何友良：《中华苏维埃区域社会变动史》，当代中国出版社1996年版，第256页。

⑤ 沈泽民：《关于皖西北情况给中央政治局的综合报告》（1931年5月23日），转引何友良：《中华苏维埃区域社会变动史》，当代中国出版社1996年版，第256页。

⑥ 许毅：《中央革命根据地财政经济史长编》上册，人民出版社1982年版，第387页。

⑦ 《中华苏维埃共和国临时中央政府土地人民委员部训令第七号》，《红色中华》第81期，1933年5月20日。

在白色势力四面包围中的井冈山革命根据地，"食盐、布匹、药材等日用必需品，无时不在十分缺乏和十分昂贵之中，因此引起工农小资产阶级群众和红军士兵群众的生活的不安，有时真是到了极度。"①

抗日战争时期，中国共产党领导的抗日根据地面临的灾荒压力更大。1939年，海河决口79处，受灾面积达4900平方公里，5200万亩农田受灾，12700个村庄被淹，150万户的房屋被毁，造成灾民900万人，死亡13320人。这次水灾冲毁京山、京汉、京古、津浦、同蒲、石太、新开等8条铁路160公里，冲断公路565公里，桥梁137座，交通几乎瘫痪，直接经济损失11.69亿元，②这次水灾"是八十年来没有过的"，仅晋察冀边区损失1.5亿元以上，其中粮食损失在100万石左右，土地农具损失约在9000万元以上，③灾荒十分严重，需要救助的人员较多。

1942年至1943年，当中国的抗日战争进入最艰苦的时期，黄河中下游地区出现了十年所未有的旱灾。天灾战祸，交相煎迫，把中原大地变成了一座人间地狱。1942年，河南自春至秋烈日当空，田地坼裂，全省饥民近千万，死亡无数。国民党所派军政大员对此有详细的描述："今岁入春以还，雨水失调，春麦收成仅及二三成，人民已成灾黎之象。近复旱魃为虐，数月未雨，烈日炎炎，千里赤地，禾苗亦患枯槁，树木亦多凋残，行见秋收颗粒无望，灾情严重，系数年所未有"。④中国共产党领导的晋冀鲁豫和晋察冀边区是重灾区，仅晋冀鲁豫边区的冀鲁豫区就有重灾村1050个，轻灾村580个，⑤太行区的旱灾面积占根据地的1/5，⑥加上从敌占区

---

① 《毛泽东选集》第1卷，人民出版社1991年版，第53页。
② 高文学：《中国自然灾害史》，地震出版社1997年版，第373页。
③ 韦明：《晋察冀边区的生产建设》，《新中华报》1940年11月14日。
④ 李文海等：《中国近代十大灾荒》，上海人民出版社1994年版，第254页。
⑤ 《晋冀鲁豫抗日根据地财经史料选编》(河南部分)(一)，档案出版社1985年版，第649页。
⑥ 《邓小平文选》第1卷，人民出版社1994年版，第81页。

流入的灾民，急需救济的人数达到33.6万人。[①]1943年旱情继续发展，太行山区夏收无几。夏秋季晋东南遭受雹灾，秋季阴雨发生洪灾，加重了荒情，太行根据地的腹心区左权、偏城、涉县、黎城、平顺等县，灾民超过35万人。同时，晋冀鲁豫根据地还出现了遮天蔽日的蝗虫，田地庄稼一扫而光。到1943年冬，"太行山区灾民占全区人口一半以上，因灾死亡人数急剧上升，灾害带来的疾病到处蔓延。"[②]即使革命圣地陕甘宁边区，同样难逃灾荒的破坏，每年都有数万或数十万的灾民（见表3）。实际上早在1940年，陕甘宁边区就出现了非常困难的局面，按照毛泽东的说法，当时的困难程度是"几乎没有衣穿，没有油吃，没有纸，没有菜，战士没有鞋袜，工作人员在冬天没有被盖"[③]，共产党人面临着"饿死"和"解散"的悲惨境地[④]。

表3 抗日战争时期陕甘宁边区的灾荒情况统计

年份	受灾面积（亩）	损失粮食（大石）	受灾人口（人）
1939	641965	55884	41177
1940	4298312	235850	515145
1941	603588	47035	90470
1942	856185	79720	352992
1943	736050	109424	45034
1944	540537	48905	10122
1945	17886016	532194	544800
合计	25535623	1109012	1600270
注：1大石=300斤			

资料来源：陕西省档案馆、陕西省社会科学院合编：《陕甘宁边区政府文件选编》第13辑，档案出版社1991年版。

抗日战争结束后，由于多年的战争破坏，国弱民贫，抗灾能力大大减弱，饥民无数。据联合国救济总署估计，中国若不加紧进行救灾工作，将有3000万人死于饥馑，[⑤]其中也包括解放区的一部分灾民。据1946年4月

---

① 《晋冀鲁豫抗日根据地财经史料选编》（河南部分）（二），档案出版社1985年版，第136页。
② 《李雪峰回忆录》（上），中共党史出版社1998年版，第239页。
③ 《毛泽东选集》第3卷，人民出版社1991年版，第892页。
④ 《毛泽东文集》第2卷，人民出版社1993年版，第460页。
⑤ 许涤新：《论当前的中国经济危机》，《群众》第11卷7期。

的不完全统计，仅仅山东解放区需要紧急救济的灾民、还乡难民2450000人，占全区总人口的8%，鳏寡孤独者2300000人，占总人口的7%，贫民6357000人，占总人口的21%，总计约有11107000人急需救济，约占总人口的36%。①1947年陕甘宁边区出现了严重的灾荒，耕地面积减少约350万亩，收成不及1946年的一半，40余万人衣食无着，②仅绥德分区各县饿肿者达万人，因饿而病死者500余人。③至1948年3月，太行行署所辖区域的灾民达60万，山东及华中解放区的灾民达300万，而陕甘宁边区除去有几十万灾民外，又有20余县的10万人染上瘟疫，2万人因之死亡。④1948年，华北解放区受到水、旱、虫等灾害，使当年的收成受到影响，冀南6成，冀鲁豫6成，冀中6~7成，北岳、太岳各7成，太行估计为5~6成，华北区全年平均在6成半年景。⑤第二年春，华北解放区的灾民在200万以上。⑥

2. 大批战争难民

难民是由于天灾人祸、种族压迫、宗教迫害、政治迫害、阶级剥削、国界变更以及其他种种原因，使得大批人口被迫离开家园，辗转流徙，沦落他乡过着艰难困苦的生活者。1932年初，湘赣苏区难民两万余人，为帮助难民解决生活困难，苏区政府将没收豪绅地主、反革命分子的一部分财产分给难民，同时从财政收入中拨出部分款项，救济难民。⑦又如1933年

---

① 《山东革命历史档案资料选编》第16辑，山东人民出版社1984年版，第395页。
② 陕西省档案馆、陕西省社会科学院合编：《陕甘宁边区政府文件选编》第12辑，档案出版社1991年版，第3页。
③ 陕西省档案馆、陕西省社会科学院合编：《陕甘宁边区政府文件选编》第12辑，档案出版社1991年版，第114页。
④ 资料来自：太行革命根据地史总编委会编：《太行革命根据地史料丛书之六：财政经济建设》，山西人民出版社1987年版，第1334页；《山东革命历史档案资料选编》第20辑，山东人民出版社1986年版，第175页；《群众日报》1948年7月14日。
⑤ 《晋察冀解放区历史文献选编（1945-1949）》，中国档案出版社1998年版，第522页。
⑥ 《华北解放区财经经济史资料选编》第1辑，中国财政经济出版社1996年版，第1079页。
⑦ 朱汉国：《中国社会通史》（民国卷），山西教育出版社1996年版，第545页。

由信丰逃入兴国椰木乡的70多个难民,全部得到了椰木乡苏维埃政府的救济。①1927至1934年,仅在湘赣豫鄂皖5省,就有一百多万的工农群众被屠杀,另有近千万的工农群众被迫逃亡。②抗日战争时期,由于日本帝国主义的入侵,大批难民纷纷逃离家乡,拥入中国共产党领导的根据地和解放区。如在陕甘宁边区,大批战争难民不断流入。1939年初,陕甘宁边区政府主席林伯渠指出:"边区邻近战区,从山东、绥远以及冀、晋、豫各省流入边区的难民,前后为数在三万以上。"此后每年流入的难民不断增加,"据不完全统计,四一年移入难民有七千八百五十五户,约二万零七百四十人。到四三年移入难民有九千八百六十三户,约三万多人。从四一到四三,三年中合计至少移入难民有七万左右。"抗战胜利后,边区政府民政厅统计:从1937年至1945年的八年多中,边区的移难民总数达63850户,266619人。③

此外,还有大批因战争而出现的伤残军人及其他战争受害者。

二、中国共产党对弱势群体成因的认识

思想是行动的先导,有正确的思想才有正确的行动。中国共产党对弱势群体和社会救助的认识在一定程度上反映了其价值取向和执政理念,决定了其社会救助事业政策、举措的成效。中国共产党对社会弱势群体产生的原因及对社会救助的认识共同构成了其社会救助思想。

中国共产党是以马克思主义为指导的政党,其在继承资产阶级革命派对近代中国国情分析的基础上,根据马克思主义的基本原理,用唯物史观分析了近代中国社会的基本状况,指出帝国主义和封建主义的联合统治是造成近代中国大量弱势社会群体的主要原因。

早在1922年,《中国共产党第二次全国代表大会宣言》历数了帝国主

---

① 何友良:《中华苏维埃区域社会变动史》,当代中国出版社1996年版,第101页。
② 《国民党匪军在鄂豫皖大烧杀!》,《斗争》第66期,1934年6月30日。
③ 转引自孙艳魁:《苦难的人流——抗战时期的难民》,广西师范大学出版社1994年版,第233—234页。

义和封建主义带给中国人民的沉痛灾难和无比痛苦。《宣言》指出："帝国主义的列强在这八十年侵略中国时期之内,中国已是事实上变成他们共同的殖民地了,中国人民是倒悬于他们欲壑无底的巨吻中间。帝国主义者掠取了中国辽阔的边疆领土、岛屿和附属国,做他们新式的殖民地,还夺去许多重要口岸,做他们的租界,并自行把中国划成几个各自的势力范围圈,实行其专利的掠夺事业。在中国自己领土之内,三分之一的铁路为外国资本家的所有物,其他的铁路也是直接或间接由外国债权主人管理;外国的商轮是在中国的海口和内河里面自由行驶;邮电是受严密监督;关税也不是自主的,是由外国帝国主义者协定和管理的;这样,不但便利于他们的资本输入和原料的吸收,而且是中国经济生命的神经系已落在帝国主义的巨掌之中了。那些外国资本家还在中国占据了许多矿山,并在上海、天津等商埠开设了一些工厂,鞭策百万的中国劳工在那些矿山工厂里,做他们生利的奴隶。同时又加上外国商品如潮的输入,慢说布匹纸张之类,旧有的针和钉都几乎绝了种,因此生活程度日渐增高,三万万的农民日趋于穷困;数千万手工业者的生活轻轻被华美的机器制造品夺去,而渐成为失业的无产阶级。中国因为每次战争都要被索去一批现金赔偿,加上鸦片和商品的吸收,现金日见减少,又加上二十万万外债连本带利不断的盘剥,更加上上海、北京、天津、汉口、广州几个外国银行家的操纵,国家和民众的经济生活都陷在极恐慌的状态之中。""帝国主义的列强既然在中国政治经济上具有支配的实力,因此中国一切重要的政治经济,没有不是受他们操纵的。又因现尚停留在半原始的家庭农业和手工业的经济基础上面,工业资本主义化的时期还是很远,所以在政治方面还是处于军阀官僚的封建制度把持之下。军阀们一方受外国资本帝国主义者的利用唆使,一方为自己的利益把中国割据得破碎不全"。"各种事实证明,加给中国人民(无论是资产阶级、工人或农民)最大的痛苦的是资本帝国主义和军阀官僚的封建势力"。

毛泽东指出:"帝国主义列强侵入中国的目的,决不是要把封建的中国变成资本主义的中国。帝国主义列强的目的和这相反，它们是要把中国变成它们的半殖民地和殖民地。"帝国主义列强为了这个目的，对中国采用了一切军事的、政治的、经济的和文化的压迫手段，使中国一步一步地变成了半殖民地和殖民地。特别是伴随着1929年资本主义经济危机的大爆发，西方国家加紧了对中国的商品倾销，严重打击了中国脆弱的农业经济，使中国"全部的家庭工业都被消灭，农民必须出卖一部分的粮食以买煤油、洋布、火柴、香烟等日用品，这使农民收入减少，农村金融向外出，以致财源枯竭。尤其是近年来大量的粮食进口，使粮价大跌，农民大受亏损。"而农民因为偿还耕牛、种子、典质等各种积欠，还要交纳田赋、捐税等，不得不贱价出售粮食，"'放下禾镰没饭吃'，成为农村之普遍现象"。①至于帝国主义的强占、豪夺则直接断绝了很多中国人的生活来源。如广东渔业受法帝国主义的阻碍而衰败下去，闽浙苏鲁各省的渔业则被日本帝国主义侵占，使渔夫的生计无源。而晚清以来山东、河北农民因生活困难而"闯关东"、开荒殖民的传统也在"九一八"事变后被日本禁止。日本"非但禁止中国农民移到满洲去，而且在满洲的农民因受不住压迫纷纷逃入关内。在满洲居住之农民则土地被夺，无耕种高粱之自由，只许几家人合用一把切菜刀，更是人间地狱"！②全面抗日战争时期，日军的烧杀抢掠，加剧了根据地人民的困难，造成了大量的社会弱势群体。尤其是抗日战争进入相持阶段后，日军加紧了对敌后抗日根据地的"扫荡"和抢掠。晋冀鲁豫抗日根据地的广大农村，"从平原到山地，没有不被摧毁的村庄，没有不被抢掠的村庄"。③1941年10月，日军的"扫荡"给泰山区人民带来了极大的灾难，被焚村庄100余个，仅莱芜七区即达70个。日军所到之处，

---

① 章有义：《中国近代农业史资料》第3辑，三联书店1957年，第619-620页。
② 阳春：《中国经济的和财政的破产》，《斗争》第39期，1933年12月19日。
③ 《晋冀鲁豫抗日根据地财经史料选编》(河南部分)(一)，档案出版社1985年版，第650页。

财物粮食被抢一空，牛羊牲畜损失数千。① 日军除直接劫掠根据地人民的物质资料外，还通过肆意屠杀、抓丁拉夫等方式，严重摧残农业劳动力，并通过修建封锁墙、封锁沟和制造无人区占用大量耕地，致使农业生产遭到严重破坏，社会弱势群体激增。

帝国主义是造成近代中国大量弱势群体出现的根源，封建主义是使中国近代弱势群体出现的罪魁祸首。帝国主义和封建主义相互勾结，残酷地压迫和掠夺中国人民，严重地阻碍着中国社会的发展。因为帝国主义是封建地主阶级的靠山，地主阶级是帝国主义统治中国的主要社会基础。

无论是北洋政府时期还是国民党统治时期，由于封建剥削制度的存在，人民群众遭受到严重的盘剥压迫。就农民弱势群体而言，由于"大部分的田地（约百分之六十六）为收租的大地主所占有。佃农及半佃农耕种田地，而没有享有田地的权利。田租的方式既不确定，租佃权也不能永久享有。田租大抵要占农民全部收入的百分之五十，除此而外，农民对于地主阶级以及握有政治的军阀统治者，还要交纳种种苛捐杂税。中国田地只有百分之三十四属于农民。"军阀在多数省份中占据着最高的政权，其剥削一般农民最厉害的方式主要有：正税与苛税（预征钱粮）、军事给养（米粮、靴鞋、马匹等）、战时苛酷的征收、拉夫（运输军用品）、滥发无价值的纸币（军用票）、厘金征收。② 仅税收一项，除正税不断增加外，农民需要缴纳的附加税多如牛毛。《红色中华》刊文指出了一些军阀统治下的地区"税捐的名目特别多，乡村的房子要抽税，吃点心也要抽税，乡村游神要抽税，妇女正月探亲也要抽很重的捐，大大小小差不多几百种"。③ 据统计，1934年全国各省（除去西康、蒙古、热河、绥远）的田赋附加共计

---

① 《山东革命历史档案资料选编》第7辑，山东人民出版社1983年版，第414页。
② 《中共中央文件选集》第3卷，中共中央党校出版社1989年版，第60页。
③ 《国民党统治下广东潮梅的苛捐杂税》，《红色中华》第187期，1934年5月11日。

673种。① 赋税的数额也不断增加，如江苏1931的田赋，差不多要比1925年增加了一倍半，陕西清涧县比1911年增加了25倍，四川则平均每月征收田赋一次，双流等县还实行预征制，1931年就已经预征到1988年了。② 沉重的负担使农民无力购买肥料、改良农具、整顿水利，生产技术滞后，土地更加贫瘠，生产力日益衰落。

除去承受军阀、官府的盘剥外，人们还要受到乡村地主豪绅的剥削。在小农经济占统治地位的中国，土地无疑是农民最重要的财富。大族富豪、官僚士绅利用各种方式抢占土地，造成近代中国社会土地分配极为不均。农民和地主在占有土地的份额上虽然存在着极大的地区差异，但占中国人口少数的地主拥有多数的土地是不争的事实。这种土地分配不均不仅表现在土地占有的绝对数量上，而且表现为土地的质量上。一般来说，地主豪绅占有的土地大多是肥田沃土，而一般农民占有的只是贫田瘠地。在此境遇下的自耕农、半自耕农，"所耕田地，丰年大抵够食，若遇水旱之灾，则入不敷出，尚要典卖家常什物，或借债营生"。③ 而贫农则"犹如一个处于水深没顶的人，即使是一阵轻波细浪，也可能把他淹没"，"很容易因水灾或旱灾造成的庄稼歉收而被迫负债，甚至于典卖土地。一旦如此，他那原本已贫乏的收入，便因新的债务和地租而更加缩减"。④ 其结果往往是新一轮的土地兼并、高地租率、高高利贷利率等连锁反应。据调查，土地革命前，湖南岳阳县地租率为60%，湘潭县为70%，湘乡县90%，溆浦县80%~90%，⑤ 地租高得惊人。在此境遇下，"天灾水旱之来，不是鬻妻卖子，弃地逃亡以苟延残喘，便是坐待饥饿，死亡与自杀"。⑥ 残

---

① 邹枋：《中国田赋附加的种类》，《东方杂志》31卷14号，1934年7月。
② 华岗：《加紧领导灾民的斗争》，《红旗周报》第17期，1931年9月15日。
③ 《广东南路各县农民政治经济概况》，《中国农民》，第1卷第4期，1926年4月1日。
④ 黄宗智：《华北的小农经济与社会变迁》，中华书局2000年版，第307页。
⑤ 《湖南历史资料》第2辑，湖南人民出版社1980年版。
⑥ 《发动水灾旱荒斗争的提纲》，《斗争》第72期，第9页，1934年9月23日。

酷的剥削使很多农村出现了饿殍遍野、鸡犬无声、耕畜绝迹的悲惨景象。

更重要的是北洋政府和南京国民政府并不是真正意义的民国政府和责任政府，它们虽然也曾经采取了一些社会救助的举措，但由于政治腐朽，社会动荡，或对水利设施漠不关心，或因为战争的需要而恣意破坏，挪用减灾事业经费的事情更是屡见不鲜。20 世纪 30 年代初，蒋介石曾将武汉用于修筑堤防的"数千万之积存金全部挪用军费，并饱私囊"。⑦1933年5月，四川军阀刘文辉将灌县都江堰掘毁，使内江之水涌入外江，致川西36 县良田或干涸或被淹没，不能耕种。⑧ 所以，中国共产党指出：与农民有关的连年水旱、虫荒和物价高涨"不是什么天灾命运，实在是政治不良，如森林水利不兴，滥发官票，多铸轻质铜元，兵匪横行，农民不安其业，运输失其调剂……所致"。⑨ 中共中央在《秋收斗争的策略路线》一文中全面分析了灾荒及灾害性弱势群体产生的主要原因，主要表现为：（1）帝国主义对中国固有农产品之破坏；（2）田租、捐税[等]高利贷的野蛮封建剥削；（3）灌溉事业与水利绝对没有；（4）不断的军阀内战，广大的群众直接供炮火牺牲，间接受军事影响；（5）强迫种烟，勒派公债，预征钱粮，清乡办团，抽丁筑路及一切苛政。"这些条件都逐渐使农村经济的生产力完全消失，农村的危机日益紧张，造成普及全国的水旱灾荒与失业"。⑩ 针对1931年长江大水灾而出现了灾害性弱势群体，《红旗周报》尖锐地指出："如果城市里市政府办得很好，阴沟很通，那么大雨下来的水，是很容易流出去的。即使流得不快，也可以用抽水机器，把水抽光。如果国家好好地化一笔款子，注意种植森林，这种'山洪暴发''洪水'等等怪事情，就可以免掉"，⑪ 会避免大批人员伤亡的悲剧，也会减少大批的

---

⑦ 陶直夫：《1931年大水灾中中国农村经济的破产》，《新创造》1卷2期，1932年5月。
⑧ 阳春：《中国经济的和财政的破产》，《斗争》第39期，1933年12月19日。
⑨ 《湖北的农民运动》，《中国农民》第1卷第4期，1926年4月1日。
⑩ 《中共中央文件选集》第5册，中共中央党校出版社1990年版，第435-436页。
⑪ 伯虎：《可怕的水灾》，《红旗周报》第15期，1931年9月7日。

灾害性弱势群体。"

就妇女问题来说,李大钊在《废娼问题》中指出,妓女沦落是因为有一个"社会现象背后逼着一部分妇女不去卖淫不能生活的社会组织"①。毛泽东也认为婚姻问题、自杀问题等社会问题"其罪恶的根源仍在于万恶的社会制度"②。1939年在著名的《中国革命和中国共产党》中,毛泽东更明白无误地指出:"中国的殖民地和半殖民地的地位,造成了中国农村中和城市中的广大的失业人群。在这个人群中,有许多人被迫到没有任何谋生的正当途径,不得不找寻不正当的职业过活,这就是土匪、流氓、乞丐、娼妓和许多迷信职业家的来源。"③

在北洋政府和民国政府的统治下,在半殖民地半封建的中国,广大群众缺少最基本的人权。1922年5月1日,湖南《大公报》刊印了毛泽东的《更宜注意的问题》一文,要求全社会注意到劳工的三件事:一是劳工的生存权,即一个人在"老"(六十岁以上)、"少"(十八岁以下)两段不能做工的时候应该拥有一种取得保存他生命的食物的权利;二是劳工的劳动权,即一个人在十八岁以上六十岁以下有力气的时候,都应该把工给他做,工人有做工的权利;三是劳工的全收权,即工人做的东西应该完全归工人自己。毛泽东指出:"劳动全收权自然是共产主义实行以后的事,这无论怎么样聪明的资本家也不会注意的,但也不要太忽略了,因为这实是世界上已经有了一个大潮流。若生存权和劳动权,并不违背资本家的利益,实在值得大家注意。大家注意生存权,就请注意湖南现在有多少人要饿死;大家注意劳动权,就请注意湖南有多少人失业。"④ 正是帝国主义、封建主义和官僚资本主义的联合统治,造成了近代中国大批的社会弱势群体,"中国的广大人民,尤其是

---

① 《李大钊全集》第3卷,河北教育出版社1999年版,第214—216页。
② 毛泽东:《"万恶社会"与赵女士》,《大公报》(湖南)1919年11月21日。
③ 《毛泽东选集》第2卷,人民出版社1991年版,第645—646页。
④ 《毛泽东文集》第1卷,人民出版社1993年版,第139页。

农民，日益贫困化以至大批地破产，他们过着饥寒交迫的和毫无政治权利的生活。中国人民的贫困和不自由的程度，是世界所少见的。"①

三、新民主主义革命与社会救助举措

不合理的社会制度造成了大量社会弱势群体，这是新民主主义革命发生的重要原因。而中国共产党在领导人民进行革命的过程中，高度重视包括社会救助在内的根据地建设，这是新民主主义革命取得胜利的重要保证。

（一）建立人民政权是救助弱势群体的根本前提

在正确分析弱势群体成因的基础上，中国共产党提出必须进行反帝反封建的新民主主义革命才是解决弱势群体困难的根本办法。1921年元旦，毛泽东在新民学会长沙大会上的发言中所说："社会政策，是补苴罅漏的政策，不成办法。社会民主主义，借议会为改造的工具，但事实上议会的立法总是保护有产阶级的。无政府主义否认权力，这种主义恐怕永世都做不到。温和方法的共产主义，如罗素所主张极端的自由，放任资本家，亦是永世做不到的。激烈方法的共产主义，即所谓劳农主义，用阶级专政的方法，是可以预计效果的，故最宜采用。"② 早在中共一大上的《北京共产主义组织的报告》中，年轻的中国共产党人就认为："黑暗的政治局势和包围着我们的腐败的社会，许多令人难以容忍的社会不公平以及悲惨的经济生活状况，所有这一切都是易于引起革命爆发的因素。"③ 社会弱势群体的出现，是一个严重的社会问题，弱势群体"大半因经济的关系，因为经济的不均与不安，许多问题，都从此发生"。"经济能力薄弱的人，受经济能力富强的支配，所以欲根本解决，非打破这个阶级不可。主张根本改革的俄国，最看重政治力，当劳工革命欲以无产阶级打破有产阶级，以造成世界地幸福以前，各妇女即和劳动者联合，

---

① 《毛泽东选集》第2卷，人民出版社1991年版，第631页。
② 《毛泽东文集》第1卷，人民出版社1993年版，第2页。
③ 《建党以来重要文献选编》（1921-1949）第1册，中央文献出版社2011年版，第14页。

组织团体，先取参政权、普选举权等。因为妇女和劳工，有密切的关系，所以应当和衷共济，组织平民团体。得到政治力量以后，再借以解决社会问题。"①陈独秀指出："我们唯一的使命只有改革社会制度，否则什么个人的道德，新村运动，都必然是无效果的。"②《中国共产党第二次全国代表大会宣言》明确提出了使工人、农民和小资产阶级摆脱贫穷和被压迫的必要条件，包括："（一）消除内乱，打倒军阀，建设国内和平；（二）推翻国际帝国主义的压迫，达到中华民族完全独立；（三）统一中国本部（东三省在内）为真正民主共和国；（四）蒙古、西藏、回疆三部实行自治，成为民主自治邦；（五）用自由联邦制，统一中国本部、蒙古、西藏、回疆，建立中华联邦共和国；（六）工人和农民，无论男女，在各级议会市议会有无限制的选举权，言论、出版、集会、结社、罢工绝对自由；（七）制定关于工人和农人以及妇女的法律。"1923 年中共三大通过的《中国共产党第三次全国大会宣言》指出："中国共产党鉴于国际及中国之经济政治的状况，鉴于中国社会各阶级（工人农民工商业家）之苦痛及要求，都急需一个国民革命；同时拥护工人农民的自身利益，是我们不能一刻疏忽的；对于工人农民之宣传与组织，是我们特殊的责任；引导工人农民参加国民革命，更是我们的中心工作；我们的使命，是以国民革命来解放被压迫的中国民族，更进而加入世界革命，解放全世界的被压迫民族和被压迫的阶级。"

对于工人阶级弱势群体而言，1921 年 8 月，中国劳动组合书记部发表宣言指出："一班男女劳工在这种新式的生产制度下面的工作情况，简直是和牛马一样。他们把劳动力卖给资本剥夺者，换到极少的工钱。他们血汗换来的工钱，多半不能维持自己生活，受饥受冻的劳工，随处都可以发现。还有千万的小孩子们，不分日夜，到纺织等工厂里去做工，工作时间多半是每天十二个钟头起码。他们的健康是牺牲在这剥夺制度之下，他们定不能得受

---

① 《李大钊全集》第 4 卷，人民出版社 2006 年版，第 112 页。
② 《建党以来重要文献选编》（1921—1949）第 1 册，中央文献出版社 2011 年版，第 26 页。

教育的机会。他们从极年幼的时候,就变成了本国或外国资本家的富源开发者并变成了资本家的新式奴隶。这种痛苦的工作状况,加在这班男女工人和童工的身上,一定会迫着他们自己团结起来,向着他们的东家——剥夺者——为有力的奋斗,这是我们敢断言的。"① 第二年的第一次全国劳动大会在宣言中指出:"我们受了这些痛苦的经验,实在不得不使我们团结起来,共同向着东家奋斗;而且我们从此觉悟,这是救济我们的唯一道路。"②

对于农民弱势群体来说,发动农民开展农村的革命斗争,推翻地主阶级的统治是解决农民弱势群体的根本之策。《中国共产党第二次全国大会宣言》指出:"中国三万万的农民,乃是革命运动中的最大要素。农民因为土地缺乏,人口稠密,天灾流行,战争和土匪的扰乱、军阀的额外征税和剥削,外国商品的压迫,生活程度的增高等原因,以致日趋穷困和痛苦。近来农民更可分为三种界限:(一)富足的农民地主;(二)独立耕种的小农;(三)佃户和农业雇工。第一种占最少数,第二第三两种的贫苦农民至少也占百分之九十五。如果贫苦农民要除去穷困和痛苦的环境,那就非起来革命不可。而且那大量的贫苦农民能和工人握手革命,那时可以保证中国革命的成功。"③ 1927年,中共五大通过的《决议》指出:"中国的军阀吮吸全国的膏髓,外国帝国主义阻碍中国政治经济的发展,他们两者的根据地都是农村中的封建组织。所以中国民众欲达到打倒军阀及帝国主义的目的,基本的条件就是肃清农村中封建势力的残余及宗法社会式的政权。急剧地变更土地所有制度,是国民革命中唯一的原则,非然者,为真正民权的自由战争,将停滞而不能前进;欲消除上层的军阀和帝国主义的组织,必须破坏他们的根基。"④ "事实已经证明:推翻了帝国主义与地

---

① 《建党以来重要文献选编》(1921—1949)第1册,中央文献出版社2011年版,第45页。
② 《建党以来重要文献选编》(1921—1949)第1册,中央文献出版社2011年版,第65页。
③ 《中共中央文件选集》第1册,中共中央党校出版社1989年版,第113页。
④ 《中共中央文件选集》第3册,中共中央党校出版社1989年版,第65页。

主资产阶级统治的苏联农民才在集体化的道路上,从饥饿贫困与奴役之中,得到了最后的解放。"《决议》还揭露了帝国主义和国民党赈灾的欺骗性,指出他们的"赈灾机关与赈灾的宣传,实际上不过是帝国主义和国民党对于他们的奴隶的欺骗。不但这样,帝国主义的华洋义赈会利用赈灾的名义,把西北的灾民变成他的奴隶,把赈灾机关变成剥削灾民的企业。国民党经常以赈灾名义搜括来的捐款,只充作了各种官僚机关(像水利局等)的费用,或者直接用来做他们军阀内部的战争"。① 张闻天在中共中央机关报《红旗周报》上也发表文章指出:"铁的事实告诉全中国的民众,在帝国主义与中国地主资产阶级的国民党统治之下,我们只有灾荒,饥饿,疾病与死亡。帝国主义与国民党的统治,造成了全中国经济的浩劫。全中国民众唯一的出路,只有打倒帝国主义与国民党,建立民众自己的苏维埃政权。"②

对于妇女弱势群体,通过阶级解放,妇女运动必须与革命运动紧密结合,实现阶级解放和自我解放。李大钊在《废娼问题》一文中初步提出了"根本解决"中国社会问题的主张,他认为救助妓女,"根本解决的办法,还是非把这个社会现象背后逼着一部分妇女不去卖淫不能生活的社会组织根本改造不可"。③ 1922年,中国共产党第二次代表大会通过了其历史上的第一个《关于妇女运动的决议》,这也是其发展史上的第一个妇女运动纲领。《决议》指出,在资本主义制度下,"经济既不平等,妇女是得不到一切平等和自由的"。"现在妇女在世界上开始得着解放地位的,就只有苏维埃俄罗斯。他(她)们在政治上、经济上、社会上都获得了完全平等的权利。他(她)们业已在实际上参与改造社会的工作,与男子毫无区别。""可见妇女们在无产阶级专政之下五年工夫所得的自由和平等,远过于妇女们在欧洲资产阶级专政之下经过一世纪奋斗的结果。这便可证明妇女解放要

---

① 《中共中央文件选集》第7册,中共中央党校出版社1991年版,第330—331页。
② 《张闻天文集》第1卷,中央党史出版社1995年版,第291页。
③ 《李大钊全集》第3卷,河北教育出版社1999年版,第214—216页。

在社会主义的社会，才得完全实现。"而自国际资本主义侵入中国以来，"无产阶级的妇女渐渐降到工钱奴隶地位"，"不独女劳动者已陷在极残酷的地位，还有许多半无产阶级的妇女，也渐渐要被经济的压迫驱到工厂劳动队里面去。就是全国所有的妇女，都还拘囚在封建的礼教束缚之中，过娼妓似的生活，至于得不着政治上、经济上、教育上的权利，乃是全国各阶级妇女的普遍境遇。""中国共产党认为妇女解放是要伴着劳动解放进行的，只有无产阶级获得了政权，妇女们才能得到真正解放。"①1923年中国共产党第三次全国代表大会通过的《关于妇女运动决议案》根据中国革命的奋斗目标和国共统一战线的策略，明确要求"一般的妇女运动如女权运动、参政运动、废娼运动等"的口号之外，"还应加入'打倒军阀''打倒外国帝国主义'两个国民革命运动的口号，以引导占国民半数的女子参加国民革命运动。"②1925年中共四大通过的《对于妇女运动之议决案》不但指出了"现代妇女所以至于被奴属的地位，完全是私有财产制度的罪恶"，重申"妇女解放与劳动解放实有极大关联"，又再次强调"处在半殖民地地位的中国妇女，包含在整个的被压迫民族之中，时受帝国主义和其工具——军阀的宰割。我们的责任是领导一般妇女运动为民族解放运动中的一要素。"③中共六大进一步强调："只有社会主义的胜利能澈底（彻底——笔者注，下同）解放妇女，现时中国的民权革命中也只有在无产阶级领导之下，澈底地摧毁半封建宗法社会的束缚，能引导妇女群众到解放的道路。这并不是说党在妇女问题上不主张一般的妇女解放，恰恰相反，只有共产党，只有无产阶级的社会主义的完全胜利，才能完全解放妇女。

---

① 中华妇女联合会妇女运动历史研究室编：《中国妇女运动历史资料》（1921-1927），人民出版社1986年版，第29-30页。
② 中华妇女联合会妇女运动历史研究室编：《中国妇女运动历史资料》（1921-1927），人民出版社1986年版，第68页。
③ 中华妇女联合会妇女运动历史研究室编：《中国妇女运动历史资料》（1921-1927），人民出版社1986年版，第280页。

就是在资产阶级民权革命的阶段，真正能肃清封建余毒对于妇女的束缚和压迫的，也只有无产阶级领导资产阶级性的澈底的民权革命（在中国现时是反对资产阶级的民权革命），才能痛快地最大限度地解放一般妇女的束缚，真正肃清封建余孽的经济基础。""对于买办及资产阶级的改良的反动思想的妇女运动，要努力反对。女权主义的妇女运动，离开政治，离开革命而以和平方法和宣传以解放妇女，这完全是幻想，但对于一般小资产阶级的知识妇女的思想上很有影响，这是我们不得不注意的第一点。基督教的妇女运动用各种方式亦如国民党的改良主义对于妇女群众由欺骗而进入麻醉的宣传，而历年来几形成了反革命的势力之一，这是我们不得不注意的第二点。国民党政府现在改变刑律，仿佛在法律上承认男女平权，一九二五至一九二七年革命之中，上层妇女在社会上的地位已经改变了些。这种改良主义的妇女运动，引诱和欺骗妇女群众，甚至于无产阶级妇女群众亦有受其影响的可能，这是我们不可不注意的第三点。以上三种反动思想的妇女运动，都是站在反革命的联合战线中反阶级斗争的，所以我们对于这种阻碍革命的力量，不得不加以防止，在群众中经常地暴露其真情，严厉地加以批评和反对他们。"①

总之，开展维护弱势群体利益的经济斗争，必须与政治斗争结合起来。"领导工人要救济，要饭吃，要屋住，这些斗争，我们一刻也不能放弃而且要加紧领导的。"坚决反对"放弃了群众的切身问题而空喊罢工，空喊反帝"，同时"必须反对那些放弃武装工人，发动工人武装反抗帝国主义国民党的机会主义"。机会主义者"只看见米袋米票子。看不见帝国主义的大炮飞机，他只知道米可以烧饭，他不知道米不能抵抗大炮的轰炸与屠杀的"。"共产党员的任务是从扩大在业工人的罢工运动，坚决地领导关厂失业工人要救济，要饭吃，要房住，要米的斗争中，努力开展武装工人反抗帝国主义国民党的斗争；广大地组织工人的义勇军，到前线去，联合

---

① 《中共中央文件选集》第3册，中共中央党校出版社1989年版，第431-432页。

革命的士兵，反抗日本帝国主义国民党；到战区中去，夺取帝国主义国民党的武装，武装自己；反抗帝国主义的屠杀拘捕，夺取他们的武器；武装保护工房，武装保护工人的组织；武装工人，没收日货，没收投机奸商的粮米，来救济工人；……澈底地揭破国民党社会局取消派一切反动派别的欺骗，使工人了解澈底地挽救工人的死亡，失业，只有工人武装起来，推翻帝国主义、国民党的统治，建立苏维埃政权，才是唯一的出路。"① 中国共产党"要去组织，领导广大的几百万失业工人的争斗，最坚决地为着他们的日常需要与生活状况的急切的改善而争斗，为要工作要饭吃要紧急救济而争斗，并应该用最大的力量来组织领导失业工人争取经常的国家失业救济与由国家及雇主出钱的社会保险。同时在坚决地领导失业工人一切日常争斗时，我们必须最广大地告诉失业工人群众：造成这种惊人的失业与饥饿的原因，是帝国主义侵略与地主资产阶级的反革命的统治，所以只有推翻帝国主义国民党的统治，建立民众的苏维埃政权，才能够消灭失业的现象。在这个基础上，党必须把失业工人的争斗与扩大民族革命战争与拥护红军苏维埃密切地联系起来，动员他们到工农红军与满洲义勇军中去"。②

（二）进行社会救助是革命的重要举措和保证

1. 早期中国共产党的社会救助思想

改变工人群众的弱势地位既要进行政治运动，寻求保护工人利益的根本解决，同时要进行维护工人经济利益的斗争。1922年，《中国共产党第二次全国代表大会宣言》指出要制定保护工人、农民以及妇女的法律，包括：改良工人待遇（废除包工制、八小时工作制、工厂设立工人医院及其他卫生设备、工厂保险、保护女工和童工、保护失业工人等）；废除丁漕等重税，规定全国城市及乡村土地税则；废除厘金及一切额外税则，规定累进率所得税；规定限制田租率的法律；废除一切束缚女子的法律，女子在政治上、

---

① 《中共中央文件选集》第8册，中共中央党校出版社1991年版，第601页。
② 《中共中央文件选集》第8册，中共中央党校出版社1991年版，第418—419页。

经济上、社会上、教育上，一律享受平等权利；改良教育制度，实行教育普及。"①中共二大通过的《关于"工会运动与共产党"的议决案》明确指出："工会应该努力做改良工人状况的运动，凡在资本主义之下能够改良的，都要努力去做。同时须使工会很快地向着劳动运动的最终目的进行，就是完全打倒工人奴隶制的资本制度，并照共产主义原则改造社会。""工会进行劳动者的经济改良运动，必须进为劳动立法运动。同时使工会明白：获得劳动立法和争得劳动改良条件，均必须工会组织得强固；在资本制度之下，要能够使劳动立法或劳动改良条件真正实现，都必须劳动者的力量能够压迫政府和东家才行的。"②中国共产党在领导工人阶级的斗争过程中，不能"只发表一些空洞抽象的全国的总的政治口号与要求，而不能运用到实际的日常的斗争上去"，动员工人阶级"必须从群众的日常的切身的问题做起，就是许多地方的政治经济问题，如苛捐杂税问题，米价问题，纸票问题，参加城市选举问题及军队的骚扰问题等"。③

改变妇女弱势地位，必须从维护她们的切身利益着手。1922年，中共二大提出"帮助妇女们获得普通选举权及一切政治上的权利与自由""保护女工及童工的利益"。④1925年，中共四大通过的《对于妇女运动之议决案》中更加明确地提出了男女在职业、工资、社会地位方面是平等的，女子享有同等的财产权与继承权，并且针对妇女特殊的身体和生理状况，提出了"保护母性（生产期前后休息六星期不扣薪资）"的要求。⑤土地革命战争时期，1928年，中共通过的《妇女运动决议案》，第一次

---

① 《中共中央文件选集》第1册，中共中央党校出版社1989年版，等116页。
② 《中共中央文件选集》第1册，中共中央党校出版社1989年版，第77页。
③ 《中共中央文件选集》第2册，中共中央党校出版社1989年版，第198页。
④ 中华妇女联合会妇女运动历史研究室编：《中国妇女运动历史资料》（1921–1927），人民出版社1986年版，第30页。
⑤ 中华妇女联合会妇女运动历史研究室编：《中国妇女运动历史资料》（1921–1927），人民出版社1986年版，第281页。

提出关心妇女的切身利益,正确处理农妇特殊利益和农民整体利益的关系问题。该决议指出:"在取得女工参加赤色职工运动中,必须提出许多根本的要求,在这些口号上去统一广大的无产阶级的妇女群众,如实行八小时工作制,禁止儿童及妊妇与哺乳妇做夜工,缩短夜工时间,同等工作应得同等工资,保护母性,禁止女工做过度及危险工作,经常有星期休息日,及解除幼儿在工厂中工作,组织儿童院和幼稚院等。总之,在女工斗争中,要特别注意和提出女工日常生活中所必需的要求,以求达到胜利。但同时须顾及各方面、各地方的环境,酌量情形决定之。"[①]农妇斗争,"应直接提出关于农妇本身利益的具体要求,如承继权、土地权、反对多妻制、反对年龄过小之出嫁(童养媳)、反对强迫出嫁、离婚权、反对买卖妇女、保护女雇农的劳动。"[②]1930年11月8日,中共中央提出了《劳动妇女斗争的纲领》,在国统区的城市中,保护妇女的要求是:增加工资;反对加重工作;同工同酬,男女红利平等;要求八小时工作制;吃饭要有休息,星期日停工,工资照发;反对养成工制,反对学徒制(学徒做工要有工钱);反对扣罚,反对打骂女工调戏女工;不做夜工,不做有碍于女子生理的工作;反对黄色工会,拒绝交黄色工会会费;反对国民党政府捕捉工人,反对白色恐怖;男女工人同样有罢工和组织工会之自由;女工产前后有八星期休息,工资照发,另给医药费;哺乳自由;要求厂主津贴设立育儿院,幼稚园,女工读书夜校;女工有疾病时(体弱的人,在月经期内,得同样请假),请假自由,厂方给医药费,工资照发;在厂内有谈话梳头大小便的自由;反对关厂,恢复失业女工工作;失业女工要求津贴——要饭吃要衣穿要屋住。在国统

---

① 中华妇女联合会妇女运动历史研究室编:《中国妇女运动历史资料》(1927–1937),人民出版社1986年版,第15–16页。

② 中华妇女联合会妇女运动历史研究室编:《中国妇女运动历史资料》(1927–1937),人民出版社1986年版,第17页。

区的农村,保护妇女的要求有:参加抗捐抗税抗租抗债的斗争;反对清乡,反对屠杀;反对丈夫当军阀的官兵,反对拉夫;参加土地革命,劳动妇女和男子同样有分配土地的权利;建立苏维埃政权,劳动妇女群众和男子同样有选举权和被选举权;农妇与男子同样有参加农会之自由;雇农苦力妇女增加工资改良待遇。此外,其他如城市贫民妇女的要求如反对加房租,反对苛捐什税,又如手工业的雇佣劳动者女仆奶娘反对介绍所的剥削,增加工资,减少时间,反对打骂等。此外,一般劳动妇女的普遍要求就是婚姻的自由和男女平等,反对童养媳制度,反对多妻、婢妾制度和买卖婚姻,反对封建势力的压迫与旧家庭的束缚等。①

2. 革命根据地和解放区的社会救助机构

在土地革命战争时期,中国共产党在最初实现局部执政的过程中,就通过建立民政、劳动等机构负责社会救助。1932年,中华苏维埃共和国临时中央政府通过了《内务部暂行组织纲要》,规定社会保证科负责对因战争和灾荒而造成的被难群众的救济。1933年,中华苏维埃共和国颁布《地方苏维埃组织法(草案)》,规定市、乡苏维埃设立救济机构——备荒委员会,由7~9名委员组成,其任务为筹集粮食于备荒仓而保管之,调查统计本属内居民群众粮食不足及正患饥荒者,并实施救济办法;省、县、区各级苏维埃执行委员会之下设立与救治灾荒有关的机构,如劳动部、土地部、粮食部、内务部等。根据规定,劳动部下设失业劳动科,管理失业劳动的登记和统计、劳力的调剂、劳动的介绍,指导工人组织生产合作社等;土地部设立土地建设科,其任务之一就是消灭害虫;粮食部设立调剂科和备荒科,前者调查统计所属范围内粮食产销状况,拟定并执行调剂计划,后者负责筹划并管理关于备荒一切事宜;内务部下设社会保证科,管理因战争因灾荒而发生的被难群众的救济,地方武装及苏维埃工作人员参加革

---

① 《中共中央文件选集》第6册,中共中央党校出版社1989年版,第494-495页。

命战争牺牲或残废之抚恤，荒年粮食之救济，备荒仓之指导等。① 有的苏区救治机构建制完整，有的仅设立一些临时机构，如1931年在鄂豫皖苏区设立了救济委员会，专门负责"借给灾民粮食来救济他们"。② 相较而言，中央革命根据地的救荒机构较为完善。

除去政府的灾害救助机构外，苏区还有一些民间救助机构如济难会、互济会等。这些组织是中国共产党领导下的群众外围组织，主要帮助被难的革命群众和灾民。1932年，革命互济会代替济难会。在苏维埃区域，以省为单位，成立省总会，省之下设立县总会、区总会、乡设分会；红军以军为单位，成立军总会，军总会之下设团总会，连设分会，营部不设机关。总会设秘书股、劝捐股、财务股、调查统计股、宣传股、组织股；分会设劝捐队、财务股、救护队、宣传股、组织股。其经费主要来源于会费和捐款。会员有缴纳会费之义务，会费分为常捐、特别捐二种。常捐每月一次，雇农、士兵、产业工人每次缴纳铜元一枚；贫农、手工业工人、独立劳动者及其他的人，每次缴纳铜元二枚。凡家庭经济地位比较富裕的会员除按月缴纳常捐之外，还要缴纳特别捐。征收特别捐的数目按该地情形及会员经济地位规定，由当地分会负责征收。③

抗日战争时期，随着各边区民主政权的建立，中国共产党也陆续设置了社会救助的机构。中共中央并没有统一的组织法规，各个抗日根据地的救荒机构、涉及的内容、具体操作方式都不尽相同。但总体来看，各边区一级政府设民政厅，行政督察区和县所属机关设民政科，作为社会救助常设的领导机构；区、乡、村政权中的优待救济委员会是贯彻落实社会救助的基层组织。

---

① 韩延龙、常兆儒编：《中国新民主主义革命时期根据地法制文献选编》第2卷，中国社会科学出版社1981年版，第32—64页。
② 《鄂豫皖边界苏区概况》，《红旗周报》第10期，1931年6月20日。
③ 江西省档案馆选编：《湘赣革命根据地史料选编》上册，江西人民出版社1984年版，第217—221页。

以陕甘宁边区为例，1937年10月，西北办事处司法内务部改组为民政厅，下设民政、社会保证、卫生三科。随着陕甘宁边区政府①的建立，边区政权形态逐步完备，1939年4月公布的《陕甘宁边区政府组织条例》明确规定：民政厅掌管卫生行政事项、赈灾、抚恤、保育及其他社会救济事项；建设厅掌理有关移民事项等。②县政府设民政科，下设的第一科和第五科分别掌理优抗救济、调剂民食等事项；乡政府根据工作需要，可以设立优待救济委员会、卫生保育委员会等承办有关民政事务，委员会一般由3~5人组成，主任委员和委员均不脱离生产，由乡市政府聘任。③区公署被明确定为"助理机构"，根据区的大小设2~3名助理员，帮助督导乡政府开展社会救助事务。其他抗日根据地也相继建立了类似的救荒机构，但由于战争环境的变化，某些行政级别的救荒机构常常发生变更。如在山东抗日根据地，根据山东省临时参议会1940年11月7日通过的《山东省战时县区乡政府组织条例》，县政府设立民政科，负责赈灾、抚恤、保育及其他社会救济事项，区公所、乡公所可以临时设立优待救济委员会。村政委员会把讨论处理难民救济事宜作为政务内容之一。④1943年8月，山东省临时参议会又通过了《山东省战时行政委员会组织条例》《山东省行政公署组织条例》《山东省行政督察专员公署组织条例》《修正山东省县政府组织条例》《修正山东省区公所组织条例》等，对救荒机构做了变更，

---

① 1935年，中共中央、工农红军主力长征到达西北后，决定把陕甘边和陕北的工农民主政府统一起来。11月，成立了苏维埃中央政府西北办事处，并重新划分陕北和陕甘革命根据地为陕北省、陕甘省、关中特区和神府特区4个行政区域，统归西北办事处管辖。1937年2月，中共中央将陕甘宁苏区改为陕甘宁特区，5月又改为陕甘宁边区。9月，根据国共两党协议，中国共产党将陕甘宁苏维埃政府，即原中华苏维埃共和国中央政府西北办事处正式改组为陕甘宁边区政府。

② 陕西省档案馆、陕西省社会科学院合编：《陕甘宁边区政府文件选编》第1辑，档案出版社1986年版，第214-215页。

③ 陕西省档案馆、陕西省社会科学院合编：《陕甘宁边区政府文件选编》第5辑，档案出版社1991年版，第14-21页。

④ 《山东革命历史档案资料选编》第6辑，山东人民出版社1982年版，第251页。

规定山东省战时行政委员会①下设民政处，其工作任务就是赈灾、抚恤、优抗、保育及其他社会救济事项；行政公署、行政督察专员公署、县政府相应设立民政处（科）；区公所作为最基层的行政单位，不设民政机构，只由县政府委任民政助理员一名，办理民政事宜。②

抗日战争即将胜利的前夕，为适应新形势，加强对救济工作的统一领导，并配合联合国救济总署的工作，1945年7月，在延安召开的中国解放区人民代表会议筹备会上通过决议，成立了以周恩来、董必武为首的中国解放区临时救济委员会（简称"解救"，1946年改称中国解放区救济总会，简称"救总"），并制定了《解放区临时救济委员会组织和工作条例》。救总的任务主要是调查和统计抗日战争时解放区所受的损失，接收和分配联合国的救济物资，并且与宋庆龄领导的中国福利基金会相配合，为解放区的灾民和战争难民提供了大量的救济款项和物资。"救总"的工作实践，为中华人民共和国成立后的救灾救济工作打下了基础。③

除此之外，各根据地政府针对严重的自然灾害还临时组织由党政军民组成的各级救灾委员会或者是优待救急委员会，专门负责生产救灾工作，并把灾区村级党支部当作领导生产自救的核心堡垒，同时吸收工、农、青、妇等群众团体（后合并为救联会）的成员参加，依靠他们发动群众、组织群众，把党和政府的政策法令落实到群众当中去。1940年春，晋察冀抗日根据地政府为救济严重的灾荒，从边区政府到县、区、村都成立了救灾委员会，集中领导当地的救灾工作。1940年3月30日，陕甘宁边区党委和陕甘宁边区政府联合发出《关于赈济工作的决定》，要求各县应立即组

---

① 1940年7月，成立了山东省临时参议会并选举产生了山东省抗日民主政权——山东省战时工作推行委员会（简称战工会），1943年9月，山东省战时工作推行委员会改称"山东省战时行政委员会"，1945年8月13日，山东省战时行政委员会改为山东省政府。

② 《山东革命历史档案资料选编》第11辑，山东人民出版社1982年版，第20-35页。

③ 中共代表团驻沪办事处纪念馆编，《中国解放区救济总汇在上海》，上海学林出版社1996年版。

织赈济委员会，由5人至7人组成，县委书记或县长为主任委员，切实负责领导与推行赈务之进行。①1941年，山东抗日根据地成立了各级救济灾贫委员会，由当地同级抗属委员会、各救会代表、政府代表及热心抗战之士绅组成，村、区、县级救济灾贫委员会的成员分别为3~5人、5~7人、7~11人。县以上救济灾贫委员会则成立3人组的常委会，并由一名脱产者专管此事。救济灾贫委员会受双重领导，即上级救济灾贫委员会和同级政府及政府第一科之指导。②1942年11月，晋冀鲁豫抗日根据地也成立了各级救灾委员会，"它是党政军民的联合权力机关，包括了各县有威望的人士，以全力领导生产救灾运动"。③而最基本的组织是在基层村，其救灾委员会由村长、民政主任、生产主任及团体代表一至二人并聘请热心慈善事业人士共同组成，村民组织互助小组，本组不能解决的提交到村救灾委员会，村救灾委员会可以提交到村代表会解决。④

有的根据地还设立防汛、抗旱、防疫等专业性的救灾机构，如河北省冀中主任公署为救治潴龙河河患，成立过潴龙河河务委员会（又改名大清河河务局），后由冀中区河务局取代，负责全区的河务治理。1939年8月，河务局解散后，各级政府实业科添设水利技术员，负责计划工程、检查工作。

除政府设立的上述救灾机构外，各地政府还积极鼓励成立群众性的民间救荒组织。如1941年，山东省战时工作委员会号召群众组织救济春荒委员会，通过互助生产共渡灾荒。1943年，太行山救灾委员会号召各地组织义仓，调节粮食，预防灾荒。但由于整个农村经济的落后和农民的极度贫困，这些民间救灾组织作用不是很大，即使有革命传统的互济会，作用

---

① 陕西省档案馆、陕西省社会科学院合编：《陕甘宁边区政府文件选编》第2辑，档案出版社1987年版，第94-95页。
② 《山东革命历史档案资料选编》第7辑，山东人民出版社1982年版，第256-257页。
③ 河南省财政厅、河南省档案馆编：《晋冀鲁豫抗日根据地财政经济史料选编》（一），档案出版社1985年版，第652页。
④ 贾正：《今年春荒救济工作的经验教训》，《边区导报》第4卷24期，1942年10月25日。

日益式微，1942年，陕甘宁互济会被迫与民政厅合并①。

与抗日战争时期相比，解放战争时期的常设社会救助机构变化不大，仍然是由各级民政部门具体负责。

3.革命根据地和解放区的社会救助举措

新民主主义革命时期，革命根据地和解放区政府社会救助的对象主要是因战争和自然灾害而出现的大量灾民和难民，另外还有因战争而伤残的革命军人、牺牲的革命烈属等。

（1）对灾民的紧急救助。各级苏维埃政府力所能及地结合自己的实际情况，对灾民进行紧急救济，以解决他们的燃眉之急。1932年，鄂豫皖苏区发生灾荒时，政府要求各乡苏维埃募集粮食，立即设立粥厂，"救济没有饭吃的工友农友"。②除去苏维埃政府拨款、拨粮救济灾民外，中国共产党领导的群众慈善组织也发挥了扶贫济困的积极作用。土地革命战争初期，一些根据地建立了济难会，设法救助被难的灾民。如1930年湘赣根据地有难民五六千人，济难会设法安置其中的老弱病残妇女。③在中央根据地，革命互济会"曾在战争中切实地担任了群众的救济，有计划地维持被难群众的生活，举行群众慰问等"，④帮助一些灾民渡过了暂时的困难。

抗日战争时期，抗日民主政权对灾民的社会救助举措更加多样。紧急赈济主要包括赈粮、赈款、以工代赈等。赈粮是政府直接发放粮食给灾民，或者是设立粥厂，为流离逃荒的灾民提供基本的食物。赈款主要是发放钱款，由灾民去购买粮食、种子等。据统计，晋察冀边区1937—1943年就

---

① 胡民新、李忠全等：《陕甘宁边区民政工作史》，西北大学出版社1995年版，第211页。
② 《鄂豫皖区苏维埃与党关于粮食问题的文件》，《红旗周报》第45期，1932年7月10日。
③ 江西省档案馆选编：《湘赣革命根据地史料选编》上册，江西人民出版社1984年版，第83—84页。
④ 《江西的中央苏区》(特约通讯)，《红旗周报》第24期，1931年11月27日。

拨出赈款200万元，贷款1500万；① 陕甘宁边区政府1939—1942年4月拨发赈济粮、款分别是7227.4石、809746.8元②；1941—1942年山东抗日根据地六个专区拨发救济粮3075082斤，救济款375877.75元③；太行区1944年发放救济粮2000石，贷粮11000石。④ 在有些灾区，根据地政府根据抢种的需要，直接发放农具、种子或用于购买这些物资的专款，如1940年6月，绥德、吴堡发生严重旱灾，边区政府购买200石荞麦种子拨发给该县补救。⑤1941年6月，陕甘宁边区政府给靖边、延安各1万元，陇东1.5万元，帮助农民买种子、农具。⑥ 由于各抗日民主政权的财政状况一直比较紧张，真正单纯救济的数目一般不太大，如1942年晋察冀边委会拨发给北岳区各县赈粮多的400石，少的35石，赈款多的10000元⑦。尽管如此，这些紧急措施对处于死亡边缘的灾民来讲是非常及时的，使他们暂时渡过了难关，为下一步的生产自救保存了基本的劳动力和生产能力。解放战争时期，针对陕甘宁边区的灾荒，陕甘宁边区拨付了大量救济粮款。至1948年9月陕甘宁边区人民共得到政府救济粮151万石，救济款107亿余元（陕甘宁边区币）。⑧ 在救济物资的发放过程中，除部分用于救济缺乏生产条件的老弱病残外，大部分用于组织生产上，有重点地结合生产适时发放，或以工代赈。如1946年1月，陕甘宁边区政府建设厅协助民政厅贷籽种

---

① 魏宏运主编：《抗日战争时期晋察冀边区财政经济史资料选编》第一编（总论），南开大学出版社1984年版，第507页。
② 《抗战时期的陕甘宁边区》，北京出版社1995年版，第406页。
③ 《山东革命历史档案资料选编》第10辑，山东人民出版社1982年版，第255页。
④ 河南省财政厅、河南省档案馆编：《晋冀鲁豫抗日根据地财政经济史料选编》（二），档案出版社1985年版，第640页。
⑤ 陕西省档案馆、陕西省社会科学院合编：《陕甘宁边区政府文件选编》第2辑，，档案出版社1986年版，第305页。
⑥ 《边区政府拨粮款救灾》，《解放日报》1941年6月14日。
⑦ 贾正：《今年春荒救济工作的经验教训》，《边政导报》第4卷第24期，1942年10月25日。
⑧ 张俊南等编：《陕甘宁边区大事记》，三秦出版社1986年版，第287页。

200石及水利贷款400万元。①

相对于赈款和赈粮来讲,以工代赈在各抗日革命根据地和解放区运用得比较多,效果也比较明显。以工代赈是指灾民通过参加修渠、筑路、发展生产等劳动,获得基本的生活资料。如1940年陕甘宁边区在陇东和绥德修筑公路和水利工程,支出5万多元,筑路的灾民日均工资1.5元,劳动积极的灾民每天可以得到工资2.4元,折合小米5升,3000多灾民依靠这些工作得以生活。②1942年秋,太行区根据地为救济灾荒,组织妇女开展纺织运动。首先由政府贷给棉花和粮食,在工商局的指导下,广大妇女从事纺织,每斤棉花纺成纱,可以得到工资2斤小米,织成布可以得到工资1斤小米。至1943年6月,仅5专区就有23968名妇女参加纺织,生产成品166090斤,换取小米386255斤,人均得粮16斤;6专区仅武安县的妇女通过纺织得到粮食268652斤,使近8000人得以生存;1专区冀西各县,4342名妇女参加纺织,织布7766斤,纺纱260041斤,换得粮食146211斤。同时,边区政府还动员受灾的年轻力壮的匠人或参加水利建设或开滩修渠。1942—1943年太行区共发放贷款235万元,粮食20万斤,大多用于水利建设。据涉县、林县、磁县不完全统计,以工代赈支付工资242129斤米,可以维持3668人半年的生活。③总之,以工代赈使灾民获得了口粮和救济款,恢复和搞活了经济,修建了一些农田水利设施,很多灾民也借此渡过了灾荒。

针对大灾之后有大疫的情况,抗日根据地和解放区重视对灾民的疫病防治。解放战争时期,中共中央西北局、陕甘宁边区政府先后发出指示,要求各地切实组织防疫治疗工作。在救治方面,要求各专署、县府必须把防治工作作为救灾工作中的重要一项,切实组织各级卫生机关(如边区的

---

① 《边区各地强渡春荒》,《解放日报》1946年3月9日。
② 《庆安公路环县段完工》,《新中华报》1940年12月29日。
③ 河南省财政厅、河南省档案馆编:《晋冀鲁豫抗日根据地财政经济史料选编》(二),档案出版社1985年版,第111页。

卫生署、联卫、分区的卫生部、县的卫生所等）参加各地的救灾委员会，配合生产救灾，负责领导各地的防治工作。防治工作的重点，应放在灾区与移民区，如延属之蟠龙、永坪、永胜、禹居等灾区及志（丹）、延（长）移民区，绥属之米（脂）、子（洲）、横（山）等县的灾区，三边属之靖边灾区，陇东属之华池移民区等，然后逐步推广到其他一般区域。对已经发生疫情的地区，要注意隔离，随时收集防治疫病有效的土方单方，发动群众广泛采用。对缺乏医药的地区，政府组织各合作社配备药品，以供急需。同时尽量组织民间医生参加防治工作，减免其战勤负担，并奖励防治有成绩的医务人员或一般干部群众。同时，加强疫病的预防，组织掩埋队，将暴露或过去未掩埋好的尸体重新掩埋在远离水源的地区；发动群众清理饮水上游及周围，最好挖深水井，尽可能不吃河水或用白矾过滤后再用；发动群众进行大扫除，并保持清洁卫生；广泛宣传，不吃冷饭，不喝生水，不吃死牲口肉，并注意生活卫生等。①1948年夏季，针对疫病蔓延的严峻形势。7月12日，中共中央西北局又发出扑灭时疫的紧急指示，陕甘宁边区政府主席林伯渠也于7月14日指示各级政府把扑灭疫情作为当前急务，要求各级政府干部采取以下紧急措施：第一，立即动员组织当地民间中医下乡防疫治病，一方面教育中医自动寻找病人为其服务，一方面减少中医在服务期间的战勤负担，并酌情解决其家庭困难，同时审慎配制在实际治疗中证明有效的单方，无偿地发给病人服用，如当地政府无力负担，可呈报各专署向边区卫生署报销；各地保健药社更应团结与说服各个私营药铺，减价或赊账卖药给患病群众，严格取缔乘机抬高药价的不法行为；第二，除由联卫、边卫协同派出救治组进行紧急救治外，各级政府卫生机关与驻军机关医务人员，亦应组织临时防疫治病小组，在驻地附近区乡进行防疫工作，派出医务人员专门负责附近居民的病疫治疗；第三，各机关学校与

---

① 陕西省档案馆、陕西省社会科学院合编：《陕甘宁边区政府文件选编》第12辑，档案出版社1991年版，第29页。

群众团体，应利用集会、开会、交往等各种机会，利用黑板报、标语、传单等各种形式，向群众宣传防疫知识，开展群众卫生运动，耐心说服群众破除迷信，禁止巫神的骗人活动。①经过广大干部群众和医务工作者的不懈努力，一个月后，陕甘宁边区的疫情趋于缓和，9月，疫情得到遏制，停止了扩散传染。②

（2）对难民的紧急救助。由于战争和自然灾害，根据地和解放区都会拥入大量的难民，同时也有少量根据地内部的季节性流动灾民。据不完全统计，抗日战争时期，从河南、甘肃、宁夏、河北、陕西、汉中等敌占区和国统区流向陕甘宁边区的难民不下10万人，③约占根据地人口的7%。④为更好安置逃荒灾民，根据地政府颁布了一系列文件、法令。1939年1月，陕甘宁边区第一届参议会把"救济难民"写入《陕甘宁边区施政纲领》；1940年3月1日，陕甘宁边区政府颁布了《陕甘宁边区优待外来难民和贫民之决定》；1941年4月10日，陕甘宁边区政府又颁布了《优待难民办法的布告》，制定了具体的安置难民的措施，并再次强调和细化了难民优待政策；1942年2月6日，陕甘宁边区政府公布了《优待移民实施办法》，奖励边区内外各地难民和贫民迁入，以从事开荒生产和发展经济。边区政府不仅对难民应享有的经济、政治方面的优待做了明确的规定，而且划定延安、甘泉、富县、志丹、靖边、华池、曲子等七县为移民开垦区；1943年3月19日，陕甘宁边区政府在优待移民基础上，为促进垦荒颁布了《优待移民难民垦荒条例》；晋冀鲁豫抗日根据地政府规定，所有非灾区根据当地居民的数目有安置3%灾民的义务。灾民外逃，要由驻地区级以上政

---

① 《林主席指示各级政府扑灭病疫为当前急务》，《群众日报》1948年7月14日。
② 甘肃省社会科学院历史研究所编：《陕甘宁革命根据地史料选辑》第3辑，甘肃人民出版社1983年版，第308页。
③ 孙艳魁：《试论抗日战争时期难民西迁的社会影响》，《广东社会科学》1994年第5期。
④ 陕甘宁边区当时的总人口是142万多人（《抗日战争时期陕甘宁边区财政经济史料摘编》总论编，陕西人民出版社1981年版，第15页。）

府负责证明;到达目的地应由当地县区政府经过审查登记,再分配安置于各村;分配安置时,要尽量照顾其私人社会关系,不可过分勉强。同时,为方便灾民移动,晋冀鲁豫根据地政府在沿途设了许多招待站,每三四十里一个,供灾民住宿,并提供柴火、水等,少数则补给一些饭食。被安置地区,要准备住宅,组织灾民参加各种生产,介绍各种职业,发给一定数量的生活用品,并吸收他们参加村中政治教育和娱乐活动,享受村民应有的权利。如左权县对人口较多的被灾家庭发放米40斤,人口少的被灾家庭20斤;襄垣县在年关时为人口多的家庭发放小米2斗,少的家庭1斗,另加糠1斗。昔东县发起了二合米运动以援救逃来的1000多名难民,一个月内,为他们提供小米1854斤、玉茭2141斤、糠20774斤。逃向太岳区的20万难民、逃向太行区的5万外来灾难民,也都得到了很好的安置。另外,1943年春,为了动员灾民回乡春耕,晋冀鲁豫边区政府专门拨发3万石小米、3万元资金作为资送路费,至1943年4月底,已动员灾民1万余人回乡生产。①一些地方还建立了包括纺织、硝皮、家具方面的难民工厂。"从1940年8月至12月的5个月中,难民纺织工厂、农具厂、硝皮厂各自盈利3575.25元、1523.3元、1304元"。②同时,还陆续创办了印刷、造纸、制药厂以及制灯、肥皂、面粉等工厂。陕甘宁边区政府在给其行政院的救济报告书中称:"1940年初边区还只有700个工人,1942年有了4000个工人,到了今天(1944年5月)就有12 000个工人。"③难民工厂的开办,不仅安置了很多难民,生产了边区人民生活和军队所需要的物品,而且用盈余来救济灾民,也保证了他们的基本生活水平。安置灾民的工作得到灾民的极大拥护,从敌占区来的灾民感动地说:"根据地是另一个新

---

① 河南省财政厅、河南省档案馆编:《晋冀鲁豫抗日根据地财政经济史料选编》(二),档案出版社1985年版,第140—142页。

② 《陕甘宁边区政府文件选编》第2辑,档案出版社1986年版,第184页。

③ 毛泽东:《1944年5月22日在中共中央办公厅为职工代表大会举行的招待会上的讲话》,《解放日报》1944年5月22日。

世界",他们"从地狱到了天堂,从死路到了活路"。①这些安置举措既保证了灾民的生命安全又扩大了中国共产党的社会影响。

解放战争时期,对于流入解放区的难民,当地政府给予安置或帮助。太行根据地规定:凡家在蒋(阎)占区的灾难民,要坚决地全部劝回原籍,每人发给4斤小米(此项由救济粮内拨出)作为路费,如此类难民中在居住地区有所经营(如土地、作坊、商业等)者,政府可帮助其迅速结束,尽早还乡,以免误过耕种季节。如果此类难民中,有的已能生产自给者,则听其自愿,不应强迫返回;凡难民的家乡已经解放者,一律劝回原村生产,其生产生活上有何困难,当地政府应设法解决,并介绍至该村负责安置。如难民居住在接近敌区附近,当地环境尚有可能坚持者,亦应说服其回村生产,政府可帮助其重建家务,安置生活。以上难民在寄住区之经营部分,亦须按照第一项中办法处理。如难民本人仍愿保持其在外经营部分时,则可采取两头照顾办法,但以不误本村生产为原则;凡家在敌我争夺之游击地带的灾难民,而本村环境极不安定,难以持久坚持生产者,则可采取两头安家办法,在春耕期内,结合武装活动,乘隙回村种地,以便在该地完全安定后,得以迅速恢复生产。对于斗争对象,不论属于何种地区,原则上应一律劝令回籍。但如有表示愿意依靠民主政府,并在解放区能以自力生活而又经当地群众同意者,政府也不应采取拒绝态度。②

解放区政府在安置逃荒灾民的同时,还有计划地移民就食,将灾民迁往地广人稀的非灾地区。1948年,陕甘宁边区政府向志丹、安塞、吴旗、垦区、陇东、河东、永和、石楼等粮多地广的地区移民,并制定了《灾民迁移安置办法》,规定凡符合移民条件的灾民要填写"灾民迁移介绍信",凭此在迁移途中及接受地都能享受照顾。迁入地区须确实负责安置移民,

---

① 吴宏毅:《从灾荒中站起来》,《解放日报》1944年8月29日。
② 太行革命根据地史总编委会编:《太行革命根据地史料丛书之六:财政经济建设》,山西人民出版社1987年版,第1336-1337页。

扶助组织生产，尽量扩大耕地面积，多产粮食。1948年仅延长一县就移入灾民5000余人，[①]有的县如华池县在安置移民方面成绩突出，受到边区政府的表彰。[②]此措施确实取得了较好的预期效果，解决了这部分灾民的生活问题。

（3）军人及其家属的抚恤优待政策。抚恤优待政策是国家军事制度的重要组成部分，也是政府的一项特殊社会救助政策。在新民主主义革命时期，在落后的小农经济的条件下，烈士和伤残军人对其家庭的生活来说是灭顶之灾。中华工农兵苏维埃第一次全国代表大会通过《红军问题决议案》中指出，"红军是苏维埃政权最重要的保护者。"[③]红军作为重要的武装力量，是革命政权的维护者。只有保障红军的物质生活需要，优待红军家属，才能提高红军的战斗力。早在1929年12月中国共产党红军第四军第九次代表大会决议案(古田会议决议)的第七部分强调了"要优待伤病员的问题"。[④]1934年中央通过了优待红军家属的条例，指出"为了巩固红军的发展，为要使前线上的战士安心作战，不顾虑他们的家属，因此新生的红色政权需要依靠红军的力量保障革命，必须建立普遍的经常的更好的优待红军家属的工作。"[⑤]因此，中国共产党自1927年建立人民军队起，不断探索完善军人抚恤优待政策的内容、形式和方法，努力保障革命军人及其家庭的基本生活。1931年颁布的《红军抚恤条例》规定：中央革命军事委员会抚恤委员会，为决定与执行抚恤条例之最高机关，委员五人。由中央革命军事委员会在工农红军总政治部及参谋经

[①] 陕西省档案馆、陕西省社会科学院合编：《陕甘宁边区政府文件选编》第12辑，档案出版社1991年版，第248页。

[②] 陕西省档案馆、陕西省社会科学院合编：《陕甘宁边区政府文件选编》第12辑，档案出版社1991年版，第115页。

[③] 《中共中央文件选集》第7册，中共中央党校出版社1991年版，第799页。

[④] 《毛泽东文集》第1卷，人民出版社1993年版，第110页。

[⑤] 《中共中央文件选集》第10册，中共中央党校出版社1991年版，第7页。

理军医各部，遴选五人任命之，指定其中一人为主任，召集会议并处理日常事宜。主任之下设秘书一人，处理一切文件档案，设干事二人，帮助主任处理一切日常事宜。以军区或军为单位，组织一抚恤委员会，定名为中央革命军事委员会抚恤委员会××军区或第×军分会，由军区或军的负责人在军区或军政治部及参谋经理军医各处中，遴选五人为委员任命之，受军区或军的负责人之监督，接受上级委员会之指导，与抚恤条例所规定各项执行各该军区或军之抚恤事宜，设主任一人召集会议，并处理日常事宜。《红军抚恤条例》进一步明确了国家供给医疗费、死亡抚恤、家属抚恤的标准。比如，"红军战士在服务期间，因伤病必须休养时，即送到红军医院医治，或红军休养所休养，其一切费用由国家供给，其生活费应较红军生活费增多二分之一，红军战士在服务期间受伤罹病，又因工作关系不能到医院医治或休养所休养者，除由医生诊治外，仍需给医药补助费，一般的每月不能超过十元，以恢复其健康为度，此种补助费之发给与多少，由抚恤委员会决定"；"红军在服役期间，因伤残废，不能服务者，则送到红军残废院休养，其生活费，应较红军生活费增多二分之一，其愿回家者，则给予终身抚恤金"；红军在服务期间因伤病死亡者对本人应由下列抚恤：（1）死亡烈士的遗金，除在遗嘱中有特别支付外，应付与其家属。（2）死亡烈士的遗物，应保存陈列于革命历史博物馆等。[①]1932年颁布的《中央革命军事委员会训令》规定：因参加革命战争或因公受伤致成残废……每年发给抚恤金大洋50元，以致发至其本人老死而止。[②]

抗日战争时期，中国共产党更加重视军人及其家属的抚恤问题。1937年陕甘宁边区政府成立时就设立了民政厅，其重要职责就是"赈灾、抚恤、

[①] 江西省档案馆、中共江西省委党校党史教研室编选：《中央革命根据地史料选编》（中），江西人民出版社1982年版，第598–599页。

[②] 《中央革命根据地史料选编》（中），江西人民出版社1982年版，第612页。

保育及其他社会救济事项"。①为了加强对边区抗日军人的优待,民政厅专门设立了抚恤委员会,主管抗日军人工作。基层县级政权也设立了民政科(一科),抗日军人安置由该科负责;乡设有"优抗救济委员会"。②1937年12月,陕甘宁特区政府颁布的《抗日军人优待条例》规定了关于抗日军人的安置问题。《条例》规定享受安置的抗日军人的服务期限和年龄期限,"抗日军人服务五年以上,年满四十五岁者可退职休养,公家补助其终身生活,本人不愿退伍,愿继续服务者,应得特殊优待,由民政厅发给特别优待证书"。《条例》还规定了残废抗日军人的安置问题,"抗日军人因战争受伤残废得入残废院休养,一切生活费用由国家供给,不愿居残废院者由政府按年给终身抚恤费"。③1940年陕甘宁边区政府又颁布了《陕甘宁边区抚恤暂行办法》,优抚的主要对象是"边区内直接参战的抗日战士之优老养病抚恤伤亡等",规定由边区民政厅优待抚恤委员会具体办理抚恤事宜。该《办法》规定:"抗日将士服务五年以上年满四十岁者(后方工作人员八年以上),由该主管部属首长填具详细证明表,转所属优待抚恤委员会发给抗日战士年老优待证书,在职者每年发给优待金十元,退伍者发给优待金五元","持有优待证之年老战士荣誉将士退伍而家在边区以外者,除给路费外,还须给予相当优待费。"关于伤残抗日军人的安置,规定了伤残等级的认定以及抚恤办法,一等残废每年发给抚恤费30元;二等残废每年发给抚恤金20元;三等残废每年发给抚恤金12元。④此外,山东省战时工作推行委员会公布了《抚恤抗日阵亡、荣誉军人暂行条例》和《优待抗日军人家属暂行条例》;晋察冀边委会颁布了《抗战牺牲将士遗族抚恤办法》;晋西北根据地颁布了《晋西北抚恤残废军人暂行条例》《晋

---

① 陕西省档案馆、陕西省社科院编:《陕甘宁边区政府文件选编》第1辑,档案出版社1986年版,第214页。
② 《陕甘宁边区政府文件选编》第5辑,档案出版社1988年版,第11、15页。
③ 《抗日军人优待条例》,《解放》第1卷第26期,1937年12月4日出版。
④ 《陕甘宁边区政府文件选编》第2辑,档案出版社1987年版,第550–553页。

绥边区抚恤优待荣誉军人暂行条例》《优待抗日军人家属暂行条例》《晋西北抚恤阵亡将士遗族暂行条例》，等等。抗日战争即将胜利前夕，中国共产党在1945年4月召开的第七次全国代表大会上明确提出要"加强优待抗属，抚恤伤亡，安置残废军人及退伍军人的工作"。[①] 抚恤革命军人及其家属的政策作为一项制度一直延续下来。

---

① 《中共中央文件选集》第15册，中共中央党校出版社1991年版，第113页。

第二章 社会主义过渡时期的社会救助

中华人民共和国的成立,不仅标志着新民主主义革命的胜利,而且标志着中国逐步过渡到社会主义的新时期。从此,中国共产党领导的社会救助事业开始了新篇章。在社会主义过渡时期,中国共产党在总结以往经验的基础上,针对当时社会弱势群体状况,通过积极有效的社会救助,保证了这些弱势群体的生命安全,维护了社会稳定和新政权的安全。

一、新中国成立初期的弱势群体状况

新中国成立初期,外有帝国主义的孤立、封锁,内存百废待兴的困难局面,在自然灾害的影响下,遍布城乡的弱势群体对新生的共和国是一个极大考验。

(一) 大量的失业人群

随着全国的解放和中华人民共和国的建立,农村普遍开展了土地改革运动,农民分到了土地,翻身得到解放,为农业经济的恢复发展创造了良好的前提。相对而言,新解放的城市则面临着大量失业人口。据统计,截至1950年9月底,全国城镇失业人员达到472.2万人,失业率高达23.6%。[①] 北京市1949年的统计,全市人口约2004807人中,失业、无

[①] 劳动部:《中国劳动工资统计资料》(1949-1985),中国统计出版社1987年版,第109页。

业人口有 40 万~50 万, 约占 20%。① 上海市 1949 年 5 月的失业人数为 25 万, 1950 年为 16 万, 1951 年为 7.4 万, 1952 年为 18.9 万。其失业率, 1949 年 5 月为职工总数 122.5 万的 20.4%; 1952 年为职工总数 141.38 万的 13.36%。② 其中除了普通的产业工人失业较多, 还有大量的知识分子也加入了失业大军。根据粗略统计, 当时全国初中以上文化的知识分子中, 失业者约有 40 万人, 其中华东约有 18 万人, 中南约有 9 万人, 西南约有 6 万人, 华北约有 4 万人, 西北约有 1.5 万人, 东北约有 1 万人。③ 北京 1950 年 8 月的失业统计材料显示, 各种失业人员中, 工人、职员、店员以及文教人员等知识分子占据了大部分, "失业技术人员占 4.63%, 失业职员占 21.84%, 失业文教人员占 10.81%, 还有其他失业知识分子占 8.23%。"④ 如果加上未登记的失业工人以及其他失业群体, 失业人数将更大。1952 年, 全国有失业半失业人员 280 万左右, 其中失业半失业工人约有 120 万人, 失业知识分子约有 43 万人, 没有职业或没有正当职业的旧军官约 20 万人, 其他应予安置、救济或改造训练使之就业的老弱病残、流浪儿童、无业游民、乞丐、娼妓等共约有 98 万人。⑤

（二）众多的灾民

新中国成立初期也是自然灾害频发的时期, 严重的灾荒和大量的灾民困扰着年轻的人民共和国。

1949 年是新民主主义革命取得胜利和中华人民共和国诞生的一年, 也是胜利前进中遇到自然灾害极大的一年。1—7 月, 东部旱灾, 华东、中南、华北、东北 4 大区域农田受灾 217.4 万公顷, 人口 799 万, 成灾 127.6 万公顷,

---

① 《社会主义时期中共北京党史纪事》（第 1 辑）, 人民出版社 1994 年版, 第 135 页。
② 袁志平: 《上海解放初期的工人失业问题及其成功解决》, 《党史文汇》1998 年第 8 期。
③ 《中华人民共和国经济档案资料选编》(1949-1952)（劳动工资与职工福利卷）, 中国社会科学院出版社 1994 年版, 第 193 页。
④ 北京市档案馆编: 《国民经济恢复时期的北京》, 北京出版社 1995 年版, 第 675 页。
⑤ 《中国劳动工资统计资料》（1949-1985 年）, 中国统计出版社 1987 年版, 第 109 页。

人口788万。7—8月,由于入夏后大量降雨及战争影响,以东部淮河、长江、黄河、海河流域为主的水灾严重。连同其他季节的少量灾情,水灾波及21个省区,成灾面积852.46万公顷,成灾人口4555万,179万灾民逃荒。据不完全统计(缺西南区资料,其他地区灾情资料也极不完整),该年的各种自然灾害使1066.6万公顷农田受灾,导致1950年春荒①人口高达4920万。②

1950年全国的灾害总体有所减轻,但形势依然严峻。该年主要集中在水灾、旱灾和虫灾,其中在淮河及海河流域的水灾为最。除西南区外,全国受灾农田1063.6万公顷,成灾512.2万公顷,灾民3384万人,造成1951年春荒人口2093万。③

1951年的灾情较1949年有所缓解,但全国成灾人口依然达到3034万,并造成1952年春荒人口2388万。④

1952年一些地方发生了偏灾和较大的灾害,其中旱灾是最主要的自然灾害,局部地区水灾较重。全年受灾面积913.6万公顷,成灾443.2万公顷,成灾人口2760万,并造成1953年春荒人口3824万。⑤

1953年的灾害主要是春季的大霜灾和秋季的雨涝灾、山洪灾。全年灾情较前3年为重,受灾2341.5万公顷,成灾633.26万公顷,成灾人口3435万,导致1954年2443万的春荒人口。⑥

---

① 指春节到小麦收割前的青黄不接时期,一般从2月到5月底。这时许多农村家庭缺钱少粮,断炊挨饿,故称"春荒"。
② 中华人民共和国国家统计局,中华人民共和国民政部编:《中国灾情报告1949-1995》,中国统计出版社1995年版,第369页。
③ 中华人民共和国国家统计局,中华人民共和国民政部编:《中国灾情报告1949-1995》,中国统计出版社1995年版,第370页。
④ 中华人民共和国国家统计局,中华人民共和国民政部编:《中国灾情报告1949-1995》,中国统计出版社1995年版,第371页。
⑤ 中华人民共和国国家统计局,中华人民共和国民政部编:《中国灾情报告1949-1995》,中国统计出版社1995年版,第372页。
⑥ 中华人民共和国国家统计局,中华人民共和国民政部编:《中国灾情报告1949-1995》,中国统计出版社1995年版,第373页。

1954年全国受灾2145.1万公顷，成灾1210万公顷。其中，水灾造成1000万间以上的房屋倒塌，1.5万人因灾死亡，成灾人口达6223万，并使1955年的春荒人口居于建国后历年的高峰，达到6992万。[①]

1955年全国受灾面积2019.1万公顷，成灾面积761.2万公顷，成灾人口3622万，造成1956年的春荒人口2014万。[②]

1956年的自然灾害频繁，种类多，灾情较重。是年全国受灾面积2227.7万公顷，成灾1532.8万公顷，成灾人口7334万，造成1957年春荒人口4134万。[③]

总之，在新中国初期的几年里，每年都有三四千万的灾民困扰着新中国。从表4中看出，1949年的成灾人口占总人口的8.4%，1950年为6.1%，1951年高达10.8%，1956年则高达11.8%，损失较为严重。严重的自然灾害，严峻地考验着中国共产党的执政能力。

表4 1949—1956年全国灾民及损失情况

年份	总人口（万人）	成灾人口（万人）	倒塌房屋（间）	死亡人数（人）	死亡牲畜（头）
1949	54167	4555	2066940	8109	26762
1950	55196	3384	1391740	22985	3562
1951	56300	6068	693934	9828	4824
1952	57482	2760	283073	4433	5163
1953	58796	3435	3593590	2943	1406
1954	60266	6223	10242151	15551	257632
1955	62465	3622	1213394	4497	4956
1956	62828	7434	8084143	10679	23757

资料来源：中华人民共和国国家统计局，中华人民共和国民政部编：《中国灾情报告1949—1995》，中国统计出版社1995年版；中华人民共和国农业部计划司编：《中国农村经济统计大全(1949—1986)》，农业出版社1989年版。

---

① 中华人民共和国国家统计局，中华人民共和国民政部编：《中国灾情报告1949-1995》，中国统计出版社1995年版，第374页。

② 中华人民共和国国家统计局，中华人民共和国民政部编：《中国灾情报告1949-1995》，中国统计出版社1995年版，第375页。

③ 中华人民共和国国家统计局，中华人民共和国民政部编：《中国灾情报告1949-1995》，中国统计出版社1995年版，第376页。

（三）其他社会弱势群体

由于不合理的社会制度，新中国成立初期，还存在旧中国遗留下来的妓女、吸食鸦片人员、乞丐、游民等等。娼妓业是私有制产生后滋生发展起来的怪胎，它是罪恶的渊薮。妓院是一些达官贵人寻欢作乐和各种罪犯的聚集场所。对遭受蹂躏的妓女来说，她们确是妓院老板、老鸨的奴隶。1949年1月15日，天津解放时有448家妓院，2072名妓女，全市依靠妓院为生的伙友、女佣20000多人。[①]1949年5月25日，上海解放时有525家妓院，2227名妓女。[②]北京解放时，有各种妓女2000余人，其中挂牌营业的妓院230户，妓女1421人，暗娼有170家，妓女近400人；经常跑旅馆、公园、市场、马路拉客的妓女100余人。[③]西安、广州、福州、青岛等城市的妓女不在少数，还有相当多的妓女暗娼遍布社会的各个角落，全国患性病的人口多达一千万。[④]

除此以外，近代中国以来的鸦片泛滥成灾，严重危害中国人民的身心健康，破坏着社会风气，给中华民族带来了极大祸患。新中国成立前夕，全国烟毒危害十分严重。据统计，全国的罂粟地有2000万亩，种植罂粟的农民达1000万人。从事贩毒、制毒以及制售吸毒工具者超过60万人，吸毒者达2000万。[⑤]新中国还存在遍布城乡的大量乞丐、流民以及封建思想压迫下的妇女群体。

二、对新中国成立初期弱势群体的认识

对于新中国成立初期的这些弱势群体，中国共产党始终高度关注，并对弱势群体产生的原因及其救助举措的重要性进行了深刻分析，从而为有

---

① 马维纲：《禁娼禁毒——建国初期的历史回顾》，警官教育出版社1993年版，第41-50页。
② 杨洁曾、贺宛男：《上海娼妓改造史话》，上海三联出版社1988年版，第28页。
③ 北京市档案馆：《北平和平解放前后》，北京出版社1988年版，第403页。
④ 马维纲：《禁娼禁毒——建国初期的历史回顾》，警官教育出版社1993年版，第7页。
⑤ 苏智良：《中国毒品史》，人民出版社1997年版，第454页。

针对性地采取救助对策提供了思想依据。

（一）社会弱势群体的成因

新中国成立初期是新旧中国历史的重要社会转型期。在这个转折时期，既有历史积贫积弱的延续影响，又有新社会建立过程中的调整适应。

就失业大军而言，其成因主要有三个方面。其一，旧中国落后社会制度的影响。1950年6月，中央人民政府政务院在发布《关于救济失业工人的指示》中指出了失业群体产生的原因："由于帝国主义的长期侵略与国内反动势力的长期统治，中国经济遭受了重大的破坏，农村日益贫困破产，民族工业不仅不能发展，而且日益衰落，因而造成了城市中的广大失业群。解放战争胜利以后，除东北地区由于完成了土地改革，努力经济建设，已表现出新民主主义经济的正常发展外，关内广大地区，因美帝国主义直接支持的蒋匪残余肆行长期封锁与不断轰炸，加重了工商业的困难。同时，那些过去专供地主、官僚资产阶级荒淫享乐的工商行业，随着反动统治阶级的崩溃，趋于不可避免的没落。农民购买力又因长期战争与去年部分地区遭受灾荒的影响，大为降低。此外，人民政府最近几月来，在财政经济方面进行了若干重大措施，虽然扭转了12年来使广大人民遭受莫大损害和痛苦的通货膨胀的局面，使物价趋于平稳；但同时也带来了暂时的市场停滞和工商业凋疲，甚至关厂停业的现象，某些原来从事投机买卖的工商业，一时转不过来更无法维持。所有这一切使得某些城市中，尤其是上海、南京、武汉、广州、重庆等城市中发生了相当严重的工人失业现象。"[①] 陈云在中国人民政治协商会议第一届全国委员会第二次会议上进一步指出失业问题的出现也与新中国成立初期资本主义工商业发展不景气有关，他指出："过去适合于半殖民地半封建经济发展起来的若干工商业，由于帝国主义的统治以及封建主义和官僚资本主义

---

① 《中央人民政府法令汇编（1949年—1950年）》，法律出版社1982年版，第621页。

在中国的消灭,许多货物失去市场,另有许多货品也不合人民需求的规格。这种情况引起了一部分工商业的倒闭,从而发生一部分工人失业的现象,需要救济及转业。"①

其二,新中国成立后,社会经济结构的重新改组。毛泽东指出:"革命胜利以后,整个旧的社会经济结构在不同程度上正在重新改组,失业人员增多。"②

新的失业人员一度出现增多的情况,尤其是1950年末和1952年。1950年出现比较严重的现象是基于以下原因:(1)原来供地主、官僚资产阶级享乐的工商业,随着统治阶级的垮台而走向没落;(2)旧的经济秩序已经打破,新的经济秩序还没有来得及建立,发生了各个经济部门的脱节状态,游离出部分人员;(3)国民党政府在美国支持下,对中国沿海地区进行封锁和轰炸,加重了工商业的困难。1952年春,再次出现比较严重的新的失业现象。其主要原因是:(1)1951年开始反对贪污、浪费、官僚主义的"三反"运动和反对行贿、偷税漏税、盗窃国家财产、偷工减料、盗窃国家经济情报的"五反"运动,暂时停止对一部分私营企业的加工订货和产品收购,因而导致部分工厂停业,部分基建工程停建、缓建;(2)一些违法户及技术条件极差的私营企业,由于本身弱点完全暴露而垮台;(3)某些机关生产由于裁减合并,辞退了一部分人员;(4)有些资本家抗拒监督和改造,用停薪、停工以至解雇职工等办法相威胁。③

其三,新社会释放出大量劳动力。1952年8月,《政务院关于劳动就业问题的决定》指出:"工矿交通企业经过生产改革与劳动组织的改进、先进生产方法的推广等,劳动效率合理地提高了,企业中原有的职工就有了剩余。此外,城市中广大的家庭妇女(其中有许多是具有相当文化

---

① 《陈云文选》第2卷,人民出版社1995年版,第101页。
② 《毛泽东文集》第6卷,人民出版社1999年版,第69页。
③ 《当代中国的劳动力管理》,中国社会科学出版社1900年版,第34—35页。

程度的知识妇女），有的过去在旧社会受到歧视而找不到职业，现在要求就业；有的过去是靠丈夫生活而不想找职业，解放三年来思想起了变化，也要求就业。她们是城市里相当大的一批剩余劳动力。在农村中因已耕的土地不足，农村劳动力过去就有剩余。土地改革后，人人有地种、有饭吃了，但已耕土地不足的情况基本并未改变，劳动力仍有大量剩余，加以互助合作运动的开展与目前条件下可能的农具改良，如不在农业、副业、林业、畜牧业、手工业等方面积极设法，农村劳动力的剩余将更加多，农村中的剩余劳动力目前是在无组织无计划地盲目地向城市流动着，这也增加了城市中的失业半失业现象。"[1]据统计，1949—1953年，中国城镇人口从5765万人增加到7826万人，平均每年增加524.5万人，城镇人口占总人口的比重从10.6%增加到13.3%。[2]上海市143.8万无业人员中，家庭妇女就有95.4万，占待业人口总数的67%左右[3]。这在一定程度上挤压了就业市场。

根据1952年7月政务院召开的全国劳动就业会议上的统计，当时全国还有失业人员312万人，其中"五反"运动中新失业人员有45.7万人。在312万失业人员中，失业工人占38.6%，失业知识分子占13.8%，失业旧军官占16.1%；应予改造、培训后就业的妓女、乞丐、小偷、烟民、游民等占31.5%。在新增的失业人员中，主要是建筑、轻工、商业、搬运等行业。上海新增失业人员8.6万人，是人数最多的。依次是天津6.2万人，武汉3.3万人，重庆2.4万人，广州1.9万人，北京1.8万人。这6个城市占了新增失业人员的53%。[4]

就灾害性群体而言，中国共产党把新中国初期的灾荒主要归因于半

---

[1] 《建国以来重要文献选编》第3册，中央文献出版社1992年版，第286-287页。
[2] 胡耀苏、陆学艺主编：《中国经济开放与社会结构变迁》，社会科学文献出版社1998年版，第83-105页。
[3] 董志凯主编：《1949—1952中国经济分析》，中国社会科学出版社1996年版，第193-194页。
[4] 《当代中国的劳动力管理》，中国社会科学出版社1990年版，第35-36页。

殖民地半封建社会的影响。1949年12月19日,中央人民政府政务院在《关于生产救灾的指示》中指出,"由于帝国主义蒋匪帮的战争破坏、堤防水利失修、农村生产力降低,因而遭到此空前灾害。又由于帝国主义蒋匪帮的搜刮破坏,民无储蓄,使得救灾工作发生不少困难;特别是新区,在担负战争、剿匪、反霸等繁重任务下,又缺乏生产自救的经验",造成了大批灾民。①《人民日报》进一步指出:"国民党匪军在溃逃时的烧杀抢掠所造成的破坏,仅据歼灭国民党匪军六十万人的淮海战场的宿县、永城、萧县等地不完全的统计,被匪军毁灭的村庄即有一千三百三十二个,毁坏房屋七万三千九百一十九间,被匪军杀死的人民二千八百七十二人,受伤者一千八百九十五人,损失牲口一万二千六百零三头;直接遭受蒋灾的共三万四千一百五十六户,约二十万人。而去年春夏秋三季,鲁、苏、皖各地又先后发生水、旱、台、雹、虫、疫病等灾害,受灾面积五千三百四十四万亩,灾民达一千六百四十二万人。"②就新中国初期的妓女而言,中国共产党根据唯物史观的基本原理,从社会制度上分析了这种丑恶现象产生的原因。1949年11月22日的《人民日报》指出:"娼妓制度是一种极野蛮极残酷的封建制度。封建统治者和官僚资产阶级为了发泄兽欲,纵情淫乐,吸干了农民和城市人民的脂血,然后把这些破产者的妻女赶到妓院里,供他们兽性的践踏,这是人间的大不平。""这个不合理的制度,是由封建帝王提倡起来的。在封建主义、官僚资本主义统治的社会中,人民日益贫困破产,良家女子含着眼泪走入妓院谋生;加以婚姻制度不合理,重男轻女的封建思想统治着整个社会……遂致娼妓日多,影响社会秩序,危害国民健康。在新民主主义社会中,这是不能允许的。"③新生的人民政府一般都把妓女看作误入歧途的劳动者。1949年12月5日

---

① 《中央人民政府政务院关于生产救灾的指示》,《人民日报》1949年12月20日。
② 孙恩诚:《与空前严重的灾荒艰苦奋战中的华东人民》,《人民日报》1950年2月6日。
③ 《削去人间一不平——谈北京市封闭妓院》,《人民日报》1949年11月22日。

的《解放日报》对妓女的成分有明确的阐述："妓女如以出卖肉体为生活主要来源,连续三年以上的,可定为游民。但是,她们原系劳动者,在万恶的旧社会,她们有的误入歧途,有的被拐卖而流落成为娼妓,她们中的多数人并非出于自愿,积极想跳出火坑,重新恢复劳动生活。尽管她们以不正当方法作为主要生活来源,并连续三年以上,也不应视为游民,而应分别情况,视为劳动者或贫民。"

（二）中国共产党的社会救助思想

新中国成立后,人心振奋,百废待兴。尤其是大量弱势群体的存在,是中国共产党必须高度重视的社会问题。失业人口、大量灾民、烟民妓女等对社会稳定、新生人民政权的巩固都是极大威胁。1950年4月,中共中央指出："最近几个月来,各地工商业由于物价稳定及其他种种原因,发生了相当严重的萧条现象,有不少工厂停工,商店倒闭,大大增加了工人的失业痛苦,特别是上海因为受到敌人的封锁和严重轰炸,失业现象最为严重。据不完全的统计,上海最近三个月中新失业的工人将近十二万人。失业工人的生活极为困难,已连续发生因生活无出路而自杀的现象,同时也就发生了一些不满的情绪。美蒋特务分子乘机造谣煽惑,企图挑拨工人群众来反对我们,在个别地方已有部分工人受其欺骗煽惑反对工会,殴打我们干部的事实,这是异常严重的问题。如果我们不能稳定工人群众的情绪,争取工人群众对我们的坚决无保留的拥护,将会造成我们在城市工作中的重大困难,甚至可以动摇到城市中人民政权的基础。"[①]对灾区群众,国民党"抓住群众生活困难和我们工作中的某些缺点和空隙,煽惑群众请愿、要求救济、抢粮抢饭"。[②]"匪特分子与少数不法地主,复趁机制造谣言,胁迫群众,组织暴乱,抢分公粮,烧毁公仓、袭击政府机关,杀害人民团

[①] 《建国初期社会救济文献选载（一九五〇年二月十一月）》,《党的文献》2000年第4期。
[②] 《继续与灾害搏斗,保卫秋收》,《人民日报》1949年9月8日。

体工作人员,破坏生产,制造混乱"。①在海外,败退到台湾的国民党"也在梦想大陆上发生什么粮食危机"。②而1950年12月11日出版的美国《时代周刊》则直接以蝗灾肆虐作为封面。严重的失业人口和自然灾害,严峻地考验着中国共产党的执政能力。

而鸦片烟毒、林立的妓院等影响着人民群众的身体健康,危害着社会风气。1950年2月24日,中央人民政府政务院在《关于严禁鸦片毒品的通令》中指出:"自帝国主义侵略我国,强迫输入鸦片,危害我国已有百余年。由于封建买办的官僚军阀的反动统治,与其荒淫无耻的腐烂生活,对于烟毒,不但不禁止,反而强迫种植,尤其在日本帝国主义侵略下,曾有计划地实行毒化中国,因此戕杀人民生命,损耗人民财产,不可胜数。现在全国人民已得解放,为了保护人民健康,恢复与发展生产,特规定严禁鸦片烟毒及其他毒品的办法。"③1949年1月22日,《人民日报》发表《解放妓女》,指出:《中国人民政治协商会议共同纲领》第六条规定:"中华人民共和国废除束缚妇女的封建制度。妇女在政治的、经济的、文化教育的、社会的生活各方面,均有与男子平等的权利。而妓院则是束缚、压榨与蹂躏妇女的最落后、最野蛮的制度,依据共同纲领所规定的原则,是必须坚决加以废除的。过去,由于帝国主义、封建主义和官僚资本主义的统治与剥削,有许多妇女受着严重的生活驱迫或被恶棍流氓分子所拐骗与陷害而沦为娼妓,她们饱受妓院老板、领家和高利贷者的百般压迫,过着非人的生活。由于娼妓的存在,又使性病流行,毒害国民健康。""妓院的老板、鸨儿、领家们过去的罪恶是应该被清算的。他们当中,有著名的恶霸,有拐卖人口或逼良为娼的凶犯,有曾经犯了杀害人命的大罪的,这些都是人

---

① 《中华人民共和国经济档案资料选编(1949-1952)》(综合卷),中国城市经济社会出版社1990年版,第128页。
② 《陈云文选》(1949-1956),人民出版社1984年版,第83页。
③ 诸羽:《割除毒瘤——共和国首次禁毒禁娼述实》,中央文献出版社1999年版,第30页。

民政府的法律所不能容许的。对于罪恶重大的分子，政府应接受妓女的控告，依法惩处，但对于情节较轻愿意悔改的分子，则应允许他们坦白认罪，给以自新之路。所有妓院的老板、鸨儿、领家们依靠买卖与剥削妓女而积累起来的妓院财产，应该予以没收。这些财产实际上完全是妓女出卖肉体与灵魂所换来的，应该用作妓女解放的经费。"①

对于乞丐、游民无产者而言，他们因无正当职业，又无正常的生活经济物质来源，食无定时，居无定所，主要依靠乞讨、索要或者扒窃、抢夺以及其他危害社会的方式，过着不劳而获的寄生生活。毛泽东早就指出："他们是人类生活中最不安定者。处置这一批人，是中国的困难的问题之一。"②因此，对这些弱势群体进行救助既是革命的需要，也是现代责任政府的必然要求。

三、新中国成立初期的社会救助举措

基于对新中国成立初期弱势群体的正确认识，中国共产党根据当时中国的实际情况有重点地对失业群众、灾民以及其他社会弱势群体进行了救助。

（一）城乡居民的失业救助

为帮助失业人员渡过困难，1949年10月—1950年11月，中共中央、政务院连续发出《关于生产救灾的指示》《中共中央关于举行全国救济失业工人运动和筹措救济失业工人基金办法的指示》《中共中央关于上海失业工人临时救济的指示》《中共中央关于临时救济失业工人问题给中南局并各中央局的指示》《中共中央关于救济失业工人的指示》《政务院关于救济失业工人的指示》《中共中央关于失业救济问题的总结及指示》《关于救济失业教师和处理学生失业问题的指示》《关于处理失业知识分子的补充指示》《中央人民政府政务院救济失业工人暂行办法》等，明确了救济和安置失业人员的办法。

---

① 《解放妓女》，《人民日报》1949年11月22日。
② 《毛泽东选集》第1卷，人民出版社1991年版，第8页。

1. 建立了失业救助制度

（1）成立失业救助机构。1950年6月中央人民政府政务院批准的《中央人民政府政务院救济失业工人暂行办法》规定："凡举办失业工人救济的城市，应在市人民政府下设立失业工人救济委员会，计划并指导一切救济事宜。由市政府指派劳动局、建设局或工务局、民政局、公安局、总工会、工商联合会及其他有关机关团体的代表组成之。主任委员由市长或副市长兼任，副主任委员一人或二人，由市人民政府任命之。"失业工人救济委员会之下，设立失业工人救济处为执行救济工作的机构，其组织如下：办公室，办理有关救济工作的一切日常行政事项；登记科，办理失业工人登记、审查事项；工赈科，办理以工代赈，筹办各项工程事项；救济科，办理救济金之审核、发放等事项；辅导科，办理生产自救、协助还乡、转业训练等事项。失业工人救济处设处长一人，副处长一人或二人由市人民政府任命之，室设主任，科设科长，均由失业工人救济委员会委派之。其工作人员，除由有关机关调用外，应在失业员工中尽先选用。①

（2）划定失业救助范围。1950年6月中央人民政府政务院批准的《中央人民政府政务院救济失业工人暂行办法》规定："救济范围，原则上暂以原在各国营、私营的工商企业与码头运输事业中工作的工人和职员以及从事文化、艺术、教育事业的工作人员；在解放以后失业，现在尚无工作或其他收入者为限。在解放以前失业的职工，如有特殊困难请求救济者，须经各地失业工人救济委员会的批准。"②

1950年8月30日，中共上海市委关于上海失业工人救济工作情况给华东局并中央的报告中指出：救济工作展开后，失业工人深感今天人民政府真正爱护工人，种种混乱现象基本停止。"但也有少数工人认为救济粮太少，对参加工赈视为畏途。对工赈工资嫌太低，有单纯依赖领救济粮思想。

---

① 《中央人民政府政务院救济失业工人暂行办法》，《山东政报》1950年第6期。
② 《中央人民政府政务院救济失业工人暂行办法》，《山东政报》1950年第6期。

解放前失业的工人，则因受救济待遇限制，怨言很多。"1950年9月9日，毛泽东对此给李立三的批示是："请考虑发一通知，叫各地调查解放前失业工人究有多少，以便考虑包括这批失业工人的救济问题。我意只要有可能，他们是应当救济的。如果不太多，譬如说只有几十万人，是可以考虑救济的。"1950年11月21日，《中共中央关于失业救济问题的总结及指示》明确指示："救济范围，原定以解放后失业者为限，使一些解放以前失业的工人，因得不到救济而发生不满。现在决定改变这一点，即现在所有失业的工人职员及失业知识分子，除特务分子及反动有据者外，不问从什么时候起失业，均一律予以救济。"①

（3）明确救助资金来源和标准。《中央人民政府政务院救济失业工人暂行办法》规定：凡举办失业工人救济的城市中，所有国营、私营的工厂、作坊、商店的行政方面或资方，均须按月缴纳所付实际工资总额的百分之一。上述各种企业及码头运输等事业的在业工人和职员，亦应按月缴纳所得实际工资的百分之一，作为救济失业工人基金；中央人民政府与地方人民政府拨给的救济基金；各界自愿捐助的救济金。救济基金之保管：所有各项救济金，统由当地人民银行代收并保管之；政府拨给之救济粮，由当地粮食公司代为保管。救济基金的支配和使用，由失业工人救济委员会决定之，不得移作救济失业工人以外的其他用途。②1950年6月中央人民政府政务院批准了《中央人民政府政务院救济失业工人暂行办法》，失业工人救济金的标准为：失业工人每月发给当地主要食粮15市斤至90市斤，由工会基层组织根据每个失业工人的具体情况评定，提交失业工人救济处审核决定之；失业学徒每月发给30市斤；半失业的工人，所得工资低于失业工人所领的救济金额而无法维持生活者，得按实际情况酌量予以临时救济。发放救济金的手续如下：由工会基层组织评定每个失业工人应领救

---

① 《建国初期社会救济文献选载》，《党的文献》2000年第4期。
② 《中央人民政府政务院救济失业工人暂行办法》，《山东政报》1950年第6期。

济金数额，转请上级产业工会组织审查；各产业工会应将审查合格的领取救济金人数，造具名册送交市总工会转请失业工人救济处批准后，按照名册签发粮票或支票，由失业工人救济处协同原工会组织发给已审查合格的失业工人本人。①

（4）进行失业工人的登记。《中央人民政府政务院救济失业工人暂行办法》规定：凡符合本办法第三条规定的失业工人和职员，均可申请登记。但已还乡生产或已找到其他职业者，不予登记。失业工人的登记，由失业工人救济委员会委托市总工会所属各产业工会的基层组织办理之，如尚未建立工会基层组织者，由产业工会或市总工会直接办理之。失业职工申请登记时，须提交下列证件：申请人原来所属工会组织或原来做工的工厂、商店、学校等发给的证明文件，如因原企业歇业较久，无法取得工会组织或资方证件者，须有在业工人二人的证明；申请人现在居住地区的区政府或派出所发给的证件，证明确为住在该地的失业工人。发给失业工人证件的机关和人员对于所证明的事件，须负法律上的责任，如有不符事实之处须受法律制裁。曾在几个企业工作过的失业工人，只能在一处登记。失业工人申请登记时，必须填写失业工人登记表。申请登记的失业工人，由各工商企业中的工会组织审查合格后，造具名册连同证件送交各产业工会转市总工会复审。经市总工会审查合格的失业工人，统由失业工人救济处发给登记证。②

2. 对于国民党政府遗留的军政人员、社会失业人员等实施了包工作、包分配以及包吃住的"包下来"政策

1948年12月30日，中国人民解放军平津前线司令部发布布告。其中就宣布了各行各业职工照旧供职，并负责保管资财、机器、图表、账册、档案等。在民主政府接管后，除首要的战犯和罪大恶极的反革命分子外，

---

① 《中央人民政府政务院救济失业工人暂行办法》，《山东政报》1950年第6期。
② 《中央人民政府政务院救济失业工人暂行办法》，《山东政报》1950年第6期。

均准予量才录用。1949年3月,中共中央发出《旧职员的处理原则的指示》,要求"除开十分不愿工作不愿受训者外,我们应采取留用一切有用人员的态度,决不可轻率地把他们开除赶走了事。而应细心地和他们讨论如何改造思想作风为人民服务及解决他们家庭困难的办法,以便能争取大批旧职员为我们政府工作"。[①] 同年4月25日,在毛泽东、朱德发布的《中国人民解放军布告》中宣布:保护全体人民的生命财产。各界人民,不分阶级、信仰和职业,均望保持秩序,采取和人民解放军合作的态度。人民解放军则采取和各界人民合作的态度。如有反革命分子或其他破坏分子,乘机捣乱、抢劫或破坏者,定予严办。保护民族工商农牧业。凡属私人经营的工厂、商店、银行、仓库、船舶、码头、农场、牧场等,一律保护,不受侵犯。希望各业员工照常生产,各行商店照常营业。除怙恶不悛的战争罪犯和罪大恶极的反革命分子外,凡属国民党中央、省、市、县各级政府的大小官员,"国大"代表,立法、监察委员,参议员,警察人员,区、镇、乡保甲人员,凡不持枪抵抗、不阴谋破坏者,人民解放军和人民政府一律不加俘虏,不加逮捕,不加侮辱。责成上述人员各安职守,服从人民解放军和人民政府的命令,负责保护各机关资财、档案等,听候接收处理。这些人员中,凡有一技之长而无严重的反动行为或严重的劣迹者,人民政府准予分别录用。如有乘机破坏,偷盗,舞弊,携带公款、公物、档案潜逃,或拒不交代者,则须予以惩办。[②]9月,中共中央下发的《中央关于旧人员处理问题的指示》指出:"在我新接收的城市中,对旧人员的处理应十分慎重,这些人员,除少数战犯、特务及劣迹昭著的分子以外,一般均将其希望寄托于我们,其基本要求是吃饭。京、沪、杭解放后,把旧人员裁了二万七千余人,引起很大波动;北平和平解决后,遣散傅部军官一万七千人,均逼到绥远,怨天恨地,现在仍须由我负担解决。所有这些经验,说明旧人员一

---

① 《中共中央文件选集》第18册,中共中央党校出版社1992年版,第193页。
② 《毛泽东选集》第4卷,人民出版社1991年版,第1457—1458页。

般地不能用裁撤遣散方法解决，必须给以工作和生活的出路。""党及人民政府有改造和在工作中养活这些人的责任，我们准备在全国解放后，在一定期间内，包括新旧军政人员在内，总共在工作中养活九百万到一千万人，这在财政上，必然会有很大困难，但是可以解决的，而在政治上有十分必要。""对已解放城市，如京、沪、汉、长沙、兰州等及将解放城市，如广州、重庆、迪化、台湾等接收之国民党旧工作人员，除作恶多端、严重贪污及依靠门子吃饭的分子等，而为群众所十分不满者，应予撤职并依法办理外，一般均应予以留用。但一不是原职原薪，二不是原封不动，要同这些留用人员说明人民与政府的困难，适当降低待遇，三个人的饭五个人匀着吃，房子挤着住。"①毛泽东也指出："对于国民党的旧工作人员，只要有一技之长而不是反动有据或劣迹昭著的分子，一概予以维持，不要裁减。十分困难时，饭匀着吃，房子挤着住。已被裁减而生活无着者，收回成命，给以饭吃。国民党军起义的或被俘的，按此原则，一律收留。"②

3. 对失业人员紧急救济

解决失业工人的就业问题，需要有一个过程。对陷入生活困境的失业人员发放粮食、钱款、衣被等物资是首要的救助举措。1950年6月，毛泽东在中国共产党七届三中全会上关于《为争取国家财政状况的基本好转而斗争》的报告中，把救济失业工人和失业知识分子、帮助他们就业作为当时八项重要工作之一。

1949年11月15日，北京市冬令救济委员会正式成立。该会是由民政局、公安局、劳动局、市府郊委会、市总工会与市妇联等六个部门共同组成，主要任务是：在安抚流离、扶助贫困的方针下，对因水灾而流落本市的灾区难民及过去遭受反动政府长期剥削压迫而失业的工人与贫困市民等加以救济并帮助其从事生产。对鳏寡孤独而缺衣无食者，经区公所及公安

---

① 《中共中央文件选集》第18册，中共中央党校出版社1992年版，第460-461页。
② 《毛泽东选集》第4卷，人民出版社1991年版，第1512页。

局派出所调查属实后,结合生产自救等办法,分别等级,重点发给救济粮或生产补助粮,同时并斟酌情况发给寒衣。粮食的来源除其中45万斤系由中央人民政府财政部发给外,其余1.8万斤及寒衣16030件系由北京市各界救灾委员会拨出。各区粮食的分配系根据各区面积大小、人口多少、工商业繁荣情况等具体条件决定:(1)城厢12个区共计小米45万斤,计:一区3.8万斤;二区3.3万斤;三区5.5万斤;四区3.8万斤;五区4.4万斤;六区2.6万斤;七区2万斤;八区2.6万斤;九区3.3万斤;十区4.4万斤;十一区4.5万斤;十二区4.8万斤。(2)城郊8个区共计小米10.8万斤,计:13区1.7万斤;14区1.8万斤;15区1.5万斤;16区1万斤;17区1.5万斤;18区1.5万斤;19区1万斤;20区0.8万斤。寒衣分配,城厢12个区共0.8015万件,城郊8个区共0.8015万件。根据不同情况,每个被救济者可领到救济粮或生产补助粮25斤至45斤不等。①

1950年上半年,武汉市人民政府拨粮60万斤,紧急救济已经断炊和即将断炊的失业工人和贫民。救济办法规定,成人发熟米15斤,8岁以下儿童发10斤,特别困难的失业工人发20斤。此外,市合作总社筹委会已商得市粮食公司同意,由该公司拨给粮食,经各合作社无利贷给无粮和缺粮的社员(包括工人、农民、教员、学生)和生活确实困难的工人与农民。受贷者须于3个月内还清,共有102500万余人贷到粮食1025万余斤。②

解放后,太原市人民政府曾拨粮126万斤,救济了31000余失业工人;太原市军事管制委员会并拨公房3300余间作为工人宿舍。③中南区失业工人救济委员会在1950年拨付了大量救济粮。据最近不完全的统计,截至

---

① 《京冬令救济委员会拨粮五十五万余斤扶助贫苦市民生产》,《人民日报》1949年12月11日。
② 新华社:《武汉市拨粮六十万斤救济失业工人和贫民 合作社贷出粮千余万斤》,《人民日报》1950年6月2日。
③ 新华社:《随着生产逐步恢复太原工人大部就业》,《人民日报》1950年7月17日。

当年 8 月，全区已有 277500 多失业工人领到了救济粮，使急待救济的工人和工人家属得到救济，初步稳定了失业和在业工人的情绪。①

4. 以工代赈

以工代赈是中国共产党在革命战争时期进行社会救助的一项重要举措，新中国成立之后把以工代赈与国家经济建设进一步结合起来。《中央人民政府政务院救济失业工人暂行办法》对以工代赈有明确的规定，指出：以工代赈的工程范围，首先为国家需要举办的工程，以及有益于市政建设的事业，如浚河、修堤、植树、修理码头和下水道、修建马路、公园等。各地失业工人救济处工赈科应协同市人民政府建设局或工务局，根据具体情况拟定以工代赈的各项工程计划，提出所需人工及经费预算，经失业工人救济委员会通过后，提请市人民政府批准实施。工赈工程所需经费，由中央人民政府或地方人民政府拨给的失业工人救济基金项下支付。其工资部分，原则上不得少于全部工程费用的百分之八十；材料与工具部分，不得多于百分之二十，超过百分之二十者，由市政建设费内开支。工赈工程所需之工人，由失业工人救济处登记科协同市总工会动员已登记的失业工人参加，由工赈科编成工作队，并受工赈科委派的管理人员和技术人员的指挥。工赈工资，一般均应采取计件制，在工资标准未确定前，每人每日发给当地主要食粮三市斤至五市斤，作为临时工资，但至迟须在开工半月内规定计件工资的标准。无法计件的工资，每日以三市斤至六市斤粮食为标准。技术人员与管理人员的工资，由工赈科拟定提交失业工人救济委员会通过后决定之。工赈的工作时间，一般以八小时为原则。在参加工赈工程的工人中，进行文化教育、娱乐等事项，统由辅导科负责筹划并举办之。工赈工程结束时，参加工赈工程的失业工人之安置或救济办法，由失业工人救济委员会决定之。②

---

① 新华社：《中南失业工人紧急救济基本结束》，《人民日报》1950 年 8 月 13 日。
② 《中央人民政府政务院救济失业工人暂行办法》，《山东政报》1950 年第 6 期。

北京市人民政府建设局及卫生工程局为进行首都的建设工程并救济一部分失业市民和灾民，特采用以工代赈方式及义务劳动办法，组织了冬季剩余劳动力，举办各项修建工程。自1949年11月初开始，截至1950年2月，第一期工程基本上已经完成，受赈人数共7000余人。各项工程进行情形如下：修整城内333条主要胡同道路，于1949年12月3日竣工，共使用31745个工，内包括义务劳动21906个工，工赈工9839个，受赈人数2782人。修整市内便道工程，面积110250平方公尺，于1949年12月1日竣工，共用3395个工，内包括义务劳动工3275个，工赈工120个，受赈人数120人。天安门及前门西车站翻平及清除渣土工程已全部竣工，东长安街新辟道路积土已清除完竣，现正由华北第一监狱犯人修筑路基，所出渣土已运至广渠门大街平垫路基。采石工程，截至1月20日止，共采碎石13053公方，计用41244个工，均为工赈工，受赈人数1398人。颐和园北宫门至西北旺土路基工程，已修至西北旺迤南，计4316公尺，清理边沟8632公尺，平整路基38844平方公尺，加上修缮颐旺路禹行桥共用的12037个工，均系工赈，受赈人数1666人。运除御河沿岸积土工程，于1月17日运除完竣，共用工赈小米1445606斤，参加刨土的多为失业建筑工人。运送筒子河入口河道积土，截至1月29日，已运出1359公方，占所有积土15%，受赈失业市民已达1018人。①

1950年6月15日，上海开始了第一批以工代赈工程，主要是修筑4个公园和3个苗圃。南京在6月22日成立失业工人救济委员会，6月下旬发出第2次紧急救济粮55000斤，组织了2500多失业工人参加了浦口一带的修堤工程。中南区的武汉市，从6月17日起至6月底已有2000多失业工人参加工程建设。重庆市准备组织大批失业工人进行成渝铁路的修筑工程。其他如广州、西安、郑州、开封、济南、青岛、杭州、无锡、桂林、

---

① 《以工代赈建设新首都首期工程基本完成》，《人民日报》1950年2月2日。

昆明等城市也纷纷通过以工代赈的办法解决失业工人的问题。各地参加工赈劳动的工人,每天一般均可得到3斤到6斤米的工资,生活也可维持。①据不完全统计,从1950年7月至1953年底,在各地政府失业救济工作中,以工代赈达280万人次,领取失业救济金者460余万人次。②

5. 生产自救

生产自救主要是针对具有一定技术专长和经营管理知识的失业手工业者、商贩或工人,根据自愿和民主管理的原则,将他们组织起来,发挥他们的优势和特点,从事生产经营活动以维持生活。《中央人民政府政务院救济失业工人暂行办法》指出:各地失业工人救济处应协同当地工会组织,根据工商业情况与人民生活的需要,拟具各种生产自救办法,并根据自愿原则,组织失业工人举办之。生产自救应以举办农场及手工业工厂、作坊为主,并以不损害当地现有的工商业为原则。每个举办生产自救事业的计划,经失业工人救济处审查批准后,得提请失业工人救济委员会从救济基金中酌量拨给一定数量的补助资金。失业工人救济处对各种生产自救事业,应随时进行检查、指导,使其做到确能自给自足。③

1950年,天津市手工业工作委员会,为了组织失业工人及逃荒农民的生产并解决其生活问题,特地组织了生产合作社。此种合作社纯系劳动力组合,在手工工委会领导下,为华北皮毛公司做加工活,主要是熟毛皮和女工纺毛,由皮毛公司按产品加工繁简付给合作社工资,然后再由合作社按劳付给社员。现纺线每日每人最多能纺九斤线,可得工资米6斤12两(注:16两为1斤的度量衡);普通者亦可纺3斤,可得工资米2斤4两。自1949年6月开始组织到1950年2月为止,已经发展到3个加工工厂,计有男工(熟皮工人)13人,女工(纺线工人)610人,迄至4月初已有

---

① 《贯彻执行政务院指示各地大力进行以工代赈》,《人民日报》1950年7月17日。
② 董志凯:《1949-1952中国经济分析》,中国社会科学出版社1996年版,第201页。
③ 《中央人民政府政务院救济失业工人暂行办法》,《山东政报》1950年第6期。

千余人。以该合作社所属第二纺毛厂为例，该厂共有工人240人，一月份产毛线17947斤，从皮毛公司领到加工费33650余斤玉米面，按当时市价850元1斤，合人民币28600339元；除支出工资、弹毛费、房、电、水、煤及其他纺车用油等支出外，尚盈余250万元，合玉米面2940斤左右，根据以上情形看，每日该厂如平均能纺545斤毛线，即可做到不赔不赚；而该厂的实际产量是平均每日598斤。①

青岛市生产救济委员会成立后，协助各方开展生产救济工作，现已初步解决了本市现有失业工人、贫苦市民及郊区和外来灾民的生活困难。截至1950年5月15日止，已组织1万余人参加17个合作社进行生产自救。根据城市生产工作多样化的特点和城市与郊区的不同条件，17个合作社中成立了结渔网、补麻袋、捕鱼、糊火柴盒、烧窑、结发网花边等数十种生产自救小组。如四沧区东太平村合作社的晒粪干、拣煤灰等生产小组的收益，可以解决全村绝大部分灾户的生活；市南区合作社则组织妇女到中纺公司采下脚废棉。参加疏河、修筑码头等市政工程的有3千余人，替公营企业晒粮和磨粮的有4千余人，都以劳力解决了自己的生活困难。在发动生产自救工作的过程中，市军管会、市人民政府、中共青岛市委员会的负责干部，都曾亲自参加视察组深入各区调查。市人民政府并拨出苞米50万斤作为合作社的生产资金，另113万余斤作为工赈粮。各界人民也表现了互济的友爱精神，从4月25日到5月11日，共捐集了人民币10亿余元和粮食17万余斤。②

武汉市合作总社和手工业工会领导个体手工业者已组成15个手工业生产合作社和4个联营加工厂，包括被服、针织、皮革、鞋业、度量衡等八种行业，参加生产的社员共有9千余人，其中大部过去是失业和半失业的手工业工人；现每人每月所得工资，一般都能维持三口人的生活。生产

---

① 吴方：《津手工业工作委会组织失业工人生产》，《人民日报》1950年4月20日。
② 新华社：《青岛组织失业工人等参加合作社生产自救》，《人民日报》1950年6月1日。

合作社社员，每人至少加入一股，并自带工具参加生产，生活特别困难的手工业者，都先吸收其入社为社员，然后分期补交股金。合作社大部产品都由合作社自己推销，或委托消费合作社代销。少数缺乏资金的合作社则由国营企业有计划地委托加工、订货、维持生产。这样做的结果，已使2800余手工业工人免于失业。生产合作社和加工厂在市合作总社和手工业工会的领导下，做到集中管理和统一计划，开始克服了手工业者过去个体生产时的盲目性以及产品质量参差不齐、销路呆滞等现象，并降低了成本，提高了产量和质量。如解放被服生产合作社集中14部缝纫机，每日产10打衬衣，较分散生产时效率提高10%，出品较市面上的细致，成本也比市价低22.9%。汉口布鞋合作社所制布鞋，每双成本19000元，较一般成本低3千元，质量也高于一般出品。各社成品由于成本低、质量高，销路因之迅速打开。如汉口布鞋生产合作社即有20余个消费合作社承销其产品。解放被服生产合作社成立两个月来社内始终没有存货。①

6.转业训练

转业训练主要是对失业人员进行政治、文化、技术训练以提高其就业能力，是加强人力资本投资，使失业人员再就业的基本前提。转业训练在当时根据国家经济建设的需要，对一部分年龄不大的工人、店员和知识分子进行转业培训，培训方式以用人单位自训为主，辅之以劳动部门代训、与用人单位合办、委托工厂代训艺徒等。受训人员的经费一般由用人单位自出，对确有困难的，劳动部门给予适当的补助。这些举措不仅为当时的公私营企业输送了质量较高的劳动力，而且为以后新技术工人的培训工作奠定了初步基础。

在众多的失业人口中，知识分子占据很大一部分。1950年7月25日，周恩来发布的《关于救济失业教师与处理学生失学问题的指示》指出：华东、中南、西南、西北各大行政区军政委员会及所属各省市人民政府，应尽可

---

① 新华社：《解决手工业工人失业的有效办法 武汉组织生产合作社》，《人民日报》1950年6月11日。

能举办中、小学师资训练班及其他各种训练班，吸收失业的中、小学教师，施以政治和思想教育，并辅以各种业务教育，毕业后，一部分可适当分配工作，另一部分则待将来学校恢复和增加时，复返教育工作岗位。上述各地区除继续办理人民革命大学外，大行政区军政委员会及省市人民政府，应在大城市中利用现有的学校设备，在地方财政情况许可下，举办各种短期专业训练班、补习班及夜校等，吸收大、中学失学青年及失业知识分子入学，进行政治文化教育或专业训练（如会计、合作社、贸易、税务等）；毕业后，设法介绍其参加各项建设工作。[1]1951年，转业训练的政策方针更加具有针对性，政务院颁发的《关于处理失业知识分子的补充指示》中指出："中国现有知识分子为数本不多，在国家建设事业进一步恢复和发展的过程中，将日益感到知识分子的需要和缺乏。但由于种种原因，主要由于过去教育制度所造成的知识分子一般存在着学用脱节与缺乏为人民服务观点的严重缺陷，致国家需要录用他们时发生很大困难。因此今后处理失业知识分子的基本方针，应当是经过训练或其他方式，帮助他们获得或增加为人民服务的观点和技能，尽可能吸收他们参加国家建设和社会服务的各种实际工作。"处理失业知识分子的范围主要包括：凡程度在高中毕业以上或相当于高中毕业以上，曾有职业而目前失业者，或迄今未获得职业者；具有相当学识并在地方上有相当声望的人士，愿为人民服务，但因年老或身体衰弱，现在不能担任辛劳工作而无法生活者。但少数知识分子堕落成为特务、恶霸及曾在蒋匪帮统治时期犯有反对人民的严重罪恶者，不在本办法处理范围之内。[2]

1950年，上海、汉口、南阳等地都成立了失业工人学习班，上海失业店员学习班在6月26日开学，有3千多暂时失业的店员参加学习，借以

---

[1] 新华社：《政务院周恩来总理发布指示妥善救济失业教师处理学生失学问题》，《人民日报》1950年7月28日。

[2] 《关于处理失业知识分子的补充指示》，《山西政报》1951年第2期。

提高工人政治认识，保存工人力量。① 西南区各省区举办的人民革命大学和各种训练班，解决了部分知识分子失业问题，并把他们培养成为今后各项工作的干部。东北招聘团和各部队文工团也吸收了不少失业知识分子。为了解决学生失学问题，武汉市民主青年联合会和文化馆分别举办了青年学习班，使930余失学学生得到学习机会；其中近400人经初步政治学习，已考入人民革命大学或已找到职业。湖北省文教厅及武汉市文教局都做出决定，要求所属各中学普遍招收插班生（三年级下学期除外），失学学生可以投考。湖北省属各中学都增设一班。武汉市文教局并计划在三个较好的私立中学内，试办人民助学金。西南地区在学校中设立人民助学金，帮助无力上学的学生继续在校学习。②

1952年，广州市人民政府为了解决失业工人因缺乏技术而不易就业的困难，并适应许多机关、工厂、企业对干部的需要，吸收失业工人进行转业训练。市府劳动局、文教局、卫生局与有关部门先后举办了工人转业训练学校、初级工业技术学校、师资训练班、妇幼保健员保育员训练班、护理助理员训练班和药剂员训练班。各学校和训练班除学习各种专门技术外，并注重政治思想教育，以便培养出既能掌握技术而又有相当政治觉悟的工人和国家工作人员。现在参加学习的人数共有1800多人。③ 截至1952年底，全国有402个训练单位，共计对106209名失业人员进行了政治、文化、业务、技术、卫生等方面的训练。④

7. 移民就业和还乡生产

为缓解城市人口就业难，减轻社会压力，实现社会稳定的政治目的，

---

① 本报讯：《贯彻执行政务院指示 各地大力进行以工代赈》，《人民日报》1950年7月17日。
② 本报讯：《京津、中南、西北、西南等地大力救济失业工人知识分子、失学学生》，《人民日报》1950年9月8日。
③ 新华社：《北京、华东和上海劳动就业委员会成立》，《人民日报》1952年8月16日。
④ 中国社会科学院编：《中华人民共和国经济档案资料选编（1949–1952）》（劳动工资和职工福利卷），中国社会科学院出版社1994年版，第220页。

第二章 社会主义过渡时期的社会救助

新中国初期,中国共产党和各地政府实行了移民就业的政策。北京市人民政府主要移民区域是河北、察哈尔、绥远、东北等。至 1950 年 1 月,通过这个办法使 5819 人获得职业,走上生产或工作岗位。其中有 329 名知识分子被介绍到河北、察哈尔、绥远等省充任小学教师,5 名到内蒙古任中学教师;介绍去东北煤矿做工的 864 名;去内蒙古参加伐木的 155 人;另 1168 名移往察北、绥北安家开垦。此外,原华北、东北、华中、华南等地区流亡来京而无特长者,经过动员已还乡生产。人民政府在帮助上述人员就业中,共支出了折合小米 10 万余斤的款项,其中饭费、路费两项共折合小米 9.4 万余斤,鞋费、训练教育费及其他杂费共折合小米 6 千余斤。①

在移民就业的动员过程中,北京市人民政府提出了基本要求和帮扶举措,规定凡自愿携带家属前往察绥两省安家落户、从事农业生产的市民,只要每户至少有一个男劳动力并具有从事农业劳动的技术或决心,即可前往所在地区区公所办理登记,分批于春耕前由政府专人送往察哈尔或绥远。途中所需车费及伙食费全部由政府供给。抵达目的地后即可由当地政府分配土地与房屋,并将无利贷给生产垫本每人小米 560 斤,其中包括:8 个月的伙食费,每人每月贷给小米 30 斤,共计 240 斤;种子农具费,每人贷给小米 110 斤;牲畜费,每人贷给小米 190 斤;安家费,每人贷给小米 20 斤。② 从 3 月 11 日至 5 月初,经"北京市介绍就业生产指挥部"介绍到绥、察两省参加农业生产者,共有 1800 余户,7100 多人(计绥远省 1200 余户,4700 多人;察哈尔省 620 户,2400 多人)。赴东北本溪 2 批,计工人 240 多人,家属 100 多人。第 3 批百余工人正整装待发。移民中大多数为三轮车工人,其次为贫苦市民,少数排子车工人和失业知识分子。由于当地政府、农民、工会和工人的热情帮助,这些移民到达目的地后,均已安家就

---

① 本报讯:《京市府大力协助失业贫民五千余人迁地就业》,《人民日报》1950 年 1 月 20 日。
② 北京市新闻处讯:《解决失业市民生活问题 京举办移民察绥工作》,《人民日报》1950 年 3 月 23 日。

业。绥、察两省早于去年冬季即为移民准备了房屋，分给每人五六亩质量较好的土地，以及部分牲畜、衣服和家具。绥、察两省无利贷给每个移民560斤小米的生产垫本，规定于第3年还清。这样移民的食、宿和生产资本，得以及时解决。本溪煤铁公司也为新去的工人预备了宿舍。按照个人能力，分配给96个工分（每工分约折合为高粱米2斤10两）至450余工分的工作。①

在城镇失业群体中，有不少人原籍在农村。他们因生活所迫流入城市谋求生路。1950年3月，中央人民政府颁布了《中华人民共和国土地改革法》，在全国范围内掀起了土地改革运动高潮。1952年，土改基本完成。3亿农民分得土地7亿亩，免除了每年3000万吨粮食的地租负担，农民劳动热情空前。

《中央人民政府政务院救济失业工人暂行办法》规定：凡由乡村到城市不久或目前在乡村中有亲属可以回乡的失业工人，应由工会根据自愿原则，组织并鼓励他们回乡生产。由失业工人救济处发给本人及其家属所必需的旅费外，并酌量发给救济金作为生产资金的补助。在失业工人中如发现有逃入城市的地主，应强制其回乡生产；自愿还乡之失业工人，由失业工人救济处发给证明文件，当地人民政府应在可能范围内给以帮助，使其能够在乡从事生产事业。②

为减少各城市失业工人返乡生产时的困难，中央人民政府政务院财政经济委员会于7月28日发布《各城市失业工人还乡生产乘坐火车优待办法》，规定：在今年八、九两月内，凡各城市依照《救济失业工人暂行办法》经审查合格领有失业工人救济处发给登记证之失业工人，乘坐火车还乡生产时，票价一律按四折优待；眷属随行者，亦予同样优待。还乡生产之失业工人购买优待票时，须持有各城市失业工人救济委员会之介绍文件，

---

① 穆扬：《京市春季移民工作结束七千余人赴绥察东北参加生产》，《人民日报》1950年5月7日。

② 《中央人民政府政务院救济失业工人暂行办法》，《山东政报》，1950年6期。

证明确为还乡生产者。① 到1951年10月底止，全国共有428个生产自救的单位，安置了失业工人有11.8万多人。各地对于那些缺乏专门生产技术而又具备着从事农业生产条件的中、小城市失业人员，都动员他们在自愿原则下还乡生产，约有13万失业人员被安置在农村，在土地改革和生产运动中起了一定的骨干作用。② 据1952年的不完全统计，仅上海、武汉、广州等八个城市动员帮助灾民回乡生产者达120万人。③

8. 社会捐助互济

为发扬阶级友爱和团结互助精神，更好地援助上海失业工人渡过难关，1950年4月18日，中国人民救济代表会议筹备委员会为救济上海及其他城市失业工人，发表了《告全国同胞书》，号召各界人士捐资一日救助上海失业工人。《告全国同胞书》指出：上海的工人在反帝反蒋斗争中非常英勇，尤其是在解放前后在护厂、劳军、争购胜利公债和恢复生产等方面，都有不可磨灭的功绩。现在因为美帝蒋匪的封锁轰炸，部分地区遭受灾荒，人民购买力暂时低落，素靠通货膨胀发投机财的工商业因物价稳定而歇业，致上海失业工人及其家属人数骤然增多，他们的生活也发生了困难。汉口、南京等城市也有同样现象。这一失业情况虽是暂时的过渡现象，等到台湾解放，各省土地改革实现，农业工业都已恢复发展后，就可以逐渐得到改善，但是他们目前的实际困难必须立予解决。因此，本会号召各界人士，都向上海、北京、天津等地在业工人乐捐一天工资的义举看齐，也自愿地捐助一天所得，救助失业工人及其父母妻子们渡过苦难。④ 1950年4月20日，中华全国总工会发出《为救济失业工人告全国工人书》，号召"全国一切公营、

---

① 新华社：《财委会发布办法 优待失业工人乘坐火车还乡生产》，《人民日报》1950年8月8日。
② 新华社：《全国各地三年来劳动就业和失业救济工作获显著成绩》，《人民日报》1950年11月13日。
③ 郑功成：《中国社会保障论》，中国劳动社会保障出版社2009年版，第53页。
④ 新华社：《中国人民救济代表会筹委会发表告全国同胞书》，《人民日报》1950年4月19日。

私营工厂企业，矿厂，商店，机关，学校的男女工人职员们，都发挥工人阶级高度的阶级友爱，尽力援助上海及各地的失业工人，战胜目前的严重困难，在今年四月底五月初做一天义务工把这天所得的工资捐作救济失业工人基金。在无法加工的企业、机关、团体、学校中的工人、教员、职员们，则各尽所能自动捐款，作为救济社会及各地失业工人之用。全国在业工人、职员们用自己一天的劳动所得，就可以帮助各地失业工人相当减轻目前所遭受的生活困难，并使他们在这伟大阶级友谊鼓舞之下，能发挥更大的毅力，设法克服困难，渡过目前困难，争取不久就可能到来的开始好转。"①

1950年4月25日，中华全国总工会和中国人民银行总行联合发出通告，规定由各地中国人民银行统一代收救济上海及全国各地失业工人的捐款。通告称：自中华全国总工会发出救济上海及全国各地失业工人的号召后，全国各地工厂、企业、机关、学校的职工，人民解放军各部队的指战员们，莫不踊跃捐款。现为统一收集此项捐款，避免混乱起见，决定由中国人民银行为统一代收机关，望各级工会组织、各企业、机关、学校、团体、部队将所有救济失业工人捐款一律缴交当地中国人民银行代收，并请同时将捐款数目告知全国总工会。原已代收捐款的机关，亦请将所收捐款全数转交当地人民银行。②

1950年4月26日，中央人民政府人民革命军事委员会向全军发出救济上海及各大城市失业工人兄弟节约捐助的号召后，军委直属各单位在供给制情况下，降低伙食标准，有的献出津贴和长年的积蓄来响应了这一号召。③1950年5月13日，中国民主同盟中央政治局召开第十次会议，对于救济失业工人，决议由总部及各地方组织发动全体盟员踊跃认捐。当场即分别认捐人民券46万元，总部工作人员亦均量力认捐人民券14.3万元，共

---

① 《中国工人运动文献汇编》，工人出版社1955年版，第168页。
② 新华社：《全总和人民银行联合通告救济失业工人捐款》，《人民日报》1950年4月26日。
③ 陈秉忱：《军委直属机关各单位捐款救济失业工人》，《人民日报》1950年6月2日。

认捐人民券 60.3 万元。①1950 年 6 月 5 日，民主建国会向全国会员发出救济失业工人的号召，最低的要求是每人捐助每月所得的百分之一，有资力的越多越好。大家集腋成裘，帮助失业工人渡过难关，也就是帮助政府解除困难。各分会应尽量利用座谈会、小组会和各种集会广泛发动大家捐款并将会员捐助情形及具体数字报告总会备查。② 在这场捐助活动中，全国各地各企业、军队、青年团、市民等都积极响应，1950 年 7 月 7 日，中华全国总工会发出关于结束救济失业工人捐款的通知。根据中国人民银行总行报告，这次活动共收到全国各地捐款总共约为 312.854 亿元，总共拨付各地数目为 289.9 亿元，尚余 22.9 亿元。经该会第五十九次常务委员会议决议将此项救济失业工人捐款余数全部移作国际工人互助基金之用。③ 总之，从 1949 年到 1957 年，中国共产党和人民政府领导全国各族人民有步骤地、迅速地恢复了国民经济，并且使旧社会遗留的失业问题得到了迅速解决。到 1957 年，城镇社会劳动者总人数达到 3205 万人，比 1949 年净增 1672 万人，增长了 109%。其中职工人数由 809 万人增加到 3101 万人，净增 2292 万人，增长 283%；城镇个体劳动者则由 724 万人减少到 104 万人，减少了 620 万人。这一时期，不仅使城镇失业人员和新成长的劳动力大部分就业，还吸收了 800 多万农村劳动力就业。城镇失业人数由 1949 年的 474.2 万人减少到 1957 年底的 200.4 万人，城镇失业率由 23.6% 下降到 5.9%。④

（二）灾民的救助

为应对严重的自然灾害，有效地抗灾救灾，1949 年 12 月 19 日，中央人民政府政务院发出《关于生产救灾的指示》，要求各级人民政府及人民团

---

① 本报讯：《民盟中央政治局会议决议 发动盟员援救失业工人》，《人民日报》1950 年 5 月 20 日。
② 本报讯：《民主建国会号召全国会员踊跃捐款救济失业工人》，《人民日报》1950 年 6 月 10 日。
③ 本报讯：《全总结束救济失业工人捐款》，《人民日报》1950 年 12 月 1 日。
④ 《当代中国的劳动力管理》，中国社会科学出版社 1900 年版，第 48 页。

体高度重视减灾工作,指出这是"关系到几百万人的生死问题,是新民主主义政权在灾区巩固存在的问题,是开展明年大生产运动、建设新中国的关键问题之一"。① 第二年1月6日,政务院又发出补充指示,进一步明确提出"不要饿死一个人"的要求,积极开展减灾工作。② 1950年6月6日,毛泽东在七届三中全会上做的题为《为争取国家财政经济状况的基本好转而斗争》的报告中,提出了保证国家财政经济状况根本好转而必须完成的八项任务,其中"必须继续认真地进行对于灾民的救济工作"就是其中的一项。

1. 紧急赈济

对被灾群众发放粮食、钱款、衣被等物资,进行紧急赈济,维持他们的基本生命需求,是灾害救助的首要任务。据统计,1949年全国4000余万灾民中约有20%不需要救济,60%至70%经过组织生产和略加扶持即可渡过灾荒,受灾重而无劳动力或劳动力不足急需救济的只有10%至20%,约700万人,人数仍然很多。为了帮助这些灾民恢复生产、解决生活问题,国家在财政困难的情况下仍然拨出了巨额粮款救济灾民。1950年1月间,中央人民政府政务院首批拨发了急赈粮650万斤,紧急救济河北省灾民,并指令河北省人民政府从最近的仓库迅速领取,使该省宁河、宝坻、蓟县、玉田重灾区的65万灾民得到及时救济。1950年全年,仅中央人民政府投入灾区的救济粮即达8.7439亿斤。③ 同时,各地方政府自筹用于救济的粮款数目也很大,仅据苏北、河南、河北、平原、湖北等省区统计拨出的救济粮即达1.2亿斤。除去救济粮外,中央人民政府还紧急拨发救济款。1952年拨付10920余亿元,④ 较1951年增加9%,较1950年增加

---

① 《中央人民政府政务院关于生产救灾的指示》,《人民日报》1949年12月20日。
② 新华社:《内务部指示各级人民政府加强组织领导生产救灾》,《人民日报》1950年1月8日。
③ 中华人民共和国内务部农村福利司编:《建国以来灾情和救灾工作史料》,法律出版社1958年版,第37页。
④ 此指旧币,国务院决定1955年3月1日开始发行新的人民币,新人民币1元兑换旧人民币1万元。

53%。① 另外，政府还及时解决灾民的其他生活必需品问题。如 1950 年针对苏北的淮阴专区、山东的鲁中南灾区灾民缺盐的普遍现象，中央人民政府于 1950 年 4 月间拨给皖北、苏北食盐各 200 万斤，山东 300 万斤。② 如表 5 所示，1952—1956 年，国家用于救灾的支出一般占国家财政支出的 0.6% 左右，1954 年甚至达到 1.31%。

表 5　1952—1956 年国家用于救灾的支出费用　　　单位：亿元

年份	财政收入	财政支出	救灾支出
1952	173.94	172.07	1.06
1953	213.24	219.21	1.3
1954	245.17	244.11	3.2
1955	249.27	262.73	1.66
1956	280.19	298.52	2.31

资料来源：国家统计局国民经济综合统计司编：《新中国五十年统计资料汇编》，中国统计出版社 1999 年版，第 8、17 页。

为使救济物资的发放公平合理，真正发挥其关键作用，各地还探索出一些合理的发放办法。察哈尔省采取了"领导掌握、民主评议、代表会审查、上级批准"的方法。评议之前，"向群众交代政策，讲明评议对象，以便群众在自报和评议中有所依据"，同时，"分别召开党、团员、村代表、村干部会议，进行个别访问，掌握情况"。评议中，注意"不使老实人吃亏，更不叫滑头人沾光。区、村干部要诚恳地听取意见，发扬民主"。评议发放之后，"即刻组织一个切实深入的普通检查运动，及时纠正偏向，推动生产"。③ 这些紧急救治措施和比较好的做法非常及时和必要，对于缓解重灾区的困难局面，保存基本的生产力起到了关键作用。

防疫是灾害救助的主要任务之一。为预防灾区发生疫情，1950 年上

---

① 中华人民共和国内务部农村福利司编：《建国以来灾情和救灾工作史料》，法律出版社 1958 年版，第 73 页。

② 中华人民共和国内务部农村福利司编：《建国以来灾情和救灾工作史料》，法律出版社 1958 年版，第 18 页。

③ 中华人民共和国内务部农村福利司编：《建国以来灾情和救灾工作史料》，法律出版社 1958 年版，第 73-74 页。

半年，卫生部决定把灾区防疫作为中心工作之一，并派出6个防疫大队700多个医务人员，携带9吨多重的药品，分赴各灾区为农民进行免费医疗。①1951年9月9日，毛泽东在《中央关于加强卫生防疫和医疗工作的指示》中要求各地"必须把卫生、防疫和一般医疗工作看作一项重大的政治任务"。②截至1951年9月，全国各级卫生机关，已组织了从10余人到100余人不等的防疫队115队，建立防疫站(所)135个(专业性的防疫站未统计在内)。各防疫重点地区大部分都建立了基层卫生组织，使防疫运动由局部地区向全面展开。中央和各地区都及时地组织了防疫队，深入苏北、皖北、平原、河北、河南、察哈尔等地灾区，以及治淮、导沂等河工地区开展防疫工作，保障了数千万灾区人民和数百万民工的健康。③1954年，为战胜水灾，由江苏省人民政府卫生厅直属医疗单位中的100多个医务工作者组成的5个卫生工作大队，携带大批药品分赴防汛工地和水灾地区。每个工作大队的每一小队并带有显微镜及其他医疗器械。南京、镇江、江宁、无锡等24个市、县已有1300多个医务工作人员组成130多个巡回医疗队和医疗组深入江堤和防汛工地开展预防工作。湖南省卫生厅于6月下旬，组织长沙市湖南医学院、湖南省人民医院、市立长沙医院等20多个单位的医师、医士、护士、助产员200多人，分成23个队，携带大批药品和防疫消毒器材到滨湖沿江地区的湘潭专区的望城、湘阴，常德专区的华容、南县等县水灾区，帮助灾区人民进行卫生防疫急救工作。④新中国成立初期的防疫工作避免了灾后大疫的出现，保证了灾区人民群众的生命安全，也稳定了灾民的情绪。

2. 以工代赈

以工代赈是政府投资建设基础设施工程或者发展生产，受赈济者参

---

① 华本：《各级人民政府多方进行防灾和救灾工作》，《人民日报》1953年12月12日。
② 《建国以来毛泽东文稿》第2册，中央文献出版社1988年版，第446页。
③ 新华社：《全国防疫工作获重大成就 两年来各地已无大的疫病流行》，《人民日报》1951年9月23日。
④ 新华社：《江苏湖南组织医务人员到防汛地区工作》，《人民日报》1954年8月22日。

加工程建设或者生产而获得劳务报酬,这是一项积极的社会救助举措。新中国之初,中国共产党及其政府主要是通过修建水利设施进行以工代赈。1950年的第一次全国民政会议重申了中央救灾委员会提出的"以工代赈"的要求,"要大力实行以工代赈,把水灾变成水利"。1953年第二次民政会议也要求"水利、交通、农林等部门在灾区兴办各项工程时,在不影响农业生产的原则下,应组织有劳动力的灾民参加"。[①]1950年,全国水利事业费共折合粮食6.4亿多公斤,有73%用于防灾排水工程,参加这些工程建设的多数是灾民,仅华东区就有206万人,参加务工的灾民既解决了自己的生活,还解决了部分家属生活困难。一般每人每天做工所得,除自己吃外,至少可剩粮食半公斤至1公斤。这样,一人做工,可以维持3至4人的生活。全部工程300万人做工,可以维持900万人至1200万人的生活。1954年,仅遭受水灾的湖南、江西、湖北、安徽、江苏5省,通过以工代赈组织了490万民工修堤,这些人大部分是灾民。[②]以工代赈,既解决了群众的生活问题,其兴修的水利对日后的水旱灾害防治又发挥积极作用。山东省1949年冬至1950年春,共完成777万土方,80余万石方,可护田612万余亩。山东、苏北两地进行的整沂导沭工程,全部完成后,可使鲁中南沿沭河诸县之600万亩土地免除水患,并减轻了沂、泗两河水量,便于分治两河,而使鲁中南、苏北两区12个县400万人民、1000余万亩土地全部免除水患,同时可使沙河下游之10余万亩贫瘠地利用流水灌溉而成良田。[③]

紧急救助与以工代赈都是社会救助的重要方式,但相较而言,前者属于临灾急救,后者属于对灾情稍轻的积极救助。但在实际救助过程中,一

---

① 《当代中国的民政》(下),当代中国出版社1994年版,第37页。
② 《当代中国的民政》(下),当代中国出版社1994年版,第37页。
③ 中华人民共和国内务部农村福利司编:《建国以来灾情和救灾工作史料》,法律出版社1958年版,第17页。

些灾区由于过分地强调生产救灾和以工代赈，将用于直接救济的粮款转用于以工代赈，暴露出很多缺点，如主管救灾的民政部门不熟悉水利、筑路等业务，因此不可能审核这类工程计划，更不用说通盘筹划，结果造成一定的浪费，减弱了救济效果。

3. 安置灾民

灾害发生后，灾民往往逃荒避难。如1953年春季以来，不少地区发生农民、灾民盲目外流的现象，据山东、安徽、河北、江苏、河南、广西、四川、青海等省的不完全统计，在14万外流人员中，灾民占1/4。1953年，北京市估计流入的农民有四、五万人。沈阳、鞍山有2万余人。上海、重庆、西安、青岛等城市，也有成千上万的农民流入。1954年春季，上述各城市又发现不少农民、灾民继续流入。① 外流灾民饱受颠沛流离之苦，比留守的灾民更易受疫病的侵扰，人身安全难以得到保障，② 也不利于当地灾后的恢复和重建，同时影响城市的社会秩序。为此，各级政府大力劝阻灾民盲目逃荒。

1950年3月，中央人民政府内务部发出《关于帮助外逃灾民回籍春耕的指示》，明确反对盲目逃荒，指出有特殊情况必须逃荒者，须经专署以上政府批准，有组织地进行迁移；已经外流到各地的灾民，当地政府应尽量安置其生产，需要遣送回籍春耕者，应及时有组织地遣送；凡经地方政府有组织地遣送者，铁道部以7折优惠供灾民买火车票。车票费及灾民途中生活补助费从各地救济事业费项下解决。③ 4月11日，中央人民政府内务部又发布《关于帮助灾民外移和回乡生产的指示》，进一步强调灾民应该生产自救，重灾区短时期无法从事生产，而就地安置确有困难者，可以

---

① 中华人民共和国内务部农村福利司编：《建国以来灾情和救灾工作史料》，法律出版社1958年版，第94页。

② 根据河南省政府报告，1950年自郑州至徐州发生灾民抢乘火车而被轧死7人的恶性事件。（《华东的生产救灾工作》，华东人民出版社1951年版，第161页。）

③ 华东生产救灾委员会编：《华东的生产救灾工作》，华东人民出版社1951年版，第161页。

适当照顾外移者,但必须慎重。对外逃灾民,要及时劝导并在自愿原则下,有组织地及时遣送(家乡不具备生产条件的除外)。该指示还准许灾民按4折优惠购买车票,各级政府提供相应帮助等。①

1953年4月17日,中央人民政府政务院发布了《关于劝止农民盲目流入城市的指示》,次年3月19日,内务部和劳动部又联合发出《关于组织贯彻劝止农民盲目流入城市的指示》向灾民耐心解释,强调新中国的城市建设刚刚起步,难以吸纳大批农村尤其是灾民人口,要求各厂、矿、建筑等用人单位,停止在农村乱招工人。同时,"各专、县、区、乡政府不得给农民乱开介绍信。"对已经流入城市的农民,《指示》要求各地:"由民政、劳动部门会同其他有关部门动员还乡。"路费确有困难者,由当地政府酌情予以补助或发给乘车证。外出农民回乡后,在生活、生产上确有困难者,地方政府应予适当的帮助。随着农业互助合作组织和农副业生产、水利建设的进一步发展,农村的劳动力得到了适当的安排,生活有困难的,给予了必要的救济。对已经流往城市的农民,各地都派干部接他们返乡生产。山东省曾3次派人到东北的沈阳、鞍山、辽西等地动员他们回乡生产;江苏省除先后派人接回流往东北、浙江等省的农民外,又派人去接回流入到湖北的2000人;安徽省先后4次组织34个干部到东北佳木斯,和该市民政、公安部门组织了临时办公室,处理流入该市的安徽省农民。②

4. 生产自救

与临灾救济相比,生产救灾对经济相对困难的各级政府来说更具有重要的意义。所以,中央人民政府的救灾方针最主要的是生产救灾。正如新华社的社论所言:"根据抗日战争以来,华北、东北地区多次

---

① 华东生产救灾委员会编:《华东的生产救灾工作》,华东人民出版社1951年版,第162-163页。

② 中华人民共和国内务部农村福利司编:《建国以来灾情和救灾工作史料》,法律出版社1958年版,第96页。

救灾工作的经验,克服灾害的最中心和最有效的办法是生产,即动员广大被灾同胞自己动手,生产自救。因为政府的救济和非灾区群众的捐献,虽然可起很大作用,但政府的财力是有限的,非灾区的同胞的帮助也不可能没有止境,而且往往远水不救近火。俗话说,'坐吃山空',即使政府的拨粮发款和非灾区群众的捐输数量很大,如果灾民同胞不好好地利用这些救济和帮助,积极从事生产,而只是救济多少吃多少,到了明年春荒时节,依然会发生很大困难。"[①]生产救灾的具体办法有:

及时抢种、补种农作物。水涝过后或旱情缓解后,及时抢种、补种各种适宜的农作物,是缩短灾期、减轻灾害的最紧要措施。为了缩短灾期,各灾区根据1949年11月中央人民政府内务部的关于生产救灾的指示,利用"多种早熟粮,准备渡灾荒""早种早收早接口""家有三担菜,不怕年景坏""有菜三分粮,无菜饿断肠"等群众耳熟能详的谚语,广泛发动灾民抓紧时间补种、抢种蚕豆、豌豆等早熟作物,并利用田边隙地尽量播种蔬菜。如1950年春,苏北要求灾区群众每人平均最低种菜1~2分。据不完全统计,全区共种寒菜约100万亩,春菜约200万亩,前后收菜约70亿斤。另外,秋季种植的蚕豆、菜籽、豌豆、荞麦等早熟作物,仅淮阴、盐城两专区即达139万亩。早熟作物一般比早麦早熟半个月或20天,大大缩短了灾民的缺粮时间。[②]各生产救灾委员会还根据灾情的实际情况,在洪区积极组织人力排水补种,1950年秋,皖北沿淮4个专区动员民工共约30万人,挖通了千余条沟渠,至11月6日一般地区的积水已全部退出。苏北受灾最重的淮阴专区,救出田地120万亩,8月间大部分地区均已脱水。河南省截至12月份,除极少数积水区因地势太低、不易排出外,排水抢

---

① 华东生产救灾委员会编:《华东的生产救灾工作》,华东人民出版社1951年版,第30-31页。
② 华东生产救灾委员会编:《华东的生产救灾工作》,华东人民出版社1951年版,第233-234页。

第二章　社会主义过渡时期的社会救助

救的田地占受灾面积的90%以上。①而在另外一些地区则发动群众进行抗旱，并及时利用灾后的星点雨水，及时抢种。

在抢种、补种过程中，各地政府想方设法解决灾区出现的畜力和种子缺乏的问题。针对耕畜不足现象，政府一方面保护耕畜，由政府供草料，或将耕畜购买贷给非灾区人民或机关、部队代养，②另一方面发放贷款帮助灾区购买耕畜或有计划地调剂耕畜。如1950年中央政府从内蒙古调剂一批耕畜支援灾区。在种子方面，各级政府协调购买，如1950年夏季补种时节，皖北地区所缺种子尤多，全区退水田地1300万亩，需晚秋种子2600万斤。皖北政府请求中央代购一部分，解决补种困难。中央救灾委员会对此极为重视，于7月13日召集内务部、农业部、贸易部、合作事业管理局联席会议，专门商讨解决皖北种子的问题，并联合电示河北、平原、山东、河南、察哈尔、绥远等省协助皖北收购种子。会后，由各部抽出专人组成收购小组，分赴北京、天津、河北、平原、山东等地进行收购，共采购马铃薯135万斤，蔓青籽20万斤，白菜籽12万斤，油菜籽398万斤。贸易部还将与国际协定将出口菜籽中的一半300万斤拨给皖北。铁道部特准按四成优惠运费运输这些种子。同时，皖北行署自己又派干部分赴各省采购了荞麦种子560余万斤，胡萝卜种子10万斤。总计全区贷放到群众手里的种子共达1353万斤，从而解决了灾民抢种、补种的部分困难，增强了群众恢复生产的信心。③另外，各级政府鼓励群众通过互济借贷种子解决生产中的困难。

大力发展副业生产。以工代赈、兴修水利等救荒措施，需要很强的计划性，工粮、人数也有一定数目限制，而副业生产人人可做，最适合男女

---

① 中华人民共和国内务部农村福利司编：《建国以来灾情和救灾工作史料》，法律出版社1958年版，第33页。
② 本报讯：《在中央人民政府大力支援下皖北全面展开生产救灾工作灾区人民有把握度过严重灾荒》，《人民日报》1950年9月17日。
③ 中华人民共和国内务部农村福利司编：《建国以来灾情和救灾工作史料》，法律出版社1958年版，第33—34页。

老少不同的劳动力。这一举措在抗日战争时期和解放战争时期因效果明显得到大力推广。因此,政务院在1949年12月的《关于生产救灾的指示》中,号召各地要因地制宜,恢复与发展副业和手工业,开展运输业,变"人养牲口"为"牲口养人",在沿海沿河湖泊地区,组织灾民捕鱼,打捞水产。各地根据自己的条件,找出了灾民生产的办法,靠山吃山,靠水吃水。

各地副业生产,贯彻了中央提出的因地制宜的原则。河北省提出"按照开辟小路、内外并进、面广腿长、公私兼顾、薄利多销的方针",平原省提出"在解决生产门路上:从小处搞起,从多种多样上想办法;在解决生产资金中:发动群众自产自销,同时结合供销社及国营商店对大宗产品进行收购、远销"。①

在各级政府和生产部门的组织下,整劳动力、半劳动力和广大妇女被发动起来,灾民的生产积极性得到充分发挥,不少地区做到了"村村无闲人,家家有副业"。1950年,平原省开展起来的副业有200多种,山东省有100多种,参加副业生产的灾民约有800万人,皖北副业生产发展到70余种,参加人数达150万,苏北副业生产的种类有四五十种之多,其中从事织席子、织折子、拐粉、扫硝、割草的有97000户。根据河北、平原、山东、皖北、苏北、察哈尔、辽西、苏南及浙江等地1949年的统计,收购与推销灾民副业产品总额折粮20余亿斤,维持了约1000万灾民3个月的生活。②在总结上一年生产经验的基础上,各灾区的副业生产有了进一步发展。根据1950年冬季和1951年春季的不完全统计,苏北淮阴专区组织了10300多个副业生产小组,有132400多人参加,获得粮食300多万斤,可解决10600多灾民60天的生活。河北省重灾区开展起副业生产的户数

---

① 中华人民共和国内务部农村福利司编:《建国以来灾情和救灾工作史料》,法律出版社1958年版,第12页。

② 中华人民共和国内务部农村福利司编:《建国以来灾情和救灾工作史料》,法律出版社1958年版,第12-13页。

占总户数的50%左右，成绩特别好的村占60%~90%，个别有基础的村占80%~90%，其中通县专区从1950年10月到1951年2月获得的副业收入，可解决393640人6个月的生活。河南省闵乡县缺粮1080万斤，冬季副业生产获利500万斤以上，解决了缺粮数的50%。①

为更好地组织副业生产，中央人民政府强调发挥合作社的作用，并就副业生产的产、供、销等方面提出了具体的扶持办法。在生产方面，主要是依照当时当地的各种原料和群众的技术、经验，调查销路价格，计算成本，估计收益，了解灾情动向，订出切实可行的计划。制定计划要坚持群众路线，通过干部、积极分子、灾民代表会、座谈会的方式，召集群众讨论计划，订立计划②。在资金方面，《中央合作事业管理局对今后合作社结合救灾工作的意见》明确了合作社资金的来源：上级社抽调一部分资金，用于收购灾区产品，并加速资金周转；国营经济部门、中央、大行政区之财政部门，预拨收购灾区产品专款；人民银行以长期无利贷款作为合作社收购资金；由救济委员会拨一部分救济粮作为合作社收购资金。对合作社不很普遍的地区主要应贯彻自由借贷政策，发动群众互助互借，实行劳资结合等办法。在产品销路方面，中央合作事业管理局要求：合作社须根据当地产品情况，主动至各地寻找销路，并力求以合同制来保证有计划的经营远距离的推销业务；国营企业等及各专业公司应以适当价格，通过合作社，尽量收购灾区产品。③有的地区还发动群众自销，河北、山东等省都派出大批干部，远到东北、西北、上海、汉口等地，设立办事处，推销产品。④

过渡时期总路线提出后，各地开展了农业合作化运动，灾荒防治与合

---

① 中华人民共和国内务部农村福利司编：《建国以来灾情和救灾工作史料》，法律出版社1958年版，第36—37页。
② 《动员起来，组织起来，发展刻不容缓的灾区副业》，《皖北日报》1951年1月20日。
③ 华东生产救灾委员会编：《华东的生产救灾工作》，华东人民出版社1951年版，第67—68页。
④ 中华人民共和国内务部农村福利司编：《建国以来灾情和救灾工作史料》，法律出版社1958年版，第12页。

作化运动进一步结合起来。河北省在1954年冬季，开展了以互助合作组织为主体的生产竞赛运动，使副业生产形成了热潮。即使在春节期间，也提出了"生产不停"的口号，要求副业生产持续不断地进行。据天津、保定、沧县、通县、石家庄、邢台6个专区统计，参加副业生产的灾民达366万人，到1955年5月底，副业收益达1.46亿元，折合粗粮18.2亿斤，是同期救济款的6倍多。全省约有70%的灾民靠副业解决了春荒期间的生活困难，有50%左右的灾民有了积蓄，有力地支持了春耕生产。河南省据新乡、商丘两专区18个县及安阳专区不完全统计，参加副业生产的灾民有281万人，全省副业生产获利折合粮食4.5亿余斤，解决了30%~40%春荒缺粮户的困难。①

5. 减免税收

"蠲免"政策古已有之，是免除灾区的税收，减轻灾民的负担，以尽快恢复生产，属灾后补救之策。面对严重的灾害，1949年秋，中央政府大力减免灾区农业税。皖北宿县专区减免公粮4600万斤，阜阳专区减免2000万斤，河南全省减免公粮1225万斤。②1950年5月30日，中央人民政府政务院颁布《关于1950年新解放区夏征公粮的决定》中规定："凡烈士家属、军人家属、供给制工作人员家属之贫苦者，孤寡老弱，及夏收后灾区之仍无力负担者，夏季均得免征或减征公粮，但除灾区外，贫苦户较多地区，以区为单位，免征户不得多于该区有夏收的总户数的20%。"③1950年9月5日，中央人民政府委员会第9次会议通过公布的《新解放区农业税暂行条例》中规定："凡遭受水、旱、虫、雹或其他灾害，

---

① 中华人民共和国内务部农村福利司编：《建国以来灾情和救灾工作史料》，法律出版社1958年版，第133—134页。

② 中华人民共和国内务部农村福利司编：《建国以来灾情和救灾工作史料》，法律出版社1958年版，第19页。

③ 财政部农业财务司：《新中国农业税收史料丛编》第5册，中国财政经济出版社1986年版，第50页。

经调查属实,得酌予减免,其减免办法,由大行政区人民政府(军政委员会)规定,报请中央人民政府政务院备案。""革命军人家属、供给制工作人员家属和老、弱、孤、寡、残废等特别贫困者,经乡(村)农业税调查评议委员会评定,报请评定,报请县(市)人民政府批准,得减免其税额。"[①]1952年6月16日,中央人民政府政务院发布的《关于1952年农业税收工作的指示》中规定:"各级人民政府在征收工作中,必须依法照顾因灾歉收的农户,照顾烈士家属、革命军人家属、机关工作人员家属中无劳力的农户和老、弱、寡、残疾的贫农户,照顾遭受战争创伤和敌人摧残特别深重的革命老根据地。"[②]各大区根据政务院的精神,并结合自己的实际情况,制定出了相应的灾区农业税减免办法。

为规范灾区农业税的减免工作,1952年8月14日,中华人民共和国政务院通过《受灾农户农业税减免办法》,明确规定农作物因水、旱、风、雹、病、虫及其他灾害而致歉收的受灾农户,根据受灾状况分别减免农业税。条例规定:受灾农户依其受灾轻重,分为下列五等,减免农业税:一等灾户是指歉收六成以上者,免征全部应交税额;二等灾户是指歉收五成以上不到六成者,减征应交税额的七成;三等户是指歉收四成以上不到五成者,减征应交税额的五成;四等户是指歉收三成以上不到四成者,减征应交税额的三成半;五等户是指歉收二成以上不到三成者,减征应交税额的二成半;歉收不到二成的不予减免。连续受灾两年以上的地区,还可由省市人民政府根据灾区实际情况,报请大行政区人民政府(军政委员会或行政委员会)批准,提高减征成数或全部免征。具体办理办法是:受灾农户应据实向乡(村)人民政府申报灾情,由乡(村)农业税调查评议委员会进行

---

① 财政部农业财务司:《新中国农业税收史料丛编》第5册,中国财政经济出版社1986年版,第92页。

② 财政部农业财务司:《新中国农业税收史料丛编》第5册,中国财政经济出版社1986年版,第295页。

调查评议，造具受灾农户歉收清册，报送（县）市人民政府。（县）市人民政府接到清册后，应即进行审核并派员查勘，将结果电报省人民政府。省人民政府于必要时得派员覆勘。灾歉情况调查完毕后，由县（市）人民政府或大行政区辖市人民政府依该办法之规定，算出各受灾农户减免的税额后，分别填发减免证。受灾农户持证向指定粮库或机关抵交税额。（县）市人民政府应于每年年终时，将灾歉减免情况造具统计表，报送省人民政府，由省人民政府汇编统计表四份，报大行政区人民政府（军政委员会或行政委员会）核转中央人民政府政务院、内务部、财政部备查。政府人员匿灾不报，或勘灾不实者，应酌予处分；农户虚报灾情者，除查明纠正外，并得按逃避农业税的规定，酌处罚金。[①]华东军政委员会依此办法公布了《华东区受灾农户农业税减免补充办法》，明确规定：连续受灾两年者，将减征成数提高一成；连续受灾三年者，将减征成数提高二成。对于交界处的灾情，应由上一级人民政府派员主持联评。[②]1953年6月5日，政务院第181次政务会议通过《关于1953年农业税工作的指示》，明确指出：做好依法减免工作，这是征粮工作中关键问题之一。农业税减免范围，按不同性质分为两类：一类是"灾情减免"，即按自然灾害歉收成数减免受灾农户的负担，原则是"轻灾少减，重灾多减，特重全免"。另一类是"社会减免"。该指示要求各地"必须将减免办法布告周知，广为宣传，做到家喻户晓；在确定减免户时，应普遍采用'深入调查，群众评议，政府核定'的方法"。[③]

鉴于1953年灾情比较严重，国家对灾区的副业税又做了必要的照顾。

[①]《中华人民共和国政务院颁布受灾农户农业税减免办法》，《安徽省人民政府公报》1952年第2期。

[②]《华东军政委员会公布华东区受灾农户农业税减免补充办法》，《安徽省人民政府公报》1952年第2期。

[③]财政部农业财务司：《新中国农业税收史料丛编》第5册，中国财政经济出版社1986年版，第397页。

1953年6月23日，中央人民政府政务院颁发了《关于安徽、河南、江苏、山东、山西等省遭受灾荒地区减免税收办法》，规定：灾民以救济粮、救济金所经营生产自救的营利事业，经区、乡人民政府证明者，可在灾区以内免纳营业税、所得税；灾民贩运灾区产品至非灾区销售，持有区、乡人民政府所开给的临时灾民运销者，减半征收临时商业税；灾民组织之车、船、畜力运输，持有区、乡人民政府灾民免税证者，免纳运输临时商业税及车、船使用牌照税；灾区农民以自产油料粮，委托油坊代榨成以粮换油者，其自用部分，经区、乡人民政府证明，可免纳货物税；灾民在灾区内买卖牲畜，免纳交易税；粮食公司和合作社之基层组织接受政府指定任务，低价供给灾区籽种者，免纳营业税。这一办法大大激发了灾民从事副业生产的积极性，使灾区的副业开展得更加活跃，灾民获得的收入也就更多。①

随着农业合作化的开展，1956年7月18日，国务院批转财政部关于1956年农业税收工作中几个问题的请示中，强调在农业基本合作化以后，农业税减免仍有重要意义，对于遭受自然灾害的纳税人，应当继续贯彻"重灾多减，轻灾少减，特重全免"的原则，合理地减免他们的税额。②

国家对灾区农民的照顾，不仅是"少要"（如减免农、副业税收），而且是"多给"。每年除发放大量救济款外，还发放了大量贷款，帮助受灾农民解决种子、肥料、耕牛、农具，副业资金以及生活上的某些困难。1953年"国家银行向灾区投放的贷款即达一万亿元"，③灾民得到贷款后，到期本来都应当归还，但是，政府为了照顾一些不能如期还贷或者因积欠太多、根本无力还贷的灾民，又规定了缓收和减免的办法。政务院在5月

---

① 《中央人民政府政务院关于安徽、河南、江苏、山东、山西等省遭受灾荒地区减免税收办法》，《安徽省人民政府公报》1953年6期。

② 财政部农业财务司编：《新中国农业税收史料丛编》第5册，中国财政经济出版社1986年版，第504页。

③ 中华人民共和国内务部农村福利司编：《建国以来灾情和救灾工作史料》，法律出版社1958年版，第93页。

16日发布的《关于加强增产粮食和救灾工作的指示》中规定"国家银行对于受灾户在今年夏收时到期无力归还的贷款,应允许延期归还,对受灾严重的农户,更须实行减免,转作救济"。① 中国人民银行总行根据中央人民政府政务院《关于加强增产粮食和救灾工作的指示》和《关于发放农业贷款的指示》的精神,9月24日制定了《1953年灾区到期农贷减免缓收处理办法》,提出灾区到期农贷减免缓收处理的具体举措,即"凡连年受灾地区贷户累欠的多年到期贷款确实无力偿还者,以及今年夏秋季总收成在三成以下的贫苦灾民,可酌情减免一部分或全部。凡今年遭灾夏秋总收成在六成以下的贷户,可延期一年,其中贫困农民可延长二年,并可酌情免除利息或一部本金"。②

6. 社会互济

社会互济是民间自觉的救荒举动,是亲朋邻里间渡过难关的有效举措,也是中华民族的传统美德。中国共产党继承了这一扶危济困的优良传统,并大力组织倡导,以最大程度地发挥人民群众的力量和作用,帮助濒临绝境的灾民。其主要形式包括节约捐献、自由借贷等形式。

1949年12月19日,中央人民政府政务院在《关于生产救灾的指示》中,要求"开展节约互助运动,号召灾民省吃俭用,长期打算,坚决反对'收不收、吃一秋'及不事生产、坐待救济的观点。非灾区也应进行节约,发扬友爱互助的精神,帮助灾区。如河北已发起一碗米运动,并适当安置迁来灾民的生活与生产。城市人民也应当进行节约捐输,天津工厂开展'救妈妈报恩运动'(救农民不忘本的意思),应当表扬。机关干部要带头节约救灾,响应中央人民政府每人节约一两米的运动"。1951年1月,华

---

① 《中央人民政府政务院关于加强增产粮食和救灾工作的指示》,《江西省人民政府公报》1953年第7期。

② 中华人民共和国内务部农村福利司编:《建国以来灾情和救灾工作史料》,法律出版社1958年版,第94页。

东军政委员会在《关于生产救灾节约备荒的指示》中号召"在灾区应提倡'生产渡荒';在非灾区应提倡'节约备荒',以扩大再生产,克服因丰收而可能产生的浪费现象"。① 全国各地各机关团体、城市、农村,都开展了节约捐输运动。有的机关甚至每人每日节约四五两米,有的干部把全月津贴拿出来捐献给灾民。据统计,中央各机关工作人员自 1949 年 10 月至 1950 年 4 月,捐出赈款 12 亿元,粮食 39 万斤;华北军区六个月即节约了粮食 362 万斤;苏北从 1949 年 10 月起,全区党政军两个月节约捐献的粮食 1012 万斤,捐献及清理的旧衣物共 50 余万斤,均及时投入灾区,用作救济。在城市,由工人带头,推动了工厂、学校及城市各界人民的节约捐献运动。上海市工人在失业、生活困难的情况下,仍然带动各界人民普遍投入了捐献运动。受此影响,皖北各界旅沪同乡仅 1 个多月就捐款 18 亿元②,衣服 5000 余件,西药 4000 余包。至 1950 年 4 月,京、津两市工商业界劝募款项 12.78 余亿元,粮食 78 万斤。西北各地的城市,则普遍采用剧团公演、义卖等方式募集粮款。仅西安市即募到人民币 2280 多万元,面粉 195 袋,土粉 3820 斤,小米 17200 余斤。③ 在非灾区的农村,农民在"天下农民是一家"口号的感召下,也发扬了团结互助的精神,积极捐募粮食,送给灾区的农民兄弟。如河北省非灾区农村开展"一把米救灾运动",募得粮食 1250 万斤。山东省在部分农村中也开展了"一碗米""一把米"运动,至 1950 年 6 月,鲁中南、渤海、胶东等地农村共捐献粮食 1261 万斤,人民币 6221 万元。④ 城市和农村的节约捐献运动,不仅在物质上支援了灾

---

① 《关于生产救灾节约备荒的指示》,《福建省人民政府公报》1951 年第 1 期。
② 此指旧币,国务院决定 1955 年 3 月 1 日开始发行新的人民币,新人民币 1 元兑换旧人民币 1 万元。
③ 中华人民共和国内务部农村福利司编:《建国以来灾情和救灾工作史料》,法律出版社 1958 年版,第 13-14 页。
④ 中华人民共和国内务部农村福利司编:《建国以来灾情和救灾工作史料》,法律出版社 1958 年版,第 14-15 页。

民渡荒，而且在精神上对灾区的干部群众也有莫大的鼓舞。

除去非灾区人民积极节约捐输外，中央人民政府号召灾民也要积极厉行节约。1953年9月26日，内务部在《关于加强灾区节约渡荒工作的指示》中，强调了灾区节约渡荒的原因及其重要性，指出："我国的粮食产量，目前还不能充分满足国家与人民的需要，为了集中力量保证国家经济建设计划的完成，政府只能拿出一定的力量对灾民进行救济。同时，在调运粮食支援灾区上，也有不少困难。因此，灾区的干部和群众应正确认识我国的经济现状，并深刻体会国家与非灾区人民支持灾区所尽的巨大努力，反对群众中各种浪费行为以及救灾工作中不认真控制救济款使用的现象，以树立坚定的生产自救、节约渡荒思想。"该《指示》要求灾区政府严格控制救济粮，有重点地投放在重灾区和迫切需要的方面。① 内务部的这个指示打消了灾民单纯等待救济援助的错误想法，激发了他们生产自救的主动性。有些地方人民政府也提出了具体的节约要求。如山西省人民政府第一次委员会扩大会议通过决议，要求在全省开展普遍的精简节约运动。山西省人民政府财政经济委员会还颁布了《关于省级各机关精简节约具体检查实施纲要》《为贯彻精简节约指示及检查提纲》等文件，就节约工作做出部署。在各级党委、政府的组织、领导下，个人的本能行为变为集体的自觉行动，促使灾民投入到节约运动中去，对发挥其生产救灾的积极性起到了一定作用。根据山东省济宁专区10个县68个区不完全统计，1953年下半年共积糠菜998万斤，德州专区60%的家庭都积存糠菜，惠民专区组织了10万灾民去沿海荒地拾野糁子、黄蓿菜、野绿豆、蒿子等，共达5000万斤，相当于2500万斤粮食。河北、河南等省灾区群众采集野菜、代食品的也很普遍。此外，许多地区还节制用粮食酿酒、熬糖、打油、磨粉，

---

① 中华人民共和国内务部农村福利司编：《建国以来灾情和救灾工作史料》，法律出版社1958年版，第91—92页。

并通过各种宣传，群众中逐渐形成了一种节约风气。①

在灾区，尤其是轻灾区则大力提倡互助借贷。1950年4月10日，中央人民政府内务部发出《关于提倡借贷工作的指示》，充分肯定互助借贷的作用，强调"广泛而正确地开展灾区农村借贷是渡荒的重要办法，特别新区储粮者尚多，目前部分灾区在贯彻正确的自由借贷政策中，业已解决了不少灾民的生产或生活困难"。各地要"广泛地宣传解释政府的自由借贷政策，特别对富有者要解除各种顾虑，保证有借有还有本有利"，"利息大小应由双方自订，自然也不可太高"。②为此，很多地方提出"亲帮亲，邻帮邻""饥了帮一口，强似饱了帮一斗""有借有还，再借不难"等通俗易懂的宣传口号，耐心地向群众解释中央的政策，使其打消顾虑，消除因受土地改革中"左"倾错误的影响而残留的"穷光荣"思想，让他们主动借贷渡荒。经过灾区各级党委、政府的提倡和引导，各灾区（主要是轻灾区）逐步建立了粮款借贷关系。1950年上半年，青海省据10个县的不完全统计借出籽种36000石，另据6个县的统计，借出义仓粮食16746万石，两项合计52000余石，使灾、贫民的30万亩缺籽种的土地，得以按季下种；甘肃省通渭县在58个乡中借出粮食4546石，使1957户春耕种籽困难得到解决，并使2089户的食粮困难得到补助。③

一些地区还总结出合作借贷的组织形式，即通过合作社吸收游资，再贷给灾民解决生活和生产的困难。1950年4月，山东掖县有108处合作社成立了信贷部，吸收存款5000余万元，贷出4000余万元，存息1分，贷

---

① 中华人民共和国内务部农村福利司编：《建国以来灾情和救灾工作史料》，法律出版社1958年版，第92-93页。

② 中华人民共和国内务部农村福利司编：《建国以来灾情和救灾工作史料》，法律出版社1958年版，第15页。

③ 中华人民共和国内务部农村福利司编：《建国以来灾情和救灾工作史料》，法律出版社1958年版，第15页。

息为1.2分~1.5分。[①]这样既使有余粮、余款的群众消除了疑虑，也为急需粮款的群众接受，帮助他们解决了生产、生活中的暂时困难，深受广大群众的欢迎。

1953年，社会主义改造运动开始，自由借贷政策已经不适合农业合作化运动的宗旨。1953年的第二次财政会议指出，农村的自由借贷，对群众渡荒虽然具有一定作用，但容易发生强迫借贷，造成群众不满；同时，自由借贷发展的结果，又不可避免地会产生高利贷，滋长资本主义。代之而起的是国家银行的贷款和发展信用互助合作事业。

（三）特殊群体的救助

1. 对妓女的救助

新中国成立初期，新生的人民政府对祸害中国的妓院采取了断然封闭的措施，形成了封闭妓院的北京方式和天津方式。北京方式属于骤禁式，其做法是政府集中力量，在做好充分调查准备的基础上，严格保密，统一时间一举将全部妓院予以封闭；天津方式属于渐进式，主要是政府采取种种措施，对妓院进行严格管理与限制，并同时动员教育和帮助妓女改业从良，使妓女逐渐减少直至最后彻底取缔。武汉也采取了这种"寓禁于限"的缓和取缔方式。相较而言，封闭妓院容易，改造和安置妓女较难。要彻底废除娼妓制度，仅靠对妓女进行收容取缔显然是不够的，关键在于要把广大妓女改造成为自食其力的劳动者，为此，建国初期的人民政府在取缔妓院工作完成后，在对妓女的改造和救助方面主要做了以下几方面的工作。

（1）为妓女体检和治疗疾病。当妓女被收容进所后，马上就调集医护人员对她们进行普遍的性病检查。北京收容妓女后第7天，市政府就调集北大医院、性病防治所等6个单位57名医护人员组成医疗队，陆续进入妇女生产教养院，为妓女检查、治疗性病以及其他疾病。在被检查的1303

---

① 华东生产救灾委员会编：《华东的生产救灾工作》，华东人民出版社1951年版，第111页。

名妓女中，性病患者达1259人，占总人数的96.6%，有许多人同时患有两种或三种性病。上海第一批大收容后的第4天就调集性病防治所、公济医院、广慈医院等5个单位的16名医生和7名护士，进入妇女教养所为妓女检查、化验。在515名妓女中，患各种性病的有459人，占88.3%。第二批检查了911人，性病患者为611人，占67.1%。第三批554人中有266人患性病，占48%。第四批822人中有287人患性病，占35%。第五批848人中有165人是性病患者，占19.5%。① 人民政府为救治她们的疾病，购置当时非常昂贵的盘尼西林等药品。上海市市长陈毅指示说："不管花多少钱，也要治好她们的病。别的地方可以省，这笔钱不能省。"② 为了迅速医治她们的疾病，北京市政府拨出一亿多人民币（旧币，折合小米约12万斤），用于给她们治疗。学员们感动地说："以前，我们害病烂死都没人管，今天政府花这么多钱为我们治疗，我们要不进步，可太对不起毛主席和人民政府了。"有的还说："现在明白了共产党没有坏心眼。"③ 经过几个月的治疗，"梅毒患者治好的占40%，其余已不传染，淋病患者治好的占95%，其余已不传染。"④ 这为她们走向新生活打下了基础。

（2）对妓女进行教育改造。妓女中多数人受苦很深，但普遍不了解自己遭受痛苦的根源。她们对解放妓女的政策抱怀疑态度，普遍存在着恐惧和对立情绪。各地对集中在教养院内的妓女进行了思想政治教育和劳动教育。为提高妓女的思想政治觉悟，一方面，各地对收容妓女进行扫盲教育，同时开展吐苦水、挖苦根运动。上海第一批被收容的妓女80%以上是文盲、半文盲，具有高小程度的仅仅占5.5%，初中程度的占3%，全所7513名妓女中，只有一人念过大学。于是教养所根据各自的文化程度，设四个年级，

---

① 武舟：《中国妓女文化史》，中国出版集团东方出版中心2006年版，第359、360、361页。
② 陈毅传编写组：《陈毅传》，当代中国出版社2006年版，第474页。
③ 马维刚编：《禁娼禁毒——建国初期的历史回顾》，警官教育出版社1993年版，第90页。
④ 《北京市重要文献选编》第2卷，中国档案出版社2001年版，第381页。

组织她们学习文化知识，让她们摘掉文盲的帽子。教养所还经常组织妓女们看戏、看电影、看文艺节目以及自己开展一些文艺娱乐、文艺表演活动等等。经过半年学习，基本上消灭了文盲，她们中间，一般能认识500个左右的字。①

在北京，"生产教养院成立后，各所工作人员和她们生活在一起，帮助她们学习，院部负责人也经常到各所去了解她们的生活、学习及疾病情形，被服厂三十多个女工去慰问她们，北大医学院，师大、崇慈、贝满等女中，新中国妇女职业学校也写信慰问她们，还募捐了些纸、笔、墨水、牙粉、毛巾及人民币五十一万余元，送给她们解决学习生活上的困难。亲切的安慰带给学员们从来未曾享受过的温暖。学员们感慨地说：'过去谁看得起我们！今天，世道大变了！''我们现在找到了真正可靠的家！'这是她们从实际生活中体验到的一个真理。许多学员自动诉说自己的身世，并反映其他学员的情况，像对自己家里人一样。并诚恳表示，她们要在这里好好学习，学习好后回家生产。"②在思想政治教育的同时，各地还发动受害最深的学员对妓院老板进行面对面的控诉，"特别是公审黄树卿、黄宛氏时，在她们控诉之后当场宣判死刑，使她们认识到政府是真正为了解救她们，大大提高了她们的觉悟和学习情绪。"③"一、二、三、四、五、七所的学员们，自己编演了一出话剧，描述自己怎样被领家吊打，受老板的气，过着非人的生活，许多人看后不禁流下泪来"，一致要求惩处那些伤天害理的老鸨。④

另一方面，各地政府对收容妓女进行劳动技能教育。1952年6月，上海妇女教养所根据收容人员的健康状况、劳动力强弱和特长等，贯彻"粗

---

① 杨洁曾、贺宛男：《上海娼妓改造史话》，上海三联书店1988年版，第8页。
② 培蓝：《跳出火坑的姐妹们》，《人民日报》1949年12月26日。
③ 《北京市重要文献选编》第2卷，中国档案出版社2001年版，第380页。
④ 培蓝：《跳出火坑的姐妹们》，《人民日报》1949年12月26日。

工易学、工具简单、投资少、容人多、原料和销路可靠"的原则，组织她们参加各种合适的劳动生产。在劳动过程中，还开展"评质量、评产量、评操作"和"打窍门、找潜力"为主的"三评两找"的劳动竞赛，实行"奖金制度和计件工资制"，①这使她们体会到劳动的欢乐和劳动的价值。1951年11月，第一批500多名妓女刚进所时，什么也不会干。可两年后，大部分人都有了一技之长，有各自的专业称号：摇袜工、缝纫工、保育员、护士、扫盲教员。②

（3）安置收容妓女。经过对收容妓女的教育改造，各地政府根据她们各自的情况，有家可归的送其回家，有对象的准予结婚，无家可归或无对象者，帮助她们安排出路。截止到1950年7月底，北京收容妓女"结婚的596人，占45.3%；回家的379人，占28.7%；参加剧团和医务等工作的62人，占4.7%；妓女兼领家的62人，占4.7%"。③"还有200多人不能结婚或回家，政府为她们买了80多台机器，办起了新生棉织厂。1200多名学员，基本上得到妥善安置。"④上海市经教养所全体工作人员坚持不懈的努力，从第一批进教养所的501人开始至1958年教养所撤销，先后教育改造安置了7513人。⑤武汉市至1954年4月，教养院中有学员20余人被分配到市立各医院工作，分别当上了护士、电话员、卫生员。有的和工人、农民结了婚，还有不少的人当了工人和参加街道工作，有的入了党当了干部。⑥至1956年，广州市共收容改造了一千两百多名暗娼妓女，其中三百多名自愿择偶结婚，成家立业；一百多名回乡与家人团聚；三百

---

① 杨洁曾、贺宛男：《上海娼妓改造史话》，上海三联出版社1988年版，第8页。
② 杨洁曾、贺宛男：《上海娼妓改造史话》，上海三联出版社1988年版，第96页。
③ 《北京市重要文献选编》第2卷，中国档案出版社2001年版，第382页。
④ 米士奇、高长武：《解放初期北京市妇女生产教养院的工作——杨蕴玉访谈录》，《党的文献》2007年第1期。
⑤ 马维纲：《禁娼禁毒——建国初期的历史回顾》，警官教育出版社1993年版，第28页。
⑥ 马维纲：《禁娼禁毒——建国初期的历史回顾》，警官教育出版社1993年版，第147页。

多名经介绍参加生产就业或自己找到生产出路；其余四百多名则留在民政局的企业、被服厂或农场就业，她们都走上了光明幸福的道路。① 福州市到 1957 年上半年，有 154 人安置在光泽、三明等地的农场，112 人安排在纺织、制革、环卫等单位就业，还有一些有戏剧、曲艺专长的，分配在闽剧团、曲艺队工作，有 34 人结婚成家。少数年龄较大、不适宜参加劳动的，发给足够生活费，由家属领回。② 据昆明市 1955 年对改造妓女进行调查，开远县城关镇原 35 名娼妓，经改造安置，绝大多数已弃旧图新，从事正当职业。仅发现 7 人尚有现行活动，曲靖县集训教育的 23 名妓女中，已安置就业、改邪归正的 19 人，其中 5 人集训后正式结婚。大理下关原 30 名妓女，大部分已改造成为自食其力的劳动者，有的还是街道、厂矿等单位中的生产积极分子。昔日受人践踏的烟花女，被改造成社会的有用之才。③

2. 对鸦片烟民、乞丐和游民的救助

1950 年 2 月 24 日，政务院发布《关于严禁鸦片烟毒的通令》，规定："吸食烟毒的人民限期登记（城市向公安局，乡村向人民政府登记），并定期戒除。隐不登记者，逾期而犹未戒除者，查出后予以处罚。""各级人民政府卫生机关，应配制戒烟药品，及宣传戒烟戒毒药方，对贫苦瘾民得免费或减价医治。烟毒较盛的城市，得设戒烟所。戒烟戒毒药品的供应，应由卫生机关统一掌握，严防隐蔽形式的烟毒代用品。"1950 年 9 月，内务部在《关于贯彻严禁烟毒工作的指示》中，要求各地对于禁吸工作要采取逐步禁绝的方针，不能指望一蹴而就。对一般烟民要经过教育后靠其自动戒除或由他人监督戒除，对少数屡教不改者，可予以适当处罚或强制戒除。在各级政府的领导下，一场全国范围的禁烟禁毒斗争逐步展开。到 1951 年春，在禁种方面已取得很大成绩。其中东北地区除热河省偏僻地区查出

---

① 马维纲：《禁娼禁毒——建国初期的历史回顾》，警官教育出版社 1993 年版，第 38 页。
② 张朝阳：《建国初期福州市对娼妓的取缔改造》，《福建党史月刊》1997 年第 4 期。
③ 马维纲：《禁娼禁毒——建国初期的历史回顾》，警官教育出版社 1993 年版，第 181–182 页。

烟苗242亩并当即铲除外,全区已禁绝种烟;西北的青海、宁夏两省除藏民游牧区外已无种烟者,甘肃消灭烟地60%以上,陕西减少烟地55%;华北绥远省铲除烟苗17.4万余亩,约占原种烟面积的80%;西南地区解放前原有烟地1545万亩,经大面积铲除,减到600万亩。到1952年上半年,全国除新疆少数民族地区和内地的偏僻地区尚有少量偷种外(产量约15万~20万两,不到解放前年产量的0.5%),其余大部分地区种植大烟已成为历史。① 到1952年4月,东北、华北、华东、西北4个地区共缴获毒品,折合鸦片约24473308万两,大量公开的贩毒分子被迫放弃制毒贩毒。②

1952年4月15日,中共中央发出《关于肃清毒品流行的指示》,明确提出"在全国范围内有重点地大张旗鼓地发动一次群众性的运动,来一次集中的彻底的扫除",要求"首先集中解决贩毒问题"。各地要利用"三反""五反"运动中发现、揭露出来的线索情况,开展一场声势浩大、规模空前的肃毒运动。5月21日,政务院再次颁布了1950年2月24日《关于严禁鸦片烟毒的通令》。7月,中共中央宣传部、公安部联合发出《关于禁毒的宣传指示》。1952年10月3日,中央人民政府政务院第153次会议通过了《中华人民共和国惩治毒犯条例》,并迅速颁发给各级人民政府施行,为审查和处理毒犯提供了明确的法律依据。1952年12月12日,政务院在总结前段肃毒成果的基础上,发出了《关于推行戒烟、禁种鸦片和在农村收缴存毒工作的指示》。至1952年12月,全国共查出毒犯近37万人,被捕者82053人,其中处决880人,判刑33786人,劳改2138人,管制6843人;缴获毒品399万余两,制毒机器235部,各种贩、运、藏毒工具263459件。其中还缴获了用以武装反抗的六〇炮2门,机枪5挺,长短枪877支,子弹8万多发,手榴弹167颗,炸弹16枚,发报机6部。③

---

① 齐磊、胡金野:《中国禁毒史》,甘肃人民出版社2004年版,第257页。
② 齐磊、胡金野:《中国禁毒史》,甘肃人民出版社2004年版,第259页。
③ 齐磊、胡金野:《中国禁毒史》,甘肃人民出版社2004年版,第271页。

经过三年的禁毒斗争，中国基本肃清了鸦片的种植、毒品的制造，以及贩毒吸毒现象。全国性禁毒以全面胜利而告结束。

吸食鸦片的人员既是违法者，又是鸦片流毒受害者和病人。因此，新中国成立初期在禁毒的过程中，高度重视对吸食鸦片人群的救助。为了改造烟民，督促戒烟，各大城市普遍进行了烟民登记工作，并以"公办""私办""互助"多种形式成立戒烟所或戒烟小组，实行集体戒烟。西南不少地区还成立了"反赌博、反抽大烟、反懒惰"的三反委员会，以监督烟民戒烟，强迫烟民参加生产。其中重庆一市就成立了戒烟小组729个，据川西、重庆等地不完全统计，1950年先后登记的烟民有3万多人，当年戒烟的有1.3万人。西安市为便于开展戒毒工作，指令各区成立了禁烟肃毒分会，市政府还拨出戒毒经费3千多万元，成立了两个戒烟所，对生活贫苦的烟民实行免费戒毒。另外，群众还自发成立了19个互助戒烟所。截止到1951年8月，西安全市共有3925名瘾民戒除了烟瘾。据中央人民政府内务部统计，到1951年春，热河省吸毒瘾民由1949年解放时的18万人减少至2万余人；察哈尔省1950年戒绝烟民3万人，绥远省的归绥、包头二市在已登记的9870名瘾民中，已有6518人戒除了烟瘾。①

另外，新中国成立初期，各地又对城市的乞丐进行了收容教育和安置。如北京解放不久，市政府即已开始进行收容乞丐工作。在北京第一届各界人民代表会议召开以前，已收容1248名。北京市第一届各界人民代表会议后，市政府民政局根据大会决议案，又继续收容了1687人。人民政府在收容乞丐时，一方面收容教育，一方面组织劳动，对各种乞丐，给以各种不同的处理，对不能生产的老弱残废，直接送至安老所，其余一律送到救济院。经过审查后，凡能回籍者，尽量帮助其回籍生产；其余的再分配到各收容单位。8岁至15岁儿童送育幼所学习。青壮年妇女送妇女教养所

---

① 白云涛：《新中国初期的禁烟禁毒运动》，《党史天地》2001年第7期。

学习缝纫等手艺。青壮年男子,经过教育后,除有家不能离开北京的到平民习艺所学习手艺外,余均编成劳动大队,赴指定地点,参加劳动生产。现已有四批劳动大队,共694人先后分赴黄河修堤、察省开荒、内蒙古伐木。各收容所每人每日可领到小米28两(菜金在内),每日两餐,每逢节日等还可改善伙食。冬季每人发棉衣、棉被、棉鞋、棉帽。每日有固定时间吃饭、工作、睡觉、会客。各收容所都有医生、护士给他们诊疗。到月底,凡生产的人都可以分到零钱使用。经过参加劳动与受到教育后,很多人都开始觉悟了,他们认识了劳动的光荣,寄生的耻辱。因此有的乞丐劝别人到收容所来,有的儿童及老人也想参加劳动大队去开荒,有的老乞丐说服自己的子弟去参加劳动大队。在劳动大队出发前的招待会上,当场有积极分子讲话,保证如期完成任务,生产情绪很高。①

---

① 《京收容乞丐近三千人已分别安置劳动生产》,《人民日报》1949年11月20日。

第三章　集体化时期的社会救助

1956年，随着社会主义改造的完成，中国进入到探索社会主义建设的集体化时期。在这个时期，中国共产党领导的社会主义事业取得了很大的成就，为中国的社会救助事业奠定了良好的物质基础。但同时，由于"左"倾思想的影响，错误地发动了"大跃进"和人民公社化运动，影响了中国经济的健康发展。期间，中国共产党曾经对这些"左"倾错误进行了纠正，但由于不彻底，使错误思想继续发展，最终导致了"文化大革命"的发生，使党、国家和人民遭到了新中国成立以来最严重的挫折和损失，中国共产党的社会救助事业也受到极大干扰。

一、集体化时期的弱势群体

社会主义改造完成后，中国在进行社会主义建设的实践中，由于客观上对社会主义认识不足和主观上的骄傲自满，中国社会主义建设虽然取得了巨大成就，但同时也使中国社会主义建设遇到严重的曲折，造成了一些急需救助的社会性弱势群体。

（一）社会弱势群体的状况

1956年底，随着社会主义改造的基本完成，中国进入到了社会主义建设的探索时期。自1949年新中国成立之日起，中国就建设了一批国营企业和集体企业，吸纳了大批工人。在社会主义改造运动中，城市普遍开展了"公私合营"运动，原有私营企业逐步转变为公有制企业。随着第一个"五年计划"的开展,中国经济被纳入了计划经济体制的轨道中。城市绝大部分劳动人口进入国营企业或集体所有制企业工作,这些企业基本保证了职工个人及其家庭的基本生活需要,与之相配套的措施就是严格的户籍制度、用工制度和票证制度等。农村自20世纪50年代初期开始,先后经过互助组、初级合作社和高级合作社等集体化运动和1958年开始的人民公社运动,公社成为统揽党、政、财、文大权的组织机构,农民分别安排在公社之下的大队、生产队,以生产队为经济核算单位,农民由生产队组织集体生产,由生产队分配劳动果实。国家对农产品实行了统购统销,工农业产品的交换由计划统一安排,农业和农民也纳入了计划经济体制之内。在计划经济体制下,尽管普通工农劳动者生活水平不高,但与新中国成立之前的社会水平相比,他们的物质生活还是有了明显改善。因此,建设社会主义探索时期的社会救济对象比新中国成立初期大幅度减少,以就业为基础的单位保障制度的逐步建立,使得救济对象趋于稳定。在城市,社会救助对象基本固定为孤老残疾等"三无"人员、困难户、20世纪60年代精简回乡的困难职工以及历史遗留的一些特殊人员,如原国民党起义投诚人员、特赦战犯、归国华侨等等;在乡村,社会救助对象基本固定为"五保户"。同时,这一时期,还有大量的灾民和季节性困难群众(春荒人口)急需社会救助。如表6所示,1957—1967年,中国每年的自然灾害都会造成巨大的损失,并造成几千万的灾民。再加上自然和社会因素的叠加,往往造成大量的春荒和夏荒人口,从表7中1957-1964年中国春夏荒人口的数量就可以看出,需要救助的人口数量极大。

表6 1957—1967年中国自然灾害损失

年份	成灾人口(万人)	倒塌房屋(间)	死亡人口(人)	死亡牲畜(头)
1957	6015	4441012	4114	619588
1958	1144	779264	5054	76649
1959	8043	857726	6721	138732
1960	9231	2554836	6247	29322
1961	16326	7481805	7710	54494

续表 6

年份	成灾人口（万人）	倒塌房屋（间）	死亡人口（人）	死亡牲畜（头）
1962	8462	4356368	6602	15768
1963	14858	22119346	10131	31590
1964	7330	7086194	6722	52654
1965	7121	375812	2115	1585
1966	4935	715405	2722	3936
1967	3329	30013	835	722

资料来源：民政部计划财务司编：《民政统计历史资料汇编（1949-1992）》，冶金印刷厂1993年印刷，第430页。

表7 1957—1964年中国春荒、夏荒情况

年份	春荒人口（万人）	外流人口（万人）	非正常死亡（人）	夏荒人口（万人）	营养性疾病（万人）
1957	4134	60.0343	273	2843	
1958	1979	40.6995	57761		45.6721
1959	8228	235	12617	2570	151
1960	12977	209	374390		474
1961	21813	8.8950	647010	7847	3039
1962	18745	159	11016	15323	627.2
1963	7038	43	1086	6141	144.1
1964	8295	173	905	3865	381

资料来源：中华人民共和国国家统计局，中华人民共和国民政部编：《中国灾情报告（1949-1995）》，中国统计出版社1995年版，第271-278页。

（二）社会弱势群体的成因

就这些庞大的社会弱势群体来说，其产生有自然原因，也有社会原因。如1959—1961年三年困难时期大量弱势群体的出现，自然灾害固然是一个原因，社会政策的失误更是重要的因素。

在自然灾害方面，1958年的灾情较轻，农业丰收。在2726万公顷的受灾面积、675.9万公顷的成灾面积中，旱灾分别占82%和74%，华北平原及东北平原旱情严重；水灾所占比重小于往年，仅为15.6%和21.3%，且以小块散布于22个省区。[①]1959年的自然灾害非常严重，受灾面积达

[①] 中华人民共和国国家统计局，中华人民共和国民政部编：《中国灾情报告1949-1995》，中国统计出版社1995年版，第377页。

4371.4万公顷，成灾1347.6万公顷，波及豫、鲁、川、皖、鄂、湘、黑、陕、晋等20个省区的旱灾分别占其77.3%（受灾3380.6万公顷）和82.9%（成灾1117.3万公顷），受灾范围之大在20世纪50年代是前所未有的，河南省达666.6万公顷。水灾、风雹灾也造成较大损失，受灾农田674.3万公顷，倒塌房屋185.7万间，死亡6722人，毁坏水利工程23.6万座（内中型水库59座）。①1960年灾情是新中国建立后最重的。除西藏外，大陆各省区受灾面积为6545.46万公顷，成灾面积2497.7万公顷。继上年大面积旱灾后，以北方为主的持续旱灾仍分别占该年受灾、成灾总面积的58.2%和64.7%；其次，水灾面积多达1015.46万公顷，成灾497.46万公顷，尤其是在华北平原、辽河平原造成重大损失。鲁、冀、豫3省的受灾面积，均在800万公顷以上。②1961年受灾面积为6174.8万公顷，略少于上年，而成灾面积2883.4万公顷（约1/4绝收）。以华北平原和长江流域为主的连续旱灾面积高达4784.6万公顷，成灾1865.3万公顷，仍为年内最严重的自然灾害。鲁、冀、粤、闽等省的水灾和东南部的台风灾损失大于往年，倒塌房屋748万间，因灾死亡7710人，其中山东省倒塌房屋391.9万间，因灾死亡1996人。③1962年自然灾害较前3年大为减轻，受灾3812.4万公顷，成灾1697万公顷，分别比上年减少38.2%和41.1%。在成灾面积中，以内蒙古高原、黄土高原为主的旱灾占51.7%，水灾的比重高于前3年，达34.8%；鲁、豫的涝灾和苏北的涝灾突出。④

在社会政策方面，1959—1961年的中国犯了一系列"左"倾错误，挫

---

① 中华人民共和国国家统计局，中华人民共和国民政部编：《中国灾情报告1949-1995》，中国统计出版社1995年版，第378页。

② 中华人民共和国国家统计局，中华人民共和国民政部编：《中国灾情报告1949-1995》，中国统计出版社1995年版，第379页。

③ 中华人民共和国国家统计局，中华人民共和国民政部编：《中国灾情报告1949-1995》，中国统计出版社1995年版，第380页。

④ 中华人民共和国国家统计局，中华人民共和国民政部编：《中国灾情报告1949-1995》，中国统计出版社1995年版，第381页。

伤了人们生产的积极性，造成社会生产力的极大损失。

（1）"浮夸风"的盛行直接导致粮食的大量减产。"浮夸风"虽然是"大跃进"的重要产物之一，但其原因却与不断开展的农业社会主义改造运动中的反保守、反"反冒进"有关。1955年夏，关于农业合作化的速度问题在党内发生了一场严重的争论。争论的结果是使农业合作化和其他领域的社会主义改造步伐进一步加快。1957年的反右派斗争使毛泽东更加坚定1955年反"反冒进"和反"右倾"机会主义的正确性。在此背景下，各级领导"谁都希望自己是真正的左，而不愿意右倾，当然也不愿意'左'倾。在不断批判'右倾保守'和批判反冒进的条件下，人们更害怕沾右的边。这种情绪的存在就是指标层层加码的重要的思想根源。中央提出的指标，本来就已经是高的，经过层层加码，就变成更高；本来不算是高的，经过层层加码，也变成了高指标。"① 而"高指标"直接逼出"浮夸风"。在农业领域，中央把完成全国农业发展纲要任务的时间，由原定的十二年提前到五至八年，最后定在五年之内，又提出在五至七年内全国农业基本实现机械化和半机械化。这种形势下，人们宁愿说假话，虚报产量也不愿因完不成目标说真话被批成"右派"。薄一波曾经指出："过高的指标，求成过急的要求，靠大辩论开路的刮风式的领导方法，所带来的副作用，最大的是由此引发出来的各级干部的浮夸风。"② 同时，报纸、广播电台等舆论媒介又起了推波助澜的作用。各种高产的所谓"卫星"消息见诸中央和省级报端。其中，《人民日报》一马当先，不断登载各种农业高产的神话。后来，《人民日报》评论员反思指出："五十年代末六十年代初的那股'浮夸风'，本报曾起了推波助澜的很坏的作用"。③ "浮夸风"在农业上的主要表现是各地虚报农作物单位面积产量。这种浮夸风在各种媒介的大力

---

① 薄一波：《若干重大决策与事件的回顾》下卷，中共中央党校出版社1993年版，第720页。
② 薄一波：《若干重大决策与事件的回顾》下卷，中共中央党校出版社1993年版，第685页。
③ 本报评论员：《共产党员要讲真话》，《人民日报》1980年6月13日。

宣传下而风行一时，直接影响到有关领导对中国农业经济发展的判断，直接导致了高征购，使农村人均粮食占有量大为减少。自从中国1953年实行粮食统购统销以来，为提高农民的生产积极性，从1955年起实行"三定"政策（定产、定购、定销），三年不变。1959年，"三定"政策届满，需重新定产、定购、定销，根据1958年有关部门正式公布的粮食预计产量7500亿斤计算，核定各省、自治区，直辖市共应征购1159亿斤。从表面看，这个征购计划数占预计总产量的比例不大。但是，实际上它是建立在高估产基础上的数字，在许多地方购了过头粮，普遍占粮食总产量的1/3以上，吉林省征购粮食所占比例1958年为50.7%，1959年为53.3%，1960年高达60.5%（见表8）。高征购给这些省区带来了灾难性的影响，即使富庶的浙江省无论人均粮食占有量还是人均消费量，都低于1953年统购统销以来的水平。

表8　1957—1963年中国粮食征购占粮食总产量的比例（%）

年份 省份	1957	1958	1959	1960	1961	1962	1963
全国	29.0	33.4	42.3	35.3	26.8	24.8	24.7
河北	22.4	31.5	44.9	35.0	25.6	16.0	17.9
山西	19.6		35.5				
吉林	36.1	50.7	53.3	60.5	51.0	40.3	36.5
浙江		38.0	40.0	35.6	33.4		
安徽		39.4	50.6	35.9			
江西	20.8	29.2	33.3	28.6	27.8	24.9	26.2
河南		30.0	37.2				
广西				42.2			
四川	30.8	31.2	48.9	46.2	38.8	29.2	27.0
贵州	23.3	31.9	46.6	50.6	29.4	26.2	25.9
陕西	33.2	33.3	40.7	38.7	35.1	29.1	29.2
甘肃	27.0	31.1	43.0	31.2	25.8		
青海	27.0	39.6	46.9	44.0	21.9	16.3	17.3
宁夏	37.1	37.3	48.1	33.2	30.0	18.0	18.7
新疆	32.4		42.9				

资料来源：李若建：《大跃进与困难时期中国粮食产量、消费与流通》，《中山

大学学报（社会科学版）》2001年第6期。而农业部计划司1989年发布的1957–1963年全国粮食征购占粮食总产量的百分比分别是：24.6％、29.4％、39.7％、35.6％、27.4％、23.8％、25.9％，略低于李若建的统计。见《中国农村经济统计大全(1949–1986)》，农业出版社1989年版，第410页。

  "浮夸风"造成了粮食大丰收的假象，促使大批农村劳动力转移，又直接影响了农业生产。在"浮夸风"的影响下，中央有关部门和许多地方的领导人相信了农业大增产的假象，认为农业已经过关。于是，1958年8月在北戴河举行的中央政治局扩大会议上，中央要求各省、自治区党委把重心从农业转到工业方面来，并正式决定和公布1958年钢的产量要比1957年翻一番，即要达到1,070万吨。为了完成这一任务，全国掀起了全民大炼钢铁的群众运动。由各级党委第一书记挂帅，动员了约9000万人上山，找矿炼铁，砍树挖煤，建起了上百万个小土高炉，小土焦炉，大搞土法炼铁炼钢，并提出"以钢为纲，全面跃进"的口号，兴起了电力、交通、水利、文教等各行各业的"全民大办"。经济重心的转移，再加上中央从1958年6月开始，逐步改变了高度集中的劳动管理制度，各地招工计划经省、市、自治区确定后即可实行，不必经过中央批准，结果非农业人口激增。这不但造成商品粮的紧张，而且直接影响农业生产。因为在当时中国整个农业生产力和机械化水平都十分低下的情况下，[①]农业产量的提高主要依靠密集的劳动力和劳动强度的增大，但这一时期农业劳动力大大减少，农业劳动力占全社会劳动力的百分比远低于1958年以前和1962年以后的水平（见表9），很多地区把秋收与播种冬小麦的任务都留给妇女等没有经验的劳力去完成，农业生产受到影响。如山东省1958年有187万农业劳动力因招工支援外省离开农村，加上社办企业，农村共减少劳力660万人，真正从事农业劳动的人数仅是1957年的62％，其中多数是半劳动力。

---

  ① 1958、1959、1960、1961年全国的大中型拖拉机年拥有量分别是26396台、33289台、45536台、52239台，人均占有量极低。（《中国农村经济统计大全(1949–1986)》，农业出版社1989年版，第308页。）

当年秋季，田间的"庄稼、棉花无人收获，冬小麦种植面积比'一五'期间平均水平减少14.2%，种上的也因肥料不足、耕种马虎、种植过密，无人管理而生长甚差"。① "浮夸风"的盛行还导致"瞎指挥"，进一步挫伤了农业生产。

表9　1952—1962年中国农业劳动力情况变化比例表

年份\类别	全社会劳动力（万人）	农业劳动力（万人）	农业劳动力占全社会劳动力的百分比
1952	20729	17317	83.5
1953	21364	17748	83.1
1954	21832	18152	83.1
1955	22328	18593	83.3
1956	23018	18545	80.6
1957	23771	19310	81.2
1958	26600	15492	58.2
1959	26173	16273	62.2
1960	25880	17019	65.8
1961	25590	19749	77.2
1962	25910	21278	82.1

资料来源：《中国农村经济统计大全(1949-1986)》，农业出版社1989年版，第14页。

（2）"共产风"直接挫伤了人民的生产积极性，② 造成资财的严重浪费。农业生产上的高指标和浮夸风，推动着生产关系方面急于向更高级的形式过渡，一些人片面认为农业生产合作社的规模越大，公有化程度越高，就越能促进农业生产的发展。于是，1958年8月，中共中央召开的北戴河

---

① 《当代中国的山东》（上），中国社会科学出版社1989年版，第183页。

② 所谓"共产风"，按照毛泽东的说法就是三条："一是贫富拉平。二是积累太多，义务劳动太多。三是'共'各种'产'。"后来他又总结为"一平、二调、三收款"，引起广大农民的很大恐慌。（中华人民共和国国家农业委员会办公厅编：《农业集体化重要文件汇编》下册，中共中央党校出版社1981年版，第143页、第141页。）"平"指的是人民公社内部生产队与生产队之间的平均，和生产队内部人与人之间的平均。"调"指人民公社和公社以上各级一些部门严重违反价值规律，无偿调用生产队和社员家庭的劳力、物力、财力。"收款"主要指银行部门把许多农村中的贷款一律收回。同时，为了兴办公共食堂、托儿所等各种社会福利事业，人民公社还凭借政权力量组织民兵或"专业队"收缴社员家中的现金等财物。

会议在没有经过充分试点的情况下，做出关于在农村建立人民公社的决议，要求全国各地将小社并大社，转为人民公社。人民公社实行政社合一，工农商学兵相结合，在当前一般是一乡一社，发展趋势将是以县为单位组成联社。人民公社初期，实行小社并大社，先把架子搭起来；在并社过程中，以"共产主义'精神对待各小社的公共财产，不要算细账；社员的自留地收归集体经营；人民公社在当前还是集体所有制，再经过三四年到五六年或者更长一些时间，即将转变为全民所有制。这个决议一出，各地人民公社一哄而起，1958年底全国农村基本实现了人民公社化，规模越来越大，全国每社平均为4600余户，最高的达10000万户，规模较小的也近2000户。[①]

伴随着人民公社的普遍建立，在急于向共产主义过渡思想的指导下，以"一平二调"为主要标志的"共产风"盛行，严重侵犯了农民群众的利益。虽然自1958年秋冬起，中共领导人已察觉到"大跃进"和人民公社化运动中存在的"左"倾错误，并从该年11月第一次郑州会议至1959年7月庐山会议前，召开了一系列会议，开始纠正"共产风"的错误。但是，由于中共中央领导人对问题的严重性认识不足，"左"的指导思想没有大的改变，仍然坚持认为总路线、"大跃进"和人民公社的正确性，对人民公社体制中存在的"一大二公"、农村公共食堂等触动不大。庐山会议后，又开展了反"右"倾运动，许多地方又重新刮起"共产风"，或边清理边刮。"共产风"实质上是对农民的严重剥夺。"共产风"刮得严重的地方，劳动力大批外流，耕畜家禽家畜大量宰杀，农具大量损坏，营养性疾病严重流行，土地耕作粗放或大量荒芜，产量一减再减。据扬州地委的调查，1960年底和1957年比，耕畜减少17.8%，农具减少30%—50%，其中属于正常用坏的不到1/3，大部分是由于"一平二调"，无人负责造成的。[②]有的社员也说："自从刮起共产风，公私你我都不分，群众生产无干劲，一年一年

---

① 《当代中国的经济》，中国社会科学出版社1987年版，第100-101页。
② 《当代中国的江苏》（上），中国社会科学出版社1989年版，第97页。

减收成。"① 农民几乎没有任何粮食积存，造成了大量急需救助的弱势群体。

（3）20世纪60年代大量困难职工的出现。新中国成立后，在相当长的时期里采取集中统一的经济管理体制，这就要求对劳动力进行统一的招收、调配和管理，有计划地分配和使用劳动力。全民所有制单位的招工计划指标，由国家统一管理，每年由国家统一分配中央各部门和各省、市、自治区，然后由他们分别下达。区、县以上集体所有制单位的招工计划，开始由各省、市、自治区下达控制指标，向国家备案；以后，由各省、市、自治区自行确定。全民单位的招工计划，由国家计划指标和自然减员指标两部分组成。自然减员指标的使用，原则上谁减谁补，由劳动部门安排招工，但必要时也可由主管部门或劳动部门统筹使用。1957年12月，国务院对从农村招用临时工问题做出了规定，强调企业事业单位需要招用临时工，必须贯彻先城市，后农村的原则，尽量使用城市剩余劳动力，少从农村招工。需要从农村招用临时工的，必须经省、自治区、直辖市人民委员会批准，由当地劳动部门统一布置，在县、乡人民委员会的指导下与农业生产合作社协商招用，并由招用单位与农业社和被招社员共同签订劳动合同。从此，严格控制从农村招工，成为中国多年来一直坚持执行的一项重要政策。

1958年，在"大跃进"运动的推动下，工业特别是钢铁生产以更快的速度继续增长，以便贯彻"超英赶美"战略。中央各部所属企业下放地方管理，同时，下放了计划管理权和基本建设项目的审批权，全国施工的大中型项目急剧增加，1958年有1589个，1959年有1381个，1960年有1815个，每一年都超过了"一五"期间施工项目的总和。各部门各地区各单位普遍提出要为生产大发展准备劳动力，各地出现"劳动力紧张"的假象。1958年6月下旬，当劳动部党组为"二五"计划时期增加职工问题报告中央后，中共中央决定：今后劳动力招收调剂工作，由省、市、自治区党委负责管

---

① 中华人民共和国国家农业委员会办公厅编：《农业集体化重要文件汇编》下册，中共中央党校出版社1981年版，第394页。

理。招工计划经省、市、自治区党委确定后即可执行，不必经过中央批准，但应力求从城市中招收，一般不从农村招收。于是各地招工审批权限又层层下放，很快出现了一股从农村大招工人的浪潮。山东省从1958年下半年至1959年1月，农村劳动力外流55万多人。1958年一年全国猛增职工2082万人，大大突破了国家劳动计划。据统计，这一年新增的职工，从社会招收的有1661万人，占80%，而其中从城市招收的只有557万人，占26.7%，从农村招收的有1104万人，占53%。增加职工最多的是工业部门。由于职工增加过多，劳动生产率大大下降。这是新中国成立以来增加职工人数最多的一年，是最大的一次招工失控。这种趋势一方面增加了吃商品粮的人数，造成商品粮市场异常紧张，另一方面使农业生产第一线劳动力减少过多，影响到农业生产的发展。

为加强劳动力的管理，1959年1月5日，中央及时发出了《关于立即停止招收新职工和固定临时工的通知》，明确规定各省、市、自治区1959年的劳动力计划，必须报经中央批准后方可招收职工。但由于庐山会议上提出了反"右"倾运动，致使1959年底全国职工不但没有减少，"反而增加了二十九万人"。[1] 1961年1月，中共八届九中全会正式通过"调整、巩固、充实、提高"的政策后，国民经济进入调整阶段。精简职工的工作被提上议事日程。国务院副总理兼国家计划委员会主任李富春在关于1960年国民经济计划执行情况和1961年国民经济主要指标的报告中明确提出："要进一步从各方面压缩劳动力，加强农业第一线，要有计划地下放和精简国有企业、事业和行政机关的职工，1961年计划下放502万人。"[2] 1961年5月，中共中央在北京召开会议，中共中央副主席、国务院副总理陈云也就精简职工和城市人口下乡问题发表讲话。他指出："面前摆着两条路要我们选择：一个是继续挖农民的口粮；一个是城市人口下乡。两条路必

---

[1] 《刘少奇选集》下卷，人民出版社1985年版，第380页。
[2] 《建国以来重要文献选编》第14册，中央文献出版社1997年版，第40页。

须选一条，没有什么别的路可走。我认为只能走压缩城市人口这条路。"当然，"动员城市人口下乡是一件很困难的工作。"但是，如果不动员城市人口下乡，就会发生打击粮食高产的队、社、县、专区和省的积极性；牲口继续大量死亡；经济作物产量要继续下降；粮食进口要增加等种种困难。① 根据他的估算，一个工人第一年下放就可以减少供应粮食150斤，1000万人就是15亿斤。"这是第一年的差别。更显著的差别还在第二年。原来家在农村的工人回了老家，原来家在城市的工人到农村安家落户，参加集体生产和分配了，加上自留地有收成了，他们就不要国家供应粮食了，这样，下乡一千万人就可以少供应粮食四十五亿斤，两千万人就是九十亿斤。"② 由此可见，精简职工对解决粮食危机关系甚大。

中央规定，精减的对象主要是1958年1月以后来自农村的新职工（包括临时工、合同工、学徒和正式工），其他人员不论参加工作年代和是否来自农村，如系自愿回农村且有生活保障的，也可以准许离职；在待遇方面，精减的职工一律不带工资，实行离职下放的办法。但对被精简职工当月的工资、生产补助费都要按照一定标准相应地发放。同时，对职工本人及其随行的供养亲属回乡所需的车旅费及途中伙食补助费、户口迁移、粮食关系等都有照顾规定；在安置方面，当地党组织和社、队干部应积极负责地帮助他们安家生产，解决住房困难户的住房问题，按照规定分给自留地等等。为真正达到精简职工的最终目的，中央要求各单位既要有减人的计划，也要有减粮和减钱的计划，必须立即切实加强本单位内部的定员定额管理、粮食管理和工资基金管理，防止发生人减粮不减、人减钱不减的现象。减少一个人，就必须减少一个人的粮食，减少一个人的工资，严格做到人、粮、钱三者相符，绝不允许虚报冒领粮食和工资。

为加强对精减工作的组织领导，从1961年6月开始，各省、市、自

---

① 《陈云文选》（1956–1985），人民出版社1984年版，第152–158页。
② 《陈云文选》（1956–1985），人民出版社1984年版，第158页。

治区直至县（市）各级党委，都成立了精减职工的领导小组，专门负责这一工作。各级有关部门如公安、劳动、粮食、财政、银行、铁道、交通、商业等部门积极参与，各地职工精减工作陆续展开。

与此同时，各地也开始减少城镇人口工作。1961年6月16日，中央制定的《关于减少城镇人口和压缩城镇粮食销量的九条办法》，规定：各级党委首先是各中央局和各省、自治区、直辖市党委要亲自领导减少城镇人口的工作，进行充分的政治动员，有计划、有步骤地分期进行。在1960年底1.29亿城镇人口的基础上，3年内减少2000万人以上，其中1961年至少减少1000万人，1962年至少减少800万人，1963年扫尾；中央和地方共同核实城镇人口，清查当地从外地流入的人口，做到人、粮相符，严禁虚报冒领和营私舞弊；1961—1962年度，城市人口的口粮标准不能提高，只许适当降低；停工、半停工的企业、事业人员口粮标准要降低一些，降低多少，由各省、自治区、直辖市自己决定；全开工的企业、事业人员的口粮标准不减，其中重体力劳动者，经核实后，仍按各省、自治区、直辖市规定的口粮标准发给等。① 总之，低标准供给方针是国家为解决粮食问题的一个主要办法。

在粮荒持续严重的情况下，中央加大了精简职工和减少城镇人口的力度。1962年2月22日，中共中央对于中央精简小组《关于各级国家机关、党派、人民团体精简的建议》做出批示，决定将全国国家机关职工268万余人，减为174万余人，精简94万余人，占原有人数的35%，并拟定了省、自治区及其以下各行政级别各自减少的比例。1962年5月，中共中央、国务院发出《关于进一步精简职工和减少城镇人口的决定》，规定全国职工人数由1961年底的4170万人，再减少1056万—1072万人；全国城镇人口在1961年底1.2亿人的基础上，再减少2000万人，两年内全部完成。

---

① 《建国以来重要文献选编》第14册，中央文献出版社1997年版，第412-413页。

精简对象扩大到1957年底以前来自农村的职工,"凡是能够回乡的,也应动员回乡。各单位来自农村的勤杂人员,能够回乡的,统要动员回乡。"为减少城镇人口,该《决定》一方面就职工家属的安置做出规定:到农村去的职工,家属原则上要与职工一起下乡,夫妻一方生长在城里的,也应当动员下乡。县和县以下单位的在职职工,家在本地(本县和邻县)农村的,一律不带家属,已来的家属应当动员回乡。专(市)以上单位在职职工的家属,凡是1958年以后进城的,应当尽量动员回乡。此外,来自农村的在职职工的非直系亲属,一律动员回乡;来自农村的直系亲属(煤矿井下工人的直系亲属可以除外)有劳动能力的,也要动员回乡;从1962年起,不准任何职工家属(包括军官和干部家属)搬进城来。另一方面就城市其他居民做出规定:一般不能升学或就业的青年,有条件的可以下乡或者安置到农场去劳动,其中不能下乡的,可以组织自学;城市青年合乎应征条件的,可以动员参军;在城市工厂劳动的劳改犯,能够调到农场或农村去参加生产的,都应当调到农村去。安置的方向主要是到农村,首先是回到本乡本队,本乡是灾区或者因回乡人员过多而无法安置的,可以安置到其他生产队;原来生长在城里的职工,但有条件并且自愿下乡落户的,可以有组织地安置到条件较好的生产队中去,或者农村中有亲朋帮助的,可以安置到亲朋所在的生产队去;还可以由干部带头率领一批职工到缺乏劳动力的公社(地多人少的地方、需要劳动力的市郊蔬菜区等)去安家落户;现有的国营和企业、事业、机关自办的农场、林场、牧场、渔场可以安置一批;在条件好、投资少、收效快的地方,还可以新建一些农场、林场、牧场、渔场,安置精减下来的职工和城市下乡青年。在待遇方面,中央采取了区别对待的办法。中央、省、市、自治区和省辖市、专区直属的企业、事业单位、机关、学校精减下来的职工,在未安置好前,应当发给一定比例的工资,供应必需的口粮,以维持其生活。县和县以下的单位精减下来的职工,不实行这种办法,只是采用发给生产补助费或退职补助费并带一定数量粮票的办法，以便及时使他们下乡参加生产。集体所有制单位精减下来的人员，不实行全民所有制单位职工的各项精减待遇标准，其必要的补助费由原单位酌情自理。对于因精减而使就业人数和收入减少的困难户，各级党政领导机关和各单位都要做好救济工作。[①] 从1961年至1963年，全国共精简职工2546万人，回农村的有1641万人，占67%。由于大量减少职工和城镇人口，加强了农业生产第一线，到1962年底农村劳动力已增加到21278万人，超过了1957年的人数。[②] 但是，由于劳动者个体差异较大，精简回乡的职工对农村工作和生活有一个熟悉的过程，期间也造成一批急需救助的生活困难职工。

二、集体化时期的社会救助制度

社会救助管理机构是灾害救助体制的重要内容，是保证自然灾害救助有效进行的重要组织保障。集体化时期的社会救助管理机构经历了一个发展演变的过程。

（一）社会救助机构

新中国成立后，根据《中华人民共和国中央人民政府组织法》，新成立的中央人民政府内务部下设5个司，其中社会司管社会福利，游民改造，社团和宗教团体的登记，公葬公墓，人民褒扬奖励，移民，社会救济等。1953年7月，内务部增设救济司、户政司。将社会司所管的社会福利和社会救济工作中农村部分以及移民工作交救济司；另将残废儿童教养工作交由救济总会管理。内务部内设机构调整为办公厅、民政司、救济司、优抚司、户政司、地政司和社会司7个机构。

1954年9月，第一届全国人大第一次会议通过了《中华人民共和国宪法》，据此，内务部改为由国务院领导并接受国务院办公厅领导。地方的

---

① 《建国以来重要文献选编》第15册，中央文献出版社1997年版，第462-471页。
② 《当代中国的劳动力管理》，中国社会科学出版社1990年版，第132页。

民政机构,省(自治区)设民政厅,直辖市设民政局,县设民政科。1955年6月,内务部机构调整为办公厅、财务干部司、优抚局、农村救济司、城市救济司、民政司、户政司;原地政司的业务归民政司,社会司改名为城市救济司,原社会司主管的婚姻、社团、礼俗等工作并入户政司,民工动员工作并入民政司;救济司改名为农村救济司,主管农村的自然灾害救济和农村的社会救济。各地方设有类似机构,大区设民政局,省设民政厅,专署和县设民政科。1958年8月,根据国务院关于工作体制和财政体制决定的精神,将农村救济司改为农村救济福利司,将城市救济司改为城市社会福利司。内务部的机构调整为:办公厅、优抚局、农村救济福利司、城市社会福利司、民政司等5个单位。

"文化大革命"发生后,内务部自然灾害救助管理的职能遭到破坏,1968年底,内务部被撤销,其主管的各项民政工作业务分别移交到有关部门。其中,救灾、救济、优抚等工作由财政部管理。随着内务部的撤销,各地方基层民政组织也受到冲击,有的被撤销,有的与其他部门合并。

除此之外,中国还设有一些社会救助的综合协调机构,使政府多个部门更好地做好救助工作。如自然灾害救助方面的中央救灾委员会、防汛抗旱指挥部等。就中央救灾委员会而言,早在新中国成立初期,政务院颁布的《关于生产救灾的指示》就要求"各级人民政府必须组织生产救灾委员会,包括内政、财政、工业、农业、贸易、合作、卫生等部门及人民团体代表,由各级人民政府首长直接领导"。[①]1950年2月27日,政务院政治法律委员会召集了由内务部、财政经济委员会、财政部、农业部、水利部、铁道部、交通部、贸易部、食品工业部、合作事业管理局、卫生部及中华全国妇女联合会等机关负责人员参加的会议,决定正式成立中央救灾委员会,确定政务院副总理、政治法律委员会主任董必武为主任,日常工作委托内

---

① 《中央人民政府政务院关于生产救灾的指示》,《人民日报》1949年12月20日。

务部负责。中央救灾委员会是全国救灾工作的最高指挥机关,其目的在使各有关部门互相配合,步调一致,统一领导全国救灾工作。① 除少数受灾省份先前根据需要成立了生产救灾委员会外,大部分灾区在政务院的指示下,相继设立省、专区、县、乡生产救灾委员会。1957 年 7 月,国务院全体会议第 55 次会议对中央救灾委员会的人选做了调整,任命国务院副总理邓子恢为主任,习仲勋、谢觉哉为副主任,傅作义、李德全等九人为委员。国务院还批准了中央救灾委员会的组织简则,明确了中央救灾委员会的职责是在国务院领导下主管全国救灾事宜的机构,其主要任务是:(1)指导全国救灾工作,检查监督各有关部门和地方对救灾方针政策的贯彻执行;(2)联系有关部门研究解决灾区存在的问题,并提出要求或建议;(3)掌握灾情的发展变化情况,总结和交流救灾工作经验;(4)草拟有关救灾工作的法规性文件。②

但在"左"倾政策的影响下,尤其是在"大跃进"和人民公社化运动中,一些人错误地认为中国已经消灭了饥荒,1958 年,内务部农村福利司指出:"1957 年下半年的全民整风运动和反右派斗争,以及党的八大二次会议以后总路线的宣传,使干部、群众的政治觉悟空前提高,克服了右倾保守思想,破除了对自然界的神秘感和迷信观念,坚定了'人定胜天'的意志和信心,以排山倒海之势展开了水利化运动,力求彻底消除灾源、挖掉灾根,改变自然面貌。许多常年受灾的老灾区,提出了'摘掉灾区帽子,变灾区为丰收区''苦战一年,幸福万年'的战斗口号,冲破重重困难,为提前实现水利化,消灭水、旱灾害,进行了坚决的斗争。""工业生产的大发展,人民公社的普遍建立,将为继续进行更大规模的水利建设、继续消灭特大灾害创造出可靠的基础。因此,我们说:灾荒,现在已不是什么大的问题,

---

① 新华社:《深入开展生产救灾工作——董副总理在中央救灾委员会成立会上的报告》,《人民日报》1950 年 3 月 7 日。
② 《中央救灾委员会组织简则》,《中华人民共和国国务院公报》1957 年第 40 期。

再过几年，十几年，终将成为历史名词而被人们遗忘了！"①1958年6月7日的《人民日报》又报道了"河南省基本实现了水利化，消灭了一般水旱灾害"的消息。在这种盲目乐观的形势下，各地除河南、安徽等多灾地区外，全国绝大多数省份的生产救灾委员会或撤销或合并。"文化大革命"期间，中央生产救灾委员会的职能转由国家农业委员会负责。

就防汛抗旱指挥部来说，1950年6月，中央防汛总指挥部成立，政务院副总理董必武兼任主任，水利部部长傅作义和中国人民革命军事委员会作战部部长李涛兼任副主任。日常工作，则由水利部办理。各大行政区如中南、华东、东北及黄河流域均先后成立防汛总指挥部，各省市以至专署、县、区、乡、村亦自上而下建立了统一的防汛机构。1952年2月13日，中央生产防旱办公室成立，由农业部、水利部等9个单位组成，统一领导全国的防旱、抗旱工作。各大区、省及有旱情的县份也都相继成立了防旱、抗旱机构。1971年6月，中央防汛总指挥部撤销，统一成立中央防汛抗旱指挥部，由国家计委、水利电力部等7部委组成，办公室设在水利电力部，日常工作由水利电力部负责。

(二) 社会救助的工作规范

1. 规范灾民救助的管理

在救灾款的使用上，中央强调救济物资与生产相结合，使救济粮款变为生产的资金，发展副业，以工代赈。但一些地方片面地认为，对灾民进行救济是消极的，只有以工代赈才是积极的，因而将救灾粮款专门用在兴办各项工程上，致使许多地方在灾荒来临时救济经费不足，不仅影响了对灾民生活的安排，而且导致了中央救灾款预算指标年年被突破。

1956年，随着社会主义改造的完成，国家经济实力不断增强，抵御自然灾害的能力大大增强，投往灾区的款物逐年增多，不仅有救济款，还有

---

① 中华人民共和国内务部农村福利司编：《建国以来灾情和救灾工作史料》，法律出版社1958年版，第3、4页。

贷款、预购款等多种款项。在这种情况下，内务部及时总结了前一阶段的经验教训，对救灾款的发放使用进行了第一次改革，规定救灾款只能用于灾荒救济。但是，由于支援新兴的农业合作社发展生产，是当时各行各业的重要任务，所以又不得不提出："在保证不影响灾民的生活救济、又不增加预算指标，经省批准，拿出一部分救灾款帮助农业生产合作社解决防灾建设中经费不足的困难是很必要的。"这次改革在一定程度上克服了前一阶段那种生产用款过多的弊病，较好地解决了灾民的生活问题。①

各地根据生产救灾的方针，结合农业合作社的实际，也探索出一些灾害救济款和救济物资的发放办法。

河北省的"定工生产，定额救济"，具体做法是：第一，在农业社统一制定生产规划、劳动规划的基础上，通过社员自报公议，结合社干（合作社干部——笔者注）的调查了解，确定每户社员的出工数和生产收入，加上其他收入，作为每户的总收入。根据当地生活水平，计算每户的生活开支，入不敷出的即救济户或贷款户口。第二，根据以上办法，提出初步名单，交生产队（组）讨论以后，张榜公布，送乡审查批准。各户应得的救济款固定下来以后，因积极生产、收入超过定额的，不减少救济；因生产怠惰、收入减少的，也不增加救济。救济款一次评定、分期发放，或是按季评，按月发，未到期的救济款开列被救济户户头，存入信用社，到期支取。信用社可以将救济款贷给农业社，支持生产，但须定好合同，按期归还。

安徽省的"发放到社，按劳动日预支，救济困难户"，具体做法包括：第一，农业社订出农、副业和用工计划，对各户劳动力进行安排，使每个劳动力都能各尽所能。第二，将救济款作为社的一项收入，除提出一部分款对"五保"户和人口多、劳力少或劳力弱的特别困难户给以定时定量的救济和补助以外，其余的救济款统作为生产资金，用以开展生产。在社员

---

① 《灾害管理文库——灾害管理体制》第7卷，当代中国出版社1999年版，第810页。

生产自救收入不足以维持生活时，即从救济款中预支。第三，预支款的计算办法，待夏收（或秋收）分配时，根据每户的收入情况确定，对人口多、劳力少或劳力弱的户，一般可以少扣还或不扣还，收入多的户其预支数应酌情扣除。救济款除补偿劳力少、人口多的户的超支数外仍有剩余时，即作为农业社的公益金。

江苏省泗阳县的"通过生产进行救济"，具体做法包括：第一，将救济款作为社的一项收入，对"五保"户和人口多、劳力少或劳力常年患病无力自救的户，给以一部分救济。第二，对有劳动力的困难户，则通过用救济款以工代赈，收买社员粪肥，归还社员入社投资，预付劳动报酬，即通过生产自救而取得救济。

黑龙江肇东、呼兰两县的"先借支后定案，逐户算账、定量补助"，具体做法包括：第一，受灾后将一部分款借给农业社，由社再借给目前有困难自己又无法解决的社员。第二，在制定生产自救计划和收益分配方案的基础上，由社管理委员会逐户给社员算账，对收入不抵支出自己又无其他办法解决的困难户，根据有无还钱能力，分为救济和贷款的对象，并视困难程度大小，拟出贷款和救济的数量，交群众评议。第三，评议结果交社管理委员会或党支部审查通过，报乡批准，张榜公布。救贷对象和数量一次评定，一次拨款给社，由社统一安排，或分期发给社员。以前借支的款，根据最后评定的结果转为贷款或救济；对不应救济、贷款的，由社在收益分配时扣还。社员应得的救济款和贷款经评定后，如因生产积极收入超过原计划时，不减少补助的款数；如无特殊原因一般也不增加。[①]

1958年，由于"大跃进""瞎指挥""浮夸风"和"共产风"等"左"倾思潮在全国范围内严重泛滥。为了适应农村"吃食堂"的需要，内务部不得不对救灾款的使用进行了第二次改革，要求各地适应合作化以后的新

---

① 中华人民共和国内务部农村福利司编：《建国以来灾情和救灾工作史料》，法律出版社1958年版，第185-186页。

情况，采取以社为救济对象，而不以个人为救济对象。救灾款发到社以后，由社包干负责，调节使用。这次改革的结果是，发到合作社的救灾款，不是应付于支撑集体食堂的吃饭问题，就是全部投入了集体生产，严重影响了救灾工作。1960年，由于极"左"思潮的影响和连年遭受自然灾害，粮食产量大幅度下降，全国缺粮人口急剧上升，灾情十分严重，国家所有的救灾款全部用于灾民生活救济还捉襟见肘，更无力兼顾其他。因此，内务部对救灾款的管理使用进行了第三次改革，确定了"国家扶助集体，集体保证个人"的救灾款使用原则，明确救灾款的发放必须落实到户，必须专款专用，专物专用。①

针对救济物资和救济款项的发放过程中的挪用、干部私分、多占和平均发放的现象，1962年12月，内务部发出《关于做好灾区今冬明春救济工作的通知》，强调要把救济款、物真正用在必须救济的人身上。坚决贯彻执行专款专用、专物专用、重点使用的原则，采取有效的措施，把现有的救济款、物，使用在重灾社、队，切实地发给生活最困难的人，以便解决他们的生活困难，使他们安定在农村，在集体生产中发挥积极作用。对应发而未发的救济款、物，要抓紧发放，已发下去的，要认真进行一次检查，发现发放使用不当的，必须及时纠正，发现贪污的，除追还款、物外，要报请党政领导，给予纪律处分。② 同时，中央又规定了具体标准。1963年9月21日，中共中央、国务院发出《关于生产救灾工作的决定》，就如何安排好灾民生活做出部署，规定：（1）灾民最起码的口粮，国家应该保证供应。但是，遭灾以后的口粮标准，应该低于常年。以生产队为单位计算，因灾减产，每人每天的口粮平均不足半市斤的，国家尽力供应，保证吃到半市斤。对于参加种麦等集体生产的劳动力，对于参加堵口复堤和恢复被水冲毁的水利、交通等工程的劳动力，都要给以适当的照顾。为了保证棉

---

① 《灾害管理文库——灾害管理体制》第7卷，当代中国出版社1999年版，第811页。
② 民政部政策研究室：《民政工作文件汇编》（二），地质出版社印刷厂1984年印刷，第124页。

花等主要经济作物的种植面积，棉花等集中产区农民的口粮水平，也要给以适当的照顾。灾民的口粮，应当是先吃自己的，后吃国家的。要提倡节约用粮，计划用粮，尽力收集瓜菜等代食品，补充口粮之不足。半市斤口粮是个平均数，可以忙时多吃一点，闲时少吃一点；可以参加劳动的人多吃一点，不参加劳动的人少吃一点；可以全部按人口平均分配，也可以拿出一小部分，例如百分之十左右按劳分配，百分之九十左右按人口平均分配。对于缺乏劳动力的四属户、五保户和贫下中农的困难户的口粮，应该给以照顾，并且要认真安排落实。（2）对于衣被淹没、无以御寒的灾民，国家已经安排了一定数量的成衣、布匹和棉花，要保证在冬季到来以前供应到他们手中。（3）房屋倒塌、无处安身的灾民，可以由生产队统一安排劳动力，利用原有的砖瓦木料，抢修一部分房屋。木料冲走、无可利用的，由木材销售部门帮助解决。一定要在冬季到来以前，使无住房的灾民每户有一间临时房子安身御寒。全部倒塌房屋的修复要有一个分年计划，根据当地的具体条件，修庄台，抬高宅基，尽可能多修砖墙，少修土墙，以免年年水淹倒塌，年年重修。修房用工，除了五保户由生产队开支，劳动力少的四属户（指干部、职工、教师、军人这四种人员有国家工资，而家属却生活在农村的家庭）和贫农下中农的困难户，由生产队酌情照顾以外，一般应该是在房主的劳动工分中扣还。修房所用的物料，由房主负责。房主一时无现款购置修房物料的，可以由信用合作社在资金允许的范围内，酌情贷款扶助。房主在长时期内无力购置修房物料时，可以由救济款解决。（4）缺乏烧柴的灾区，做饭和冬季御寒的煤炭供应，要安排落实，及时运到灾区。（5）水灾引起的流行病，要组织一批医药卫生力量，积极治疗。要搞好灾后的环境卫生，避免病疫的蔓延。治病一般应该收费，困难的四属户、五保户、贫下中农的困难户和其他生活确实困难的社员，可以减收或免收。救济灾区的粮食、布匹和煤炭等，由粮食、商业等部门按牌价供应。灾民有现钱、有存款的，可以备款购买；确实无力购买的，由国家发放救济款帮助解决。救济粮、棉、布等的分配和救济款的发放，都要经过贫农、下中农和全体社员民主评定，张榜公布，社队各级干部不许专断，更不许多吃多占。多吃多占的，要从严处分。在灾民生活安排和救济中，对于有计划放水的行洪、滞洪区，应该同一般遭灾淹没区有所区别，给以适当的照顾。①但是，在救济款发放的过程中，有些地方依然存在挪用救济款现象，如陕西省并没有发放到应该救济的群众手里，有的被信用社扣还了贷款，有的被生产队用来购买了化肥、生产工具，有的开支了会议伙食补助费、电话费、电影费等。1965年12月内务部转发陕西省民政厅、财政厅《关于救济款不能扣还贷款、税款和其他各种欠款的通知》，要求各地检查，发现问题，及时纠正。②这个规定对于严格救济款项的使用范围有一定的效果。

2. 严肃灾民救助的纪律

严肃减灾纪律是减灾工作有序进行的重要保证。1955年广西省遭受了严重的水灾和旱灾，受灾耕地1256万亩，成灾的628万亩，粮食减产10亿斤，致使1956年发生了严重的春荒；加上春雨连绵，早熟作物减收50%左右。由于省人民委员会和有关地区的领导干部满足于农业合作化的胜利，放松了对因灾减产应有的警惕，没有及时采取得力的救灾措施，出现了14700多名农民外逃、因缺粮饿死约550多人等惨象。此事件发生后，广西省党政监察部门曾在1956年先后4次会同有关部门派人到灾区逐乡逐区调查灾情和死亡者的情况，并研究省、专区、县各有关方面对此事件应负的责任。1956年12月，中共中央监察委员会、中华人民共和国监察部共同派出人员，会同中共广西省委监察委员会和广西省人民委员会监察厅进行检查。1957年4月，上述各单位又会同内务部组织检查组，并且吸收中共广西省委员和广西省人民委员会有关部门工作人员参加，又进行了全面检查。中共中

---

① 民政部政策研究室：《民政工作文件汇编》（二），地质出版社印刷厂1984年印刷，第10–11页。

② 民政部政策研究室：《民政工作文件汇编》（二），地质出版社印刷厂1984年印刷，第230页。

央监察委员会和监察部检查后认为：这个事件，在广西省级领导干部中，中共广西省委员会第一书记陈漫远，中共广西省委员会书记、广西省代理省长郝中士，广西省委员会书记、广西省副省长萧一舟应当负主要责任。为了严肃党纪国法，克服官僚主义，1957年6月，中共中央做出《关于广西省因灾造成农民大量逃荒和死亡事件给予有关党员干部处分的决定》，给予中共广西省委第一书记陈漫远、中共广西省委书记郝中士、中共广西省委书记萧一舟撤销党内职务的处分，给予中共平乐地委书记杨林留党察看一年处分，给予中共平乐地委副书记何庶民撤销地委副书记职务的处分，给予中共平乐县委书记矫志周撤销县委书记职务的处分，给予中共荔浦县委书记王文陆撤销县委书记职务的处分，给予中共荔浦县委副书记艾治国严重警告的处分，给予中共横县县委书记薛秋水留党察看一年的处分。国务院决定对于广西省人民委员会和平乐专署、荔浦县人民委员会有关负责人，分别给予处分，给予广西省副省长郝中士撤职处分、广西省副省长萧一舟撤职处分、广西省人民委员会委员陈漫远撤职处分、平乐专署副专员段书香撤职处分、荔浦县副县长李善本记大过处分。①1957年6月18日，《人民日报》为此发表了题为《坚决同漠视民命的官僚主义作斗争》的社论。严肃救灾纪律，强化责任追究，以广西典型案例教育全党，有利于促进救灾工作的进行。

此后，中共中央、国务院又陆续处理了一些救灾不力的地方领导者。1959年至1961年三年困难期间，河南、甘肃、贵州3省有的县、乡领导，在严重的灾荒困难面前，漠视民命，救灾不力，出现了灾民因严重缺乏营养而死亡的重大事件。对此，中共中央、国务院高度重视，派出了专门的工作队分赴灾区，查核事实，责成有关司法机关，对领导干部在救灾工作中的官僚主义分子和其他干部在救灾工作中违反党纪国法的分子，依照党纪、国

---

① 新华社：《去年广西因灾饿死人事件是怎样发生和怎样处理的？》，《人民日报》1957年6月18日；《中共中央和国务院严肃处理广西因灾饿死人事件》，《人民日报》1957年6月18日。

法给予了严厉制裁。1975年7月,河南省驻马店地区遭受严重水灾,国家先后拨给3.7亿元救灾款和大量救灾物资,但该地区竟挪用4000多万元救灾款和大批救灾物资,修建楼堂馆所。事件披露后,中共中央向全国发出通报,中共河南省委撤销了地委第一书记、副书记和有关负责人的职务。①

（三）集体化时期的社会救助特点

1956年,随着社会主义改造的基本完成,在经济体制上中国形成了高度统一的计划经济体制,在社会生活中形成了集体化体制。在该体制下,中国的社会救助呈现出以下鲜明特点:

1. 城市社会救助的"单位救助"特点

在城市中,随着社会主义改造的基本完成和社会主义制度的建立,城市人口基本上纳入到整个国家体系结构中,城市就业人口分布在各级国营经济的企业和社会主义国家的各级各类事业单位中,除此之外没有其他的正式就业人员。各类企业、事业单位不仅是经济单位、管理（行政）单位,而且是社会基层组织,既为职工提供工资,又为他们提供养老、医疗、住房、生育、工伤等福利型社会保障,对于困难的职工给予救助。

2. 农村社会救助的"集体救助"特点

与城市相似,除少数类似于城市国营经济的国营农场外,多数农村居民纳入到合作社（后来是人民公社）中,农村居民的社会救助主要依靠集体施行,主要对象是五保户和少数临时困难的群众。1964年2月26日,内务部党组向中共中央提交了《关于社会主义教育运动中加强农村社会保障工作、帮助贫下中农困难户克服困难的报告》,明确提出"使他们（困难户）依靠集体经济,通过生产自救,逐步走上与其他社员共同富裕的道路"。

3. 政府救助的弱化和社会救助的弱小

由于城市和农村"单位救助"和"集体救助"的特点,城市和农村的

---

① 《当代中国的民政》（下）,当代中国出版社1994年版,第60–61页。

单位成为了救助的主体，政府的作用在弱化。在农村，只有集体分配的物资不足以满足社员温饱的最低需要，尤其是遇到大的自然灾害时，国家才有可能采取"返销粮"与"贷款"的方式救助农村居民。同时，集体化时期的社会成员互助救济也发生重大变化，由于社会成员被固定在所在的经济和社会组织中，之前的社会成员间的互助逐渐变为集体间的互助救济，没有集体的要求和发动，社会成员个体既很难参加实际的救助工作，也难以进行个人捐助，因而大大限制了全社会的救助参与度。

4. 民间救助组织的消失

新中国成立后，包括救助组织在内的民间组织通过改造和整顿，有的逐渐消失，有的纳入党和国家领导的范围。尤其是随着计划经济体制的建立，社会缺乏自由流动资源与自由活动空间，民间组织失去了生存的基础与发展的空间，党、国家与社会一体化。大多数民间组织失去了其本身应发挥的功能与应有的组织结构，民间组织基本上没有民间性，都被纳入到党与国家的目标体系之内，成为党领导下的机关与政策执行组织。这一时期的民间救助组织逐渐失去其民间调节功能，其国内灾害救助价值逐渐被政府包揽。像中国红十字会这样的组织，其主要是起到了对外联络和对外灾害援助作用。正如宋庆龄所说："中国人民今天不仅已经能够解决我们自己的问题，同时我们也已有力量来帮助世界上由于各种原因而处于困难中的朋友。自从中华人民共和国建立以来，我们就开始这样做了，今后还将继续这样做。中国人民所以采取这样的合作，并不是作为对于在我们'苦难的年代'中朋友们曾经给予我们帮助的一种'报偿'，而是把在国内指导我们思想和行动的人道主义原则，扩大到国外去。事实上，也就是使更多的人分享到我们社会主义的成果。"[①] 民间慈善组织的消失，也就是社会成员个体失去了其基本的捐助组织依托，社会成员个体的作用受到极大制约。

---

① 宋庆龄：《救济福利工作的两种概念》，《人民日报》1958年6月14日。

5. 拒绝接受国外的救助

在这一时期，出于西方国家敌对和封锁中国而产生的国家安全考虑，加上国内"左"的思想泛滥，即使像唐山大地震这样的灾难，中国也没有接纳国际社会的灾害援助。在唐山大地震发生的第二天，联合国秘书长瓦尔德海姆致电中国总理华国锋，称联合国准备帮助灾区人民克服这场自然灾害的影响。英国外交大臣克罗斯兰在下院宣布：在唐山发生强烈地震以后，英国已表示愿意向中国提供紧急援助和医药物资。7月30日，日本内阁会议通过了宫泽喜一外相的建议，将采取迅速发出救灾物资的方针。外务省已动手准备发出药品、衣物、帐篷等物品。宫泽外相还指示日本驻华大使孝川，要他向中国政府转达：一俟中国方面做好接受的准备，就将发送。中国外交部正式谢绝日本政府愿意提供援助的表示，并告知日本驻华大使：中国不接受外国包括日本在内的任何援助。日本共同社引述中国外交部的话说，中国人民正在毛泽东主席和中国共产党的领导下进行抗震救灾工作……中国人民决心以自力更生的精神克服困难。《人民日报》的一篇社论明确表达了中国政府拒绝国际救灾援助的原因："自力更生的救灾努力说明用马克思主义、列宁主义、毛泽东思想武装起来的、经过无产阶级文化大革命考验的人民是不可战胜的，说明我国无产阶级专政的社会主义制度具有极大的优越性。"中国驻联合国代表团散发了这篇社论，这意味着中国委婉地谢绝了瓦尔德海姆提出的由联合国提供援助的建议。[①]1976年8月份的《参考消息》还转录了《埃及新闻报》8月19日发表的一篇社论，认同该报对中国自力更生的看法。该社论指出：中国的唐山市遭到地震的破坏，"许多国家都表示要提供帮助，但是都被中国人婉言谢绝了"。"如果根据中国自它革命以来的全部历史来判断这一回答的话，那我们只能认为这样的回答是值得称赞的"。"中国人的艰苦奋斗、独立自主、满

---

① 詹奕嘉：《唐山大地震后30年：中国接受救灾外援历程》，《世界知识》2006年第14期。

怀信心和'让我们继续克服它'的这种顽强的精神是令人肃然起敬的"。①中国共产党及中国政府谢绝西方世界的救助,虽然维护了国家安全和当时认为的大国形象,显示了中国人民抗灾救灾的决心和信心,但同时也说明中国对于国际交往的经验不足,也不利于国际救助研究和救援的交流。

三、集体化时期的社会救助实践

集体化时期出现的弱势群体,很多是由于不当的社会政策造成的,中国共产党在20世纪60年代前期开始了对这些困难群众的救助,取得了较好的成效。但随着"文化大革命"的爆发,对弱势群体救助的工作基本上停滞。

（一）城市困难群众的救助

城市的社会救助是指对城镇无法定抚养人、无劳动能力、无生活来源的孤老残幼,以及其他因天灾人祸或缺少劳动能力,造成生活困难的无业居民,由国家给予救助,以保障他们的基本生活。

新中国成立初期,针对大中城市的难民、灾民、国民党的散兵游勇、无业游民以及无依无靠的孤老残幼,中国共产党和人民政府本着保障救济对象基本生活的原则,采取区别对待的方法,对不同类别的人,给予不同的救济。对无依无靠的孤老残幼,给予经常性的救济;对缺少棉衣棉被的,发给御寒衣被;对患病无力就医的,给予医药费救济,等等。据不完全统计,仅武汉、广州、长沙、西安、天津等14个城市在解放后一年多的时间里,就紧急救助了100多万人。1952年,全国152个城市平时得到长期救助的有120余万人;冬令期间得到救助的150余万人。有的城市享受社会救助的人占城市总人口的20%,有的城市甚至高达40%。②

社会主义改造时期,由于国家生产建设的不断发展,经济形势的日益

---

① 新华社:《一些国家报刊继续发表评论中国人民以阶级斗争为纲抗震救灾创奇迹》,《人民日报》1976年8月25日。

② 《当代中国的民政》（下）,当代中国出版社1994年版,第75页。

好转，进一步解决了城镇人民的就业和生活问题。但是，城市中的社会救助对象除了无依无靠的孤老残幼外，又增添了一部分无法进入社会主义改造后的企业的人员，如一部分年老体弱的手工业者、被取缔的封建迷信职业者、生活困难的罪犯家属，等等。在1953年的第三次全国民政工作会议上，内务部公布了救助标准，即以户为单位，按户人口数递增，每户每月大城市5元~12元，中小城市3元~9元。社会救济款物的发放与管理，由街道办事处、居委会确认救济对象，由民政部门负责发放。[①]但是，简单以城市大小划分救助等级有其不合理处，1956年11月，内务部发出《关于调整城市困难户救济标准的通知》，该《通知》吸取了1953年的经验教训，不再规定统一的救助标准，而是提出了城市困难户的救助标准应当以维持贫民的基本生活为原则，各地民政部门结合当地具体情况，从解决困难户的实际需要和国家财力情况出发，划分几种不同类型，按类调整救助标准。对长期患病和临时遭受水火灾害的困难户，应当根据具体情况，从实际出发，适当加以照顾；对有劳动能力能够参加生产的困难户，应当尽量组织和扶持他们参加各种可能的生产，通过生产来解决他们的生活困难；对贫困的老年知识分子以及当地政府认为需要予以特殊照顾的其他人员，其救助标准可高于一般困难户的标准。蒋军政人员家属、被俘释放人员、罪犯家属等，需要救助时，要与一般困难户同样予以救助。对城市困难户的救助方式基本上是定期定量救助和部分特殊人员的临时救助。据不完全统计，从1953年至1957年国家共支出城市救助经费1亿多元，救助了1000多万人。[②]在1958年9月内务部召开的城市民政工作汇报会上，内务部副部长王一夫在发言中指出，1月至4月全国共组织社会福利生产单位5766个，参加生产的有19.8746万人；5月至7月全国又新组织生产单位7.5505万个，参加生产的达143.633万人。据11个省（市）不完全统计，

---

① 《当代中国的民政》（下），当代中国出版社1994年版，第76页。
② 《当代中国的民政》（下），当代中国出版社1994年版，第77页。

已有 50 个城市和 300 个城镇基本实现了"无贫民"①。虽然这是"大跃进"环境下的判断，但中国共产党和中国政府在城市开展的社会救助还是保证了城镇贫困居民的生活安全，稳定了社会秩序。

三年困难时期，虽然一批城市职工被精简回乡参加农业生产，但是城市中依然有大量需要救助的人员。1961 年 12 月，《内务部关于当前城市社会救济工作的情况和意见的报告》指出：目前城市事业单位正在进行调整，压缩多余人员，加之冬令已到，城市救济人数又有显著增加。各城市的民政部门，除抓紧对外流人口的收容遣送工作以外，更要做好城市社会救济工作。报告强调，目前要面对社会救济工作出现的新情况、新问题进行调查研究，加强救济工作的指导；协助街道人民公社安排困难户参加生产；救济标准应以保证救济户的基本生活需要为原则，不能高或偏低。1963 年 10 月，内务部发出《关于切实做好城市社会救济工作的通知》，要求各地应当进一步加强对城市社会救济工作的领导；城市民政部门应把这项工作作为当前的一项中心任务，积极开展生产自救，采取必要措施解决救济工作中的问题。

据统计，1961 年全国城市救济 51.7 万人次，1962 年增加到 266.8 万人次，1963 年进一步上升到 332.55 万人次。② 据北京、天津、广州、包头、安阳等 14 个城市统计，1961 年平均每月救济 3.2 万人，比 1960 年增加 60.5%，1963 年需要救济的人数继续上升，仅 6 月一个月就救济 24.1 万人，比 1962 年同期增加 1.2 倍。③ 另据沈阳、天津、杭州、重庆等 59 个城市统计，1963 年上半年有 21 万人参加了生产自救，占应该生产自救人数的 50%。④

"文化大革命"期间，党和国家的各项工作都受到了严重的冲击，党、国家和人民遭受到新中国建立以来最严重的挫折。内务部于 1969 年被撤销，

---

① 中华人民共和国民政部大事记编委会：《中华人民共和国民政部大事记》（1949-1986），中国社会出版社 2004 年版，第 98 页。
② 多吉才让：《中国最低生活保障制度研究与实践》，人民出版社 2001 年版，第 56 页。
③ 于长泉：《救灾与社会救济工作》，中国社会出版社 1996 年版，第 128 页。
④ 多吉才让：《中国最低生活保障制度研究与实践》，人民出版社 2001 年版，第 56 页。

中央政府失去了主管社会救助工作的专职机构。各地许多民政机构也被冲垮，包括城市救助在内的社会救助工作处于混乱停滞时期，"文革"结束之后，城市的社会救助工作逐步恢复正常。

总体看，由于社会生产力的落后，国家用于城市救助的经费十分有限，如表10所示，在所有的社会救助费中，社会主义改造完成之后的最初两年占比有20%左右，在1962年开始的经济调整时期占比有12%左右，其余年份有的仅占6%。

表10 社会救济福利费中城市救济费的情况

	总量（万元）	城市救济费（万元）	所占比例（%）
1957	13635	2845	21
1958	11710	2173	19
1959	11738		
1960	17702	1048	6
1961	21818	1781	8
1962	25908	1826	7
1963	22303	2841	13
1964	27162	3211	12
1965	29147	3039	10
1966	28744	2988	10
1967	29486	3425	12
1976	38745	3283	8
1977	40097	2960	7

资料来源：《全国民政事业统计资料汇编》（1950-1977），京安印刷厂1979年12月，第7页。

（二）灾民的救助

1. 自然灾害状况

1956年，随着社会主义改造的完成，中国进入到建设社会主义的探索时期。但是由于生产力的落后，人们应对自然的能力十分有限，自然灾害对中国的社会经济造成极大破坏。如表6所示，1957—1966年，成灾人口极大，在这11年中，多数年份出现超过5000万人受灾人口，有的年份如1961年、1963年的受灾人口在1.5亿人左右。

"文革"时期，自然灾害仍然不断，但由于社会的动荡，灾情资料极不完整,但就现有的资料看,自然灾害依然非常严重,受灾面积和成灾面积很大(见表11)。其中,仅地震灾害就给"文革"时期的中国社会经济造成了极大破坏。从1966年3月邢台地震开始,中国先后发生了三次大的地震。3月8日和22日,邢台先后发生了6.8级和7.2级的地震,带来极大损失。据邢台、石家庄、衡水、邯郸、保定、沧州6个地区统计,有80个县市、1639个乡镇、17633个村庄遭到不同程度的损失,8064人死亡,38451人受伤,508万间房屋被毁。一部分工程设施遭到破坏,部分田地被喷沙掩埋。1975年2月4日,辽宁海城发生了7.3级地震,由于预报及时,人员伤亡较少,但经济损失很大,直接损失8.1亿元。1976年7月28日,河北省唐山市发生了7.8级的罕见大地震,破坏范围达到3万平方公里,灾难之惨重,损失之巨大,是人类历史上罕见的,位列20世纪10大破坏性地震灾害之首。据统计,这次地震造成24.24万人死亡,16.46万人重伤,36万轻伤。全市通信中断,交通受阻,供电、供水系统被毁坏,大量农田水利设施破坏,沙压耕地50万亩,咸水淹地70多万亩,毁坏大量的农业机具和耕畜,直接经济损失达54.48亿元。①

表11 1966—1976年中国农作物受灾、成灾面积

受灾状况 年份	受灾面积(万亩)			成灾面积(万亩)		
	受灾总面积	水灾	旱灾	成灾总面积	水灾	旱灾
1966	36311	3770	2519	14636	1425	12159
1970	14961	4693	8585	4942	1851	2897
1972	60867	6125	46049	25765	1889	20408
1973	54740	9352	40803	11427	3865	5892
1974	58019	9646	38330	9789	4106	3444
1975	53029	10226	37428	15059	5201	7977
1976	63749	6266	41238	17155	1991	11772

资料来源:中华人民共和国农业部计划司编:《中国农村经济统计大全(1949-1986)》,农业出版社1989年版,第356-357页。

---

① 马宗晋:《面对大自然的报复—防灾与减灾》,清华大学出版社;暨南大学出版社2000年版,第13-23页。

2. 灾害救助举措

集体化时期，中国的经济基础是以生产资料公有制为基础的社会主义国营经济和集体经济。城市绝大部分劳动者进入国营企业或集体所有制企业工作，单位作为社会基层组织，不仅为职工提供工资，还提供养老、医疗、住房、生育、工伤、困难救济等福利型社会保障。在农村，自20世纪50年代初期开始，经过互助组、农业社的集体化运动，1958年出现了人民公社运动，人民公社成为统揽党、政、财大权的组织机构，农民分别安排在公社之下的大队、生产队，以生产队为经济核算单位，农民由生产队组织集体生产，由生产队分配劳动果实。人民公社也被纳入了计划经济体制之内，产品实行了统购统销，生产、消费由国家计划统一安排。

无论是城市还是农村，基本采取的是"集体救助"模式。当大的灾害出现、集体组织救助能力有限时，才由中国共产党和人民政府动员全国力量抗灾救灾。

（1）抢险救灾。当天灾人祸来临时，动用一切力量保护人民生命和财产安全，组织人力物力去解救、转移或者疏散受困人员，抢救、运送重要物资，保护重要目标安全，尽可能减少灾害损失，这是灾害救助的首要任务。如1976年唐山大地震发生后，各地紧急派出医疗队，携带大批药品、医疗器械等，赶赴灾区。在短短的6天之内，解放军北京、济南、沈阳、昆明军区和各军兵种，先后派出125个医疗队，5400名医护人员；辽宁省派出17个医疗队，3252名医护人员；上海市派出53个医疗队，2003名医护人员；河北省派出13个医疗队，3509名医护人员；山西、江苏、湖北、河南、山东、辽宁、黑龙江、吉林、北京、天津、内蒙古、湖南、广东、广西、江西、甘肃、宁夏、陕西、浙江、安徽、四川、贵州等省、市、自治区以及国家卫生部、铁路系统都派出医疗队，陆续赶到灾区。[①]据小范围调查后推算，全市区约有57万人被埋，占城区人口的86%，除去死亡

[①] 《当代河北简史》编委会：《唐山大地震中的抗震救灾斗争》，《当代中国史研究》1999年Z1期。

的 13 万人外，其余都是群众自救、互救和抢救得救的，其中驻唐部队立即出动，尽管人数仅占部队总兵力的 30%，但救出群众占部队总抢救人数的 96%。① 唐山地震使数十万群众受伤，据不完全统计，震后唐山市和唐山地区急待救治的伤员总数有 73.036 万余人，其中重伤员有 16.4 万余人，急需转移外地救治。② 为此，中央政府先后动用飞机 474 架次转运伤员 2.07 万余人，开出专列 159 列，转运伤员 7.28 万余人。③ 这些伤员分别转送到吉林、辽宁、山东、河南、安徽等 9 个兄弟省和本省石家庄等地区。为避免"大灾之后有大疫"的历史惨剧，防疫灭病成为唐山抗震救灾斗争的重大任务。河北省唐山抗震救灾前线指挥部建立了防疫领导小组。随后，唐山地、市、县、区、公社和参加救灾的各军、师、团、营都普遍建立了相应的防疫组织，落实防疫措施。8 月 5 日前后，江苏防疫队 123 人、甘肃 120 人、黑龙江 121 人、宁夏 76 人、上海 15 人、辽宁 141 人、广东 100 人、卫生部 25 人、河北省 526 人，共 1247 人赶到灾区。与此同时，5 万多件防疫器械、400 多吨防疫药品、100 多万份疫苗，也从四面八方源源不断运到。一场有组织有领导的、规模巨大的防疫灭病活动在整个灾区展开。10 月 9 日，省前指批转了卫生组制定的《关于灾区今冬明春的防病治病工作的意见》，对进一步预防传染病做出了部署。1977 年春、夏后，全区法定传染病发病率较震前 5 年平均下降 48.5%，死亡下降 80.75%。④

在农村，抢灾救灾最重要的是抢收、补种农作物，发展副业生产，努力减少或挽回各种灾害造成的损失。所以，中国共产党和人民政府始终把生产救灾当作集体化时期最重要的灾害救助举措。1957 年 9 月，国务院在《关于进一步做好救灾工作的决定》中指出："灾区应当掀起生产运动的高潮。

---

① 《当代中国的民政》（下），当代中国出版社 1994 年版，第 30-31 页。
② 《瞬间与十年——唐山地震始末》，地震出版社 1986 年版，第 101 页。
③ 《瞬间与十年——唐山地震始末》，地震出版社 1986 年版，第 118-119 页。
④ 《当代河北简史》编委会：《唐山大地震中的抗震救灾斗争》，《当代中国史研究》1999 年 Z1 期。

加强受灾作物和晚秋作物的田间管理,积极准备冬麦的肥料和种子,适当扩大冬麦播种面积,保证做好种麦工作。凡能抢种蔬菜、荞麦、红薯的地方,应当抢种。有灾省、区的非灾地区,应当尽力争取超额增产,以丰补歉,支援灾区。……灾区还应当实行多种经营,开展集体副业和家庭副业生产。各省、区应当责成财经部门做好灾区副业生产的安排和组织工作,积极解决原料供应和产品推销问题,避免生产中的盲目性和商业投机活动。经常遭灾地区的农业生产合作建立比较经常的副业。"[1]1958年8月13日,中共中央、国务院在《关于展开抗灾斗争的紧急指示》中进一步指出:各地必须充分发动群众,把抗灾、防灾、灭虫斗争进行到底,把这个斗争作为当前最紧急的任务。……要大量抢种一季晚熟作物和各种尚能种植的瓜菜红萝卜等作物,准备渡荒。[2]1963年9月,中共中央、国务院做出《关于生产救灾工作的决定》,强调"救灾要从积极方面着手,首先抓生产。发展生产,增加收入,就更有力量渡过灾荒。救济也要与扶持灾区生产相结合,使救济粮款发挥更积极的作用,而不是单纯的救济"。[3]该《决定》指出:"副业生产,是生产救灾的一个很重要的途径。""在发展副业生产的时候,要因地制宜,要依据原料、技术和销路等具体条件,有计划有组织地发展,不能粗制滥造,不能盲目生产。"[4]1963年10月,内务部在《关于做好灾区今冬明春救济工作的通知》中明确指出生产自救是救灾工作的根本方针,要求各地在生产自救中,除了发动灾区人民个人积极生产外,更重要的是发动集体搞生产。民政部门要认真协助灾区社、队,因地、因时、因人制宜地积极组织和领导群众,多种些越冬作物和早春作物,上山下水采集各

---

[1] 民政部政策研究室:《民政工作文件汇编》(二),地质出版社印刷厂印刷1984年,第5页。
[2] 《中国共产党中央委员会、国务院关于展开抗灾斗争的紧急指示》,《人民日报》1959年8月13日。
[3] 民政部政策研究室:《民政工作文件汇编》(二),地质出版社印刷厂印刷1984年,第7页。
[4] 民政部政策研究室:《民政工作文件汇编》(二),地质出版社印刷1984年,第8-9页。

第三章 集体化时期的社会救助

种能吃的代食品,以及复收余留在农田里的山芋、柴草等。①

全国各地积极响应,组织困难灾民参加生产。1957年,在福建夏旱高峰期,全省人民投入抗旱保粮日均200多万人。晋江、龙溪、福安、南平4个专区20个县参加抗旱救灾的各级干部和工人有10万多名。工厂、学校、部队也都组织大批人员下乡参加抗旱保粮。民政、农业、水利、银行、财力、技术等方面大力支持灾区抗旱斗争,积极开展生产自救。据不完全统计,上半年副业生产增加社员现金收入有5000多万元。②1958年4月22日和23日,湖北省有不少地方出现了狂风、暴雨,同时还降下了较大的冰雹。全省计有21个县受到不同程度的灾害。在这两昼夜内,多数受灾县风力达8级到10级,雨量有160公厘到200公匣以上,冰雹下降量也很大。各受灾县的夏收作物、稻秧、棉苗都因此而受到了不同程度的损失;并且还发生了人畜伤亡的不幸事件。其中荆州专区的沔阳、天门、京山和孝感专区的汉川、汉阳等县损失比较严重。灾情发生后,各地党、政领导部门立即采取紧急措施,组织群众进行抢救受灾作物、补种水稻、棉花和安置灾民等。沔阳县动员了2000多干部用分片包干的办法,领导群众向灾害斗争;天门县领导机关立即组织县、区干部1000多人到各灾区去,全力组织群众进行抢救、补种等工作。汉阳县各农业社都成立了专门小组来领导生产救灾活动。沔阳县参加抢救秧苗的群众有16万多人,水库1万多部,22日晚上就抢救出稻秧、棉苗20多万亩。这个县的茅咀区还用温汤浸种的办法补泡稻种5万多斤,做好了稻秧补种工作。英山县群众在风息雨停后,就组织群众进行扶救倒伏的夏收作物。③

1959年6月7日,山东部分地区发生雹灾。连同5月26日、28日两

---

① 民政部政策研究室:《民政工作文件汇编》(二),地质出版社印刷厂印刷1984年,第123页。
② 戴启天:《福建灾情与救灾救济》(史料),福建省民政厅编1987年7月,第43—44页。
③ 新华社:《向狂风暴雨冰雹灾害斗争 湖北21县农民补栽补种》,《人民日报》1958年4月28日。

次轻微的雹灾,全省共有33个县市的部分地区受到雹灾侵袭,受灾农田面积有100万亩以上。小麦、春苗受到不同程度的损失,受灾严重的汶上、曲阜、肥城、宁阳四个县部分地区,不仅麦粒大部打落,春苗也大部被砸毁。9日,中共山东省委召开了有关部门负责人参加的救灾会议,决定在雹灾严重的地区,立即以生产救灾为中心,从具体情况出发,安排好群众生活,抓好夏季生产。会议要求各地抓紧时机,大力组织抢收、抢种、补种,并帮助每一个生产队订出生产救灾、渡过夏荒的计划,使他们有办法、有信心战胜灾荒,争取秋季丰收。会议要求受灾地区切实安排好群众生活,省委决定受灾地区在秋收前每天每人安排一斤口粮,同时发动群众增种瓜菜和早熟作物,节约用粮渡过夏荒。灾区农民经过各地党政领导机关的慰问和大力支持,情绪逐步安定下来,不少公社和生产队提出了"多收一颗是一颗,多拾一粒是一粒"的口号,积极收获残麦和抢种、补种各种作物。未受灾地区的公社和生产队,发扬了互助友爱的精神,积极支援种子,帮助受灾地区生产自救。有些地区还协助受灾社、队修补被打毁的房屋。①

1961年8月底到9月上旬,广东部分地区连续遭到台风暴雨的袭击。灾害发生后,受灾地区各级党政机关都把生产救灾作为中心工作。领导干部纷纷到灾区领导群众抗灾。海丰县东冲公社的干部深入田间检查灾情后,立即以生产大队为单位,召开社员代表会或社员大会,讨论生产救灾的问题。会后三天,全社6700亩番薯,有5600亩培了土,晚稻补苗2600亩、引淡水清洗被海水浸泡过的禾苗4600亩,同时还开荒扩种各种作物1100多亩。在抗灾中,各灾区采取各种措施,弥补灾害损失。南海县官窑公社发动群众大力积集精肥,给受浸过的禾苗增施肥料,促进禾苗生长。许多灾区抓紧"白露"前后这个季节,积极开荒扩种杂粮。高要县几天来突击

---

① 新华社:《山东部分地区雹灾为害 灾区农民努力收残补种,生产自救》,《人民日报》1959年6月12日。

种下番薯 3 万多亩。佛山专区已补播种子 162 万斤。翻插晚稻 9 万多亩。不少受灾的大队在抢救晚稻和补种扩种时,积极准备冬种。①

1961 年 10 月,山西省各地阴雨不断,对秋收极为不利,不少地区出现了雨多地湿,庄稼生芽霉烂的情况。为了收好、管好大秋作物,各地因地制宜地采取了多种多样的办法秋收。兴县、忻县、原平等县大部生产队,对未割的高粱、谷子等作物,采取先收穗子后割秸秆的办法抢收。代县各级党委书记带领 340 名干部和 4.2 万多名社员,突击 3 天,将割倒未运回的 15 万亩作物全部垛成人字架和靠在地棱上,使穗子离开地面。晋城县大阳公社机械厂、铁厂、煤矿、供销店、医院、学校等单位,一共抽出了 500 个精壮劳力,帮助全公社抢收了豆子 3960 多亩,拾回豆子 1600 多斤,割运玉米 36 万多斤。运城县北相公社北相生产大队的各个生产队,本着"雨中活高于雨前活"的原则,合理地调整了劳动定额,社员干劲很大,680 多个社员,在半天内就抢收回绿豆 100 多亩,摘豆角 6000 斤,收、运谷子 64 亩,割谷穗 400 多斤。②

副业生产具有花样多、门路广、投资少、见效快、收益大、容人多、风险小的特点,是生产救灾的重要项目。河北省 1956 年遭受水灾地区的农业社社员,充分发挥合作社的作用,大力开展生产救灾,据河北省生产救灾委员会统计,截止 1956 年底,全省灾区有 450 多万劳动力开展着一百多种副业生产,灾民的副业收入已有 1.13 多亿元。重灾区饶阳县各农业社组织社员开展副业生产的收入,再加上国家的赈济款,全县十八万灾民需要的 2400 万斤冬荒口粮和牲口饲料已经全部解决。副业生产较好的社,还存下了一些渡春荒的粮食。据中共饶阳县委调查了解,目前全县一

---

① 新华社:《广东受台风暴雨灾害地区人民全力抢救禾苗扩种补种杂粮》,《人民日报》1961 年 6 月 28 日。
② 新华社:《山东受涝地区排水抢种小麦山西突击收秋严防雨涝损失》,《人民日报》1961 年 10 月 27 日。

般社员都保持了灾前的生活水平。由于农业社统一使用劳力，冬季的农业生产活动也没因灾受到影响。灾区农业社采用壮劳力搞农业，妇女老弱搞副业，白天下地生产，晚上开展副业等办法，在完成了3000多万亩小麦的播种工作后，并且冬耕了大部分能耕的白地，给缩短灾期渡过灾荒创造了条件。同时，灾区农业社还抽出40多万个劳力，在国家的领导扶持下完成了2000多万立方公尺的复堤防洪工程，为保障今年农业增产做了准备。重灾区的农业社还抽出劳力打坯和组织社员帮工，帮助社员修盖好90多万间新房。①

依靠副业和手工业，积极实施生产自救，还必须调整所有制关系。1959年8月5日的《中共中央关于迅速恢复和进一步发展手工业生产的指示》中指出：转为全民所有制的手工业合作社，能够办好的不再退回来。但有些转为全民所有制后，对生产不利、对居民不便的，应该采取适当的步骤再退回来。②1961年6月19日，《中共中央关于城乡手工业若干政策问题的规定（试行草案）》，进一步提出手工业生产合作社的原则是实行入社自愿，退社自由，经济民主，自负盈亏。手工业所有制的合理标准是：有利于调动手工业工人的生产积极性，提高劳动生产率；有利于增加产品品种和数量，提高产品质量；有利于节约原料材料，降低成本；有利于适应农业生产和人民生活的需要；有利于更好地实行"各尽所能，按劳分配"，在发展生产的基础上逐步增加手工业工人的收入。③1962年11月22日，《中共中央、国务院关于发展农村副业生产的决定》中指出：在集体经营的副业中，应该以发展生产队的副业为主，公社和生产大队一般不经营副业。对于社员的家庭副业，要加强思想和经济领导，积极采取各种经济措施，

---

① 张华：《以农业社作靠山努力生产自救河北灾区农民正在安度冬荒》，《人民日报》1957年1月8日。
② 《建国以来重要文献选编》第12册，中央文献出版社1996年版，第482页。
③ 《建国以来重要文献选编》第14册，中央文献出版社1997年版，第436–437页。

鼓励和帮助它继续发展,并且使它同国营经济、集体经济联系起来。要认识这是社会主义经济不可缺少的补充部分,不是"资本主义",不应该采取行政手段乱加干涉和限制。①

同时,在流通体制上也进行了调整。1959年9月23日,《中共中央、国务院关于组织农村集市贸易的指示》指出:"为适应生产发展和生活提高的要求,商业部门除了大力组织收购、供应,召开各级物资交流会以外,还必须积极组织和指导农村集市贸易,便利人民公社社员交换和调剂商品,沟通城乡物资交流,促进人民公社多种经济的发展,活跃农村经济。"②之后,在《中共中央关于改进商业工作的若干规定》中,要求"商业工作必须兼顾国家、集体和个人三方面的利益,调动农民的生产积极性,促进工农业生产的发展,活跃城乡经济,进一步巩固工农联盟。"③1962年9月27日,中共中央做出《关于商业工作问题的决定》,指出:商业是农业同工业的桥梁,是生产同消费的桥梁,要发展社会主义工农业生产,是不能没有这种桥梁的。中国的商业工作,应该在国家计划的指导下,按照等价交换的原则,正确地利用价值规律,通过适当的购销形式,促进农业和工业生产的发展,逐步保障城乡居民消费品的供应。是否对于社会主义生产起了促进的作用,是否组织好城乡居民消费品的供应,这是我们的商业工作做得好不好的主要标志。

(2)灾民的口粮救助。灾害发生后,对自力无法克服困难的群众,国家和集体都给予了必要的紧急救助和扶持,保证他们有饭吃、有衣穿、有房住、有病得到及时治疗,其中最重要的是进行口粮救助。

1953年11月,中国为应对粮食短缺实行了粮食统购统销政策。这不仅可以保持全国城镇和工矿区人口的粮食需要,保证供应经济作物区的口

---

① 《建国以来重要文献选编》第15册,中央文献出版社1997年版,第702-703页。
② 《建国以来重要文献选编》第12册,中央文献出版社1996年版,第580页。
③ 《建国以来重要文献选编》第14册,中央文献出版社1997年版,第450页。

粮，也使灾区人民所需的口粮有了一定的体制保障。但是，粮食产量不足的问题没有得到根本解决。按照周恩来所说，粮食过关就是"至少农业的主要粮食，在全国每人平均达到一千到一千五百斤中间才能算过关"。"农业过关总要使农业能够实现机械化和半机械化，有一定数量的化肥配合土肥来增产，基本上完成水利"，"就是把农业基础的底子打下来，能够实现四个现代化，成为一个工业国"。① 从表12看出，计划经济体制时期，中国的粮食问题一直十分紧张。从1959年开始，连续4年，粮食总产量比1959年都有大幅下降，库存越来越少。由于1958至1959年度粮食销售过多，挖用了大量的周转库存。据统计，截至1959年6月底，全国周转库存只有340亿斤左右，并且有些库存已经被地方临时借用。1954年307亿斤，1955年336亿斤，1956年427亿斤，1957年364亿斤，1958年386亿斤。可见，1959年的粮食库存已经达到一个谷底。②

表12　1950-1976年粮食产量

年份	播种面积（万亩）	总产量（万吨）	比上年增减（%）
1950	171609	13215	16.7
1951	176653	14370	8.7
1952	185968	16390	14.1
1956	204509	19275	4.8
1957	200450	19505	1.2
1958	191420	20000	2.5
1959	174034	17000	−15
1960	183644	14350	−15.6
1961	182165	14750	2.8
1962	182431	16000	8.5
1966	18482	21400	10
1967	178845	21780	1.8
1968	174236	20905	−4
1969	176406	21095	0.9
1970	178901	23995	13.7
1971	181269	25015	4.3
1972	181814	24050	−3.9

---

① 中共中央文献研究室编：《周恩来传》，中央文献出版社1998年版，第1557-1558页。
② 《建国以来重要文献选编》第12册，中央文献出版社1996年版，第474页。

续表 12

年份	播种面积（万亩）	总产量（万吨）	比上年增减（%）
1973	181734	26495	10.2
1974	181464	27525	3.9
1975	181593	28450	3.3
1976	181115	28630	0.6

中华人民共和国农业部计划司编：《中国农村经济统计大全（1949-1986）》，农业出版社 1989 年版第 146-149 页。

以 1960 年第三季度为例，根据粮食部计算，京、津、沪、辽主要城市第三季度预计销售粮食 42.53 亿斤，9 月底比 6 月底需要补充周转粮库存 2.37 亿斤，共计 44.9 亿斤。除去京、沪、辽宁自己征购 7.9 亿斤外，其余的 37 亿斤必须依靠外省调入。青海、西藏需要调入 1 亿斤，省与省之间的季节调剂和品种调剂需要 9.8 亿斤，另外，还至少需要调拨 12.5 亿斤粮食用来出口。这样，国家总共要从有关省区调运 60.3 亿斤粮食，以保证时需。而当时全国可供粮食周转的库存只有 300 亿斤，是统购统销以来最低的一年，并且许多粮食又存放在交通不便的地区，困难程度可想而知。[①]为了平衡地区间粮食余缺，加强统一管理和调度的工作越来越重要。

第一，加强对粮食工作的管理。中国的粮食管理体制，从 1953 年实行粮食统购统销政策开始，到 1958 年 3 月一直是由中央集中统一管理的。为了适应第二个五年计划形势发展的需要，并调动地方积极性，在粮食管理体制上，经中共中央批准，将原来由中央集中统一管理的办法，改为"购销差额管理，调拨包干"，即分级包干、差额调拨的办法。这些改革，对促进社会主义建设应当是有利的。但是，由于从 1959 年开始，粮食生产大幅度下降，粮食分配越来越困难，国家粮食库存很少，没有什么机动余地。在这种情况下，只有改变现行的分级包干、差额调拨办法，把粮食的征购、销售、调拨的权力集中到中央，由中央合理地、及时地进行全国统一调度，

---

① 《当代中国的粮食工作》，中国社会科学出版社 1988 年版，第 120 页。

才能够对城乡粮食的销量有效地进行控制，缩小国家必须支出的粮食大于可能征购到的粮食之间的差额，才可能按照国家计划，实现粮食收支平衡。1962年9月，中共中央根据国务院财贸办公室的报告和8月中央工作会议对粮食问题讨论的意见，做出了《关于粮食工作的决定》，规定从1962年度开始，改变分级包干、差额调拨办法，进一步加强国家对粮食管理的集中统一，全国粮食的征购、销售、调拨由中央统一安排，实行分级管理。[①] 粮食体制的上述改革，是在当时粮食生产受到严重破坏，产量急剧下降，产需矛盾非常突出，调拨非常困难的特定条件下进行的。实践证明，在粮食形势紧张的情况下，只有这样，才能够把有限的粮食集中起来，调拨到最需要的地方去，以保证人民生活和社会主义经济建设对粮食的基本需要。

1972年，全国粮食减产，征购减少，而销售因控制不严，增加较多，国内粮食收支出现大缺口。中共中央、国务院针对当时出现的分散主义、本位主义、各行其是的不正之风，要求进一步加强财经纪律，严格粮食管理。12月10日，中共中央转发国务院《关于粮食问题的报告》，决定实行统一征购、统一销售、统一调拨、统一库存的高度集中的粮食管理体制（简称"四统一"），即粮食的征购、销售、省间调拨和库存都由中央统一安排，各地要严格执行中央统一规定的方针政策和计划，不得自行其是，不许搞地方"小仓库"。在粮食形势十分紧张、国内粮食收支失衡、调度非常困难的时候，实行这种管理体制对于完成国家粮食收购任务，实现以丰补歉和地区间、季节间余缺调剂有着积极的作用。实行"四统一"的第一年即1973年度，粮食情况有所好转，全国粮食征购超额完成计划，比上一年增加147亿斤，销售比上一年度增加10亿斤（其中市镇少销5亿斤，农村增销15亿斤），国内粮食收支相抵，缺口缩小为9亿斤，初步扭转了上一年大量挖用库存的状况。同时，利用国际市场大米价格高于小麦价格的有利

---

① 《当代中国的粮食工作》，中国社会科学出版社1988年版，第124—127页。

时机，通过出口大米，多换进一些小麦和其他粮食，补充了一些国家库存。1973年度库存比上一年度增加了59亿斤，国家代生产队保管粮食103亿斤，也比上一年度增加了22亿斤。①

高度集中型的粮食管理体制，把粮食收购、销售、调拨、库存等集中到中央，有利于通盘考虑全国范围的粮食问题，协调各地粮食的调运，在一定程度上解决灾区的缺粮问题。但地方上灵活机动、自主行事的权力很小，不利于调动地方的积极性。

第二，加强对粮食的调拨。为有效地调拨粮食，解决灾区的燃眉之急，中共中央、国务院重视对粮食调拨工作领导。1960年2月21日，中共中央批转李先念关于立即突击调运粮油棉和成立调运指挥部的报告，成立了由李先念负责，经委、铁道部、交通部、粮食部的主管负责人参加的粮、油、棉调运指挥部，协调组织粮食调运工作。同时，李先念建议各有关省、区也应成立相应的机构或者在原有的运输指挥部或交通委员会内加强粮、油、棉的调运工作，并指定一位副省长专门负责这项工作；在突击运粮期间，优先安排粮食运输。由于粮食仍然十分紧张，中央做出批示："必要时，各种物资的运输应该暂时为调运粮食让路，务求保证完成运粮任务。"②国家经济委员会同有关部门研究，对调出粮食省、区的汽车计划配额提前拨给，并归还以前从这些省、区借调的汽车。各省、区为加强短途运输，除加强人民公社的专业运输队以外，还根据运输任务的需要，组织了必要的副业运输队参加突击运输。与此同时，中央有关部门还要求各地对所需的轮胎和各种修配器材立即设法解决，并调集一些物资（包括汽油、篷布和修补汽车轮胎所需要的少量橡胶）立即分配给急需补充的地区，支持运粮工作。③另外，中央军委、外贸部门也给予很大的支持。1960年，军委

---

① 《当代中国的粮食工作》，中国社会科学出版社1988年版，第156-157页。
② 《建国以来重要文献选编》第13册，中央文献出版社1996版，第303-304页。
③ 《建国以来重要文献选编》第13册，中央文献出版社1996版，第305页。

借调1540辆汽车分配到各重点调粮省、区,参加突击运粮。周恩来还同外贸部商量,迅速进口1200多辆汽车交粮食部使用。① 这些措施在一定程度上保证了中央的粮食调拨和一些省对困难省份的物资支援。

国务院财贸办公室于1960年4月17日给中央呈递《关于紧急调运粮食的几项措施的报告》,对粮食紧急调运工作做出具体布置:第一,要求各调出粮食的省、区按时完成中央规定的第二季度粮食调拨计划,以大力支援北京、天津、上海、辽宁和灾区用粮。第二,要求各地按照粮食调拨计划立即进行切实的安排,抓紧短途集运,把各地应该调出的粮食,迅速集中到编组站和码头。宁使粮等车,也不要放空车,但是铁道、交通部门,应该千方百计地做到有粮就运。第三,在目前紧急调运粮食的五十天里,凡是可以缓运的物资都应该为调运粮食让路。各地交通运输部门,必须保证拨足调运粮食所需要的车、船,应该尽可能地做到随到随装随运。第四,各调出粮食的省、区交通沿线库存的粮食,有的虽然为数不多,必要时也可以考虑采取"先挖后补"的办法,以保证提前调出粮食。② 此报告很快得到中央的批准。

为了安排好粮食调拨,在困难时期,一般要经过三个程序,先是粮食部部长和地方协商;然后是中国共产党主管财贸工作的中央书记、国务院副总理出面商谈;1000万斤以上的粮食调拨,最后由国务院总理亲自定案。1959年以后,不仅年度粮食调拨计划由中共中央、国务院下达,季度调拨计划也由中共中央安排下达;到了1960年,有好多月度调拨计划也都由中共中央通知各级党委执行。至于粮食调拨计划的执行情况,粮食部主管人员经常向中共中央、国务院口头汇报,同时每旬(有时每五日)报送年度粮食进度调拨情况表。到1961年,由中央安排调拨的粮食,除了增加进口粮食外,又增加了很多列入中央开支的专项用粮,国务院总理周恩来

---

① 中共中央文献研究室编:《周恩来传》,中央文献出版社1998年版,第1663页。
② 《建国以来重要文献选编》第13册,中央文献出版社1996版,第304–305页。

亲自设计了一张《中央粮食调拨计划表》。①

调剂和调拨粮食，主要是两种做法，一是大量调出库存救济灾区。从 1954 年 7 月到 1955 年 6 月这个粮食年度，国家调往灾区的粮食达 53 亿公斤，仅调往灾情较重的河北省的粮食就达 18 亿公斤。1954 年的调粮，遍及 24 个省、区，动用的力量，从车运、马驮、人背，甚至连解放军的军舰也参加了运粮。四川省大小 77 条河道上有 1 万多只船参加运粮，参加的人数有 400 至 500 万人。②1960 年度，有 19 个省、自治区调出粮食，其中 11 个大米产区调出的 90.6 亿斤粮食中，有 72.8 亿斤是挖用库存。仅四川省就调出 25 多亿斤，黑龙江调出 18 多亿斤。二是进行季节性调剂。这主要是利用中国各地农作物收获时节差异的特点，每年夏秋季节将南方早熟的小麦、大麦、早稻等调到东北，接济那里秋粮收获前的市场供应（简称"以早济晚"）；在冬春季节，将东北晚熟粮食返调给关内缺粮地区渡过春荒（简称"以晚济早"）。1961—1962 年，省际季节性调剂的运量占省际总运量的 12.3%。③这种做法，在粮食困难情况下，是十分必要的，对保证军需民食也起了积极作用。但是，它也浪费了运力和增大了开支。由于三年困难时期的严重情况，粮食收支逆差不断扩大，单靠省与省之间的粮食调拨已经不能完全解决问题。同时，大规模的粮食调运也增加了运输成本，财政支出增多。因此，1961 年 9 月，中共中央规定，农村产粮地区的缺粮大队，国家一般不再供应粮食，主要是在大队与大队、公社与公社之间进行余缺调剂。调剂的原则是：自愿互利，等价交换，借啥还啥，不能平调。双方订立合同，严格按合同办事。④这种由社队集体组织就地余缺调剂的办法，在一定程度上解决了部分社队的缺粮问题，也减轻了国家的粮食运输负担。

---

① 《当代中国的粮食工作》，中国社会科学出版社 1988 年版，第 120 页。
② 《当代中国的民政》（下），当代中国出版社 1994 年版，第 50 页。
③ 《当代中国的粮食工作》，中国社会科学出版社 1988 年版，第 120-122 页。
④ 《当代中国的粮食工作》，中国社会科学出版社 1988 年版，第 115 页。

同时，针对那些有偿还能力而通过社会调剂又不能完全解决困难的生产队，可以由国家借销一部分粮食给他们，到下一季度或者下一年收成比较好的时候再还给国家。这个办法受到了广大农村基层干部和社员的欢迎。以辽宁省为例，该省1962和1963两年共借销粮食24303万斤，到1963年末收回3070万斤，占12.6%。收回的粮食虽然不多，但对弥补国家粮食不足，稳定粮食局势，促进农业生产都起到了一定的作用。同时，借销还可以促进群众计划用粮、节约用粮，国家可以少销粮食。兴城县有的公社在1962年7—9月份原报缺粮29万斤，要求国家供应。由于采取借销的办法，公社只要求借粮15万斤。1963年辽宁全省农村粮食销售比1962年减少3.4亿斤，实行借销办法是一个重要原因。①

对灾民的口粮安排标准，随生活水平的提高而逐步提高。20世纪50~60年代，国家提倡"闲时少吃，忙时多吃""低标准瓜菜代""参加劳动的人多吃一点，不参加劳动的人少吃一点"，救济标准也比较低。1963年，中共中央、国务院《关于生产救灾工作的决定》指出："以生产队为单位计算，因灾减产；每人每天的口粮平均不足半市斤的，国家尽力供应，保证吃到半市斤。"在实际执行中，各地都保证供应到平均每人每天400克。②

第三，加大粮食进口力度。为救济灾害引发的灾荒，在国内粮食供应不足的情况下，批量进口粮食是解决灾区群众生活问题的应急举措。在周恩来和陈云的建议下，1960年底，中共中央决定从1961年开始进口粮食。1961年3月20日在中共中央广州会议上，李先念说："今年计划进口500万吨粮食，明年还计划进口350万吨或者更多些。"③同年5月，陈云在外贸会议上也强调："解决国内市场供应问题的次序，是先吃后穿。吃的方面，先粮食后副食品。""稳定市场，关键是进口一些粮食。""把粮

---

① 《当代中国的粮食工作》，中国社会科学出版社1988年版，第119页。
② 《当代中国的民政》（下），当代中国出版社1994年版，第50页。
③ 《李先念论财政金融贸易》上卷，中国财政经济出版社1992年版，第448页。

食拿进来,这是关系全局的一个重大问题。进来粮食,就可以向农民少拿粮食,稳定农民的生产情绪,提高农民的生产积极性。"①

为做好粮食进口工作,中央成立了进口粮食接运工作组(各港口也建立了相应的组织)。在有关部门通力协作下,1961年第一季度共进口10亿斤,第二季度又进口了33亿斤。② 如表13所示,三年困难时期之后,中国粮食净进口量年比之前的年份都有大规模的增加。大量的进口粮食,在一定程度上缓和了粮食的供需矛盾,稳定了粮食市场,对于减少国家对社队集体的粮食征购量,减轻人民负担,支援农业生产,促进经济作物的恢复和发展,都起到很好的作用。

表13 1956—1976年中国粮食进出口变化

年份 \ 进出口量	出口量(万吨)	进口量(万吨)	净出口量(万吨)
1956	265.12	14.92	250.2
1957	209.26	16.68	192.58
1958	288.34	22.35	265.99
1959	415.75	0.20	415.55
1960	272.04	6.63	265.41
1961	135.50	580.97	−445.47
1962	103.09	492.30	−389.21
1963	149.01	595.20	−446.19
1964	182.08	657.01	−474.93
1965	241.65	643.78	−402.13
1966	288.5	643.78	−355.28
1967	299.44	470.19	−170.75
1968	260.13	459.64	−199.51
1969	223.75	378.63	−154.88
1970	211.91	535.96	−324.05
1971	261.75	317.32	−55.57
1972	292.56	475.62	−183.06
1973	389.31	812.79	−423.48
1974	364.39	812.13	−447.74
1975	280.61	373.5	−92.89
1976	176.47	236.65	−60.18

① 《陈云文选》(1956-1985),人民出版社1984年版,第147-148页。
② 《当代中国的粮食工作》,中国社会科学出版社1988年版,第123页。

资料来源：《中国农村经济统计大全(1949-1986)》，农业出版社1989年版，第520、534页。

"文化大革命"期间，鉴于三年困难时期的严重教训，国务院采取了保持粮食进出口外汇收支平衡的原则，有进有出，增加粮食进口的正确决策，即以出口换汇率较高的粮食品种，进口国际市场上价格较低的粮食品种，使粮食数量进口大于出口，而外汇结算则基本保持收支平衡。用这种精打细算的办法，掌握较多的进口粮，渡过难关。

（三）精减职工的救助

1962年5月，为了保证国民经济调整工作的顺利进行，继续加强农业战线，争取财政经济状况的根本好转，中共中央、国务院发出《关于进一步精减职工和减少城镇人口的决定》，强调指出：必须坚决缩短工业战线，调整商业体制，缩小文教规模，精简行政机构，进一步地精减职工和减少城镇人口。《决定》明确了全国职工人数以及工业、基本建设、交通运输邮电、财贸、文教卫生、城市公用事业、国家机关和党派团体分别精减的具体指标。

为了顺利地进行国民经济调整工作和圆满地完成精减职工任务，1962年6月，国务院制定了《关于精减职工安置办法的若干规定》，明确了回乡、下乡的职工的待遇，并对于精减下来的老、弱、残职工提出了如下安置办法：（1）凡是合乎退休条件的，按照1958年2月公布施行的《国务院关于工人、职员退休处理的暂行规定》做退休安置。职工退休后，在3个月内其原口粮定量标准不变，从第4个月，一律按照脑力劳动者的口粮定量标准供应。对于退休职工生活用工业品的供应，实行当地在职职工的供应标准。（2）全部或者大部分丧失劳动能力，不合乎退休条件的老、弱、残职工，可以做退职处理。其中家庭生活有依靠的，执照《国务院关于工人、职员退职处理的暂行规定（草案）》发给退职补助费；家庭生活无依靠的，不发给退职补助费，改由当地民政部门按月发给救济费，救济费的标准为本人原标准工资的30%，作为本人的生活费用，他们的家属生活有困难的，另按社会救济标准给予救济。对于按月领取救济费的退职职工，原单位应当在他们退职的时候发给领取救济费的证明，同时通知退职职工居住地的县（市）民政部门予以登记。（3）1945年8月底以前（即抗日战争时期及以前）参加革命工作的干部和相当于副教授以上的高级知识分子，因年老、体弱不能工作，又不宜做退休、退职处理的，由原单位或者人事部门将他们列为编外人员，按照1955年12月发布施行的《国家机关工作人员病假期间生活待遇试行办法》的规定享受工资福利待遇，并且在政治方面按照各人的条件继续参加必要的会议、听报告和看文件。

根据《关于精减职工安置办法的若干规定》，精减下来无家可归和城镇中无法安置但有下乡条件的职工可以安置到农场（也包括牧场、林场、渔场）。该《规定》指出：首先，现有的生产条件许可的国营农场应当积极吸收安置一批。其次，企业、事业、机关自办的农场安置一部分（这部分职工不再计入原单位的编制定员人数）；这类农场应当另列编制，独立核算，并且力求尽早实现经费、粮食自给。再次，各地还可以在条件较好、所需投资较少和收效较快的地方，开办一些新的农场，来进行安置。新建农场所需的投资和某些原有农场补充的投资，则各省、自治区、直辖市根据力求节约的精神提出计划，提请大区审核后，报告国务院审批。到农场劳动的职工如果是属于关闭、合并的单位，应当由地方的和原单位的主要领导干部带头，成批地前去。到农场劳动的职工的工资，则农场发给，第1年仍执行本人原来的工资标准；满1年后，改行农场职工的工资标准，但是可以另加发本人原来的标准工资的30%~50%的津贴1年；满2年后，即完全执行农场的工资制度。①

为进一步解决国民经济调整时期精减退职困难老职工的生活问题，1965年6月，国务院发出《关于精减退职的老职工生活困难救济问题的

---

① 《陕西省人民委员会转发国务院＜关于精减职工安置办法的若干规定＞的通知》，《陕西政报》1962年第3期。

通知》，再一次明确了具体的救助措施。该《通知》指出：（1）对于从1961年到本通知下达之日期间精减退职的1957年底以前参加工作并发给了一次性退职补助金的职工，凡是现在全部丧失能力，或者年老体弱，或者长期患病影响劳动较大，而家庭生活无依无靠的，由当地民政部门按月发给本人原标准工资40%的救济费（以下简称救济费）。（2）凡是已经按月享受本人原标准工资30%救济费的退职老弱残职工，从本通知下达后的一个月起，一律改为按本人原标准工资40%发给救济费。（3）退职老弱残职工所领取的救济费，除了作为本人生活费（稍高于当地一般居民）以外，所余部分，应当作为家庭收入；其家庭生活仍有困难的，再按照社会救济标准给予救济。（4）凡享受救济费的退职老弱残职工本人的医疗费用，凭医疗单位的收费凭证由民政部门补助2/3，本人负担1/3。（5）退职的老弱残职工，享受救济以后，他们原来所领的一次性退职补助金，一般地可以不再扣还；但对那些退职不久而所领取的退职补助金数额较大的，可以酌情扣还。（6）退职老弱残职工申请救济费时，必须持有原精简机关、企业、事业单位的证明（证明内容为参加工作时间、退职时间、原标准工资数额），原单位撤销的，由原单位上级主管部门证明，经县、市以上民政部门审查批准后发给救济证，按月给以救济。（7）对1961年到本通知下达之日期间精减退职的1957年底以前参加工作的职工中，凡是不符合本通知第一条规定的身体条件而生活困难的，由民政部门给予社会救济，应使他们的生活不低于当地一般居民；职工本人的疾病医疗费用，如果本人负担确有困难的，民政部门可以给予适当救济。（8）上述各项费用，均从退职老弱残职工救济费项目中开支。①1965年8月，内务部、劳动部、财政部关于贯彻执行国务院《关于精减退职的老职工生活困难救济问题的通知》的联合通知，就切实做好精减退职的老职工的救济工作做出进一步

---

① 《关于精减退职的老职工生活困难救济问题的通知》，《山西政报》1965年第7期。

的说明和要求。在适用范围方面，国务院通知中的各项规定，适用于国营、公私合营企业、事业单位、国家机关、人民团体、民主党派以及在军事系统工作而无军籍的精减退职的老职工；不适用于集体所有制单位精减退职的人员。该《通知》指出：县、市以上民政部门对申请按月领取救济费的退职老职工，要认真负责地进行审批工作，防止偏严或偏宽。凡退职老职工所持的原精减单位的证明（包括退职证），已经注明了他们参加工作时间、退职时间、原标准工资数额，并且有居住地区的街道组织（公社）证明他们现在的身体和家庭生活情况，符合国务院通知第一条规定的救济条件的（即从1961年到1965年6月9日期间精减退职的1957年底以前参加工作并发给了一次性退职补助金的职工，凡是现在全部或者大部丧失劳动能力，或者年老体弱，或者长期患病影响劳动较大，而家庭生活无依靠的），应当及时批准，发给救济证，按月给以救济。为了便于退职老职工领取救济费，救济费可以由县（市辖区）、市民政部门直接发，也可以由指定的单位代发。要建立档案登记制度，不要因为人事更动而中断救济费的发放。享受按月救济的退职老职工本人的生活费，应当稍高于当地一般居民，具体标准，由省、自治区、直辖市民政厅、局根据不同地区的情况确定。国务院通知中规定的各项救济费用，不论城市或农村，一般在退职老弱残职工救济费中开支，并实行专款专用。①

为做好精减退职的老职工生活困难救济问题，内务部又做出《关于精减退职的老职工生活困难救济工作中若干问题的解答》，其中对退职老弱残职工中的新情况做了回答。比如，凡是戴着帽子的地主分子、富农分子、反革命分子和其他坏分子，不能享受40%救济费的待遇。但他们生活上有困难时，可按稍低于当地的社会救济标准给予救济；已经享受40%救济费待遇的，如果表现好，经过群众讨论同意和县、市以上民政部门批准，可

---

① 民政部政策研究室：《民政工作文件汇编》（二），地质出版社印刷厂印刷1984年，第327页。

不予撤销。①

在精减工作中，有相当一部分是老、弱、残职工，他们是1945年8月底以前（即抗日战争时期及以前）参加革命工作的干部和相当于副教授以上的高级知识分子，因年老、体弱不能工作，又不宜做退休、退职处理的。1962年6月国务院发布的《关于精减职工安置办法的若干规定》规定由原单位或者人事部门将他们列为编外人员，按照1955年12月发布施行的《国家机关工作人员病假期间生活待遇试行办法》的规定享受工资福利待遇，并且在政治方面按照各人的条件继续参加必要的会议、听报告和看文件。其他待遇并不明确。为了明确暂列编外的老、弱、残职工的范围及有关问题，1963年4月，国务院发出《关于老、弱、残职工暂列编外的通知》，对暂列编外的人员条件、生活待遇、恢复健康后的工作安排以及他们应算作企业的精减人数等问题做了规定。该《通知》指出：编外的老、弱、残职工的范围包括：（1）达到退休年龄，但不符合其他退休条件，工作上又不需要的年老职工。（2）患病连续停止工作一年以上，预计在今后一年仍不能恢复工作的体弱职工。（3）非因工负伤，在医疗终结后，完全或者大部分丧失劳动能力的残废职工。老、弱、残职工中，凡是符合退休条件的，应该按照退休办法处理，不做编外处理。老、弱、残职工暂列编外，必须事先经过本单位劳动鉴定委员会或者医务部门鉴定证明（必要时还必须由当地医院专门鉴定）在上一级主部门同意后，由当地市、县领导机关批准，干部要按照中央规定的干部管理制度的程序，分别由有关的干部管理部门批准。暂列编外的老、弱、残职工，算作精简减少的人数。暂列编外的老、弱、残职工，在处理以前，他们的生活待遇，老、残职工一般地按照本人工资标准的75%发给，体弱职工按照病假期间的待遇规定办理。所需经费，企业单位在营业外项下开支，事业单位、国家机关和群众团体在行政费内

---

① 民政部政策研究室：《民政工作文件汇编》（二），地质出版社印刷厂印刷1984年，第331页。

单另列项开支。这项经费不列入工资总额。老、弱、残职工暂列编外以后，不论仍然留居城市或者回到农村，在头3个月内，他们原来的口粮定量标准不变；从第四个月起，特重体力劳动者改按重体力劳动者口粮定量标准供应，重体力劳动者改按轻体力劳动者口粮定量标准供应，轻体力劳动者改按脑力劳动者的口粮定量标准供应，脑力劳动者口粮定量标准不变。他们的生活用工业品和副食品的供应，实行所在地在职职工的供应标准。①

与此同时，劳动部、内务部和全国总工会向国务院报送了《关于安置和处理暂列编外的老、弱、残职工的意见》（以下简称《意见》），对已列编外的老、弱、残人员可分别情况，按照适当放宽退休条件、安排适当工作、在本人自愿的原则下退职、保留身份停发工资、子女顶替等办法，进行安置处理。该《意见》指出：暂列编外的老、弱、残职工，凡具备下列条件之一的，可以做退休安置：（1）男女职工，凡是连续工龄和一般工龄符合1958年2月《国务院关于工人、职员退休处理的暂行规定》第二条第一、二两项，只是年龄相差几个月到一年的。（2）男女职工，凡是年龄和连续工龄符合《国务院关于工人、职员退休处理的暂行规定》第二条第三项，只是一般工龄相差在五年以内，身体衰弱丧失劳动能力的。符合上述条件的职工，其退休后的待遇，仍然分别按照《国务院关于工人、职员退休处理的暂行规定》相应的条款处理。退休后的口粮、生活用工业品及副食品的供应，仍然按照暂列编外的办法办理。暂列编外的体弱职工，在等待安置和处理期间，经过治疗和休养，已经恢复健康，经过劳动鉴定委员会或者医务部门鉴定合格的，由原单位或者其上级主管部门分配适当的工作。该《意见》指出：不符合退休条件又不能恢复工作的老、弱、残职工，本人自愿退职的，可以按照1958年3月《国务院关于工人、职员退职处理的暂行规定（草案）》做退职处理。其中：（1）家庭生活有依

---

① 《国务院关于老弱残职工暂列编外的通知》，《湖南政报》1963年第4期。

靠的，发给退职补助费，另加发4—6月本人标准工资，作为医疗补助费；（2）家庭生活无依靠的，不发给退职补助费和医疗补助费，改由当地民政部门按月发给救济费，救济费的标准为本人工资标准的40%（因病或者非因公残废，饮食起居需人扶助的，为本人工资标准的50%），作为本人的生活费用，直到家庭生活有依靠的时候为止。过去按照本人工资标准30%处理的，今后改按本人工资标准40%发给。按月领取救济费的退职职工，本人仍享受公费医疗待遇，由当地民政部门指定就医的医疗单位，所需费用，由当地民政部门负责开支。退职职工的家属生活有困难的，另按照社会救济标准给予救济。符合退职条件的职工，如果病情严重，应该暂缓处理。

该《意见》指出：暂列编外的老、弱、残职工，本人要求保留原来身份、不领工资、不办退职手续、回乡或者回家的，可以批准，并且发给证明。回乡或者回家以后，本人可以继续享受公费医疗待遇，由原单位负担其医疗费用。此后本人要求退职的，可以做退职处理；符合退休条件的，可以做退休处理。保留原来身份的体弱职工在恢复健康以后，如果本人要求工作，原单位或者其上级主管部门应该负责安排。原来久居城市的老、弱、残职工，如果退休、退职后家庭生活有困难的，原单位可以在编制定员人数以内，吸收他们合乎条件的、居住城市的子女参加工作（矿山井下工人和森林采伐工人的子女，不论居住城市或者农村，在定员以内都可以吸收），动员本人退休、退职。以上办法，不适用于继续留编制以内的老、弱、残职工。①

国务院基本同意这一报告，并批转各地区、各有关部门选择一些单位进行试点，以取得经验。1964年3月，劳动部、内务部、财政部和全国总工会在总结各地区和有关部门试点工作的基础上，向中共中央、国务院提出了《关于老、弱、残职工暂列编外以及安置处理工作的报告》，对解决安置近20万老、弱、残职工工作中的问题提出了解决办法。中共中央、

---

① 《国务院关于老弱残职工暂列编外的通知》，《湖南政报》1963年第4期。

国务院将这一报告批转各地区、有关部门、各人民团体和解放军总政治部参照执行。该《报告》就老、弱、残职工暂列编外以及安置处理工作，提出如下补充意见：（1）对于尚有一定劳动能力，能够坚持轻便工作的老、弱、残职工，应当尽可能地安排他们做力所能及的工作。据了解，各方面提出的老、弱、残职工中，一部分人确实已经基本丧失劳动能力，而不好安排工作；但是，也有不少人身体虽弱，还能够做轻便工作。对于可以做轻便工作的老、弱、残职工，自己能找到出路的（例如参加手工业生产、服务行业工作等）或自愿退职的，可以做退职处理；不能做退职处理的，应当尽可能地安排他们做力所能及的工作，不要暂列编外，否则，既不利于合理使用劳动力，也会引起这些人的不满和处理上的困难。北京市丰台桥梁厂上年采取了强弱调剂、合理使用劳动力的办法，在老、弱、残职工212人中，有188人（占这类职工总人数的88.6%）安排了适当工作，不仅各方面的人都满意，而且对生产也有益。这种做法，是很好的。（2）适当放宽老、弱、残职工暂列编外的条件。除了国务院原来规定的老、弱、残职工暂列编外的条件仍然应当继续执行以外，下列老、弱、残职工，也可以暂列编外：患病体弱，不能坚持正常工作，在近两年内累计工作不满一年，现停工休养，预计今后一年内仍然不能恢复正常工作的职工；因病致成残废、完全或者大部分丧失劳动能力，或者患较严重的精神病，不能正常从事工作的职工；患矽肺病、煤肺病以及因吸收有毒有害物质而感染严重的难以医治的职业病，停止工作在1年以上的职工。此外，对于1958年以来参加工作，连续工龄满3年以上的职工，也可以按照1957年底以前参加工作的职工暂列编外的条件，暂列编外。（3）适当地降低暂列编外的老、残职工的生活待遇。前规定老、残职工暂列编外以后的生活待遇，按照本人标准工资的75%发给，与退休待遇（一般的为本人标准工资的40%～70%）比较，确是高了一些，不利于进一步的安置处理。因此，将暂列编外的老、残职工的生活待遇，可以改为：一九五七年年底以前参加工作的职工一般按照本人标准工资的60%发给，其中连续工龄满十五年的职工和省、自治区、直辖市的劳动模范、先进生产者以及有特殊贡献的职工，可以高一些，但不要超过本人标准工资的70%（以前暂列编外的老、残职工已经享受本人标准工资75%待遇的，如何处理，由各地方按照当地具体情况决定）。关于1958年以后参加工作、连续工龄满3年以上的暂列编外的老、残职工的生活待遇，一般按照本人标准工资的50%发给，其中省、自治区、直辖市劳动模范、先进生产者以及有特殊贡献的职工，也可以酌情提高，但不要超过本人标准工资的60%。因患矽肺病停止工作1年以上的职工，在暂列编外以后的生活待遇，仍然按照国务院国经周字100号文批转劳动部等五个部门《关于防止矽尘危害工作会议的报告》第三项的规定办理。至于暂列编外的体弱职工的生活待遇，因为涉及劳动保险条例等有关规定的重大修改，情况比较复杂，仍以按照病假期间的待遇规定办理为宜。对于暂列编外的老、弱、残职工的生活费的开支：属于企业单位的，患职业病的职工，由企业直接支付的劳动保险费用项下开支；停工休养已享受疾病救济费的体弱职工，从劳动保险基金中开支（未提劳动保险金的单位，由企业直接支付），老、残的职工，均在营业外项下开支；属于事业单位的，均在事业费项下开支；属于国家机关和群众团体的，均在行政费内单另列项开支。（4）关于老、弱、残职工暂列编外以后，进一步的安置处理办法，去年四月间国务院曾批转了"劳动部、内务部、全国总工会关于安置和处理暂列编外的老、弱、残职工的意见"，要各地方、各部门进行试点，待各地方、各部门将试点中发现的问题和取得的经验送来以后，再行研究确定。在安置处理办法上，可以先适当地放宽老、弱、残职工退休、退职以后子女等顶替工作的条件。即完全或者大部分丧失劳动能力需要做退休、退职处理的老、弱、残职工，不论暂列编外与否，凡是他们家居城镇合乎条件的子女和其他赡养亲属，都可以顶替；矿山井下工人、林业采伐工人、地质勘探工人、盐场工人和其他能够迁回农村居住的职工，在退休、退职以后，他们家居农村的合乎条件的子女和其他赡养亲属，也可以顶替。顶替时，必须先行或者同时办理被顶替职工的退休、退职手续。无论定员是否已满，都可以进行顶替，但是由于顶替而超过定员时，企业的上级主管部门和地方劳动部门，应当按照劳动计划统筹安排，将多余的职工调剂到其他企业、事业单位去，以免浪费劳动力。这样做，既能够使企业以弱换强，有利于生产，又能够使这些职工的赡养亲属得到妥善安排，使他们的生活较有保障，有利于减少安置处理工作上的阻力。（5）妥善地安置和处理老、弱、残职工，是一项十分复杂的工作，它体现着党和国家对工人阶级的关怀，也关系到广大工人阶级群众的切身利益。这项工作做好了，将会鼓舞广大职工群众的政治热情和生产积极性，否则，也会产生消极作用。因此，我们建议各地党委加强对这一工作的领导，要求各有关部门和单位积极主动做好这一工作。并建议老、弱、残职工较多的城市，以劳动部门为主会同工会、民政、企业主管部门和卫生部门组成领导小组，负责通盘考虑和组织老、弱、残职工的安置处理工作，审查批准各单位关于老、弱、残职工安置处理的方案，总结和交流这方面的工作经验，解决安置处理中的问题，统筹调剂安置尚能做轻便工作而本单位无法安排工作的职工。各部门和各单位要发扬共产主义风格，照顾全局利益，从有利于安置，有利于生产出发，把困难留给自己，把方便让给别人。凡是本部门本单位能够解决的问题，不要提到上级去，要乐于接纳本部门可以安置能做轻便工作的老、弱、残职工。在安置处理工作中，各单位行政方面和工会组织要特别注意做好思想政治工作，深入进行调查研究，妥善处理和解决有关的每个职工的具体问题，使老、弱、残职工及广大职工群众在安置处理老、弱、残职工过程中受到教育，进一步提高他们热爱党、热爱毛主席、热爱国家的思想和工作积极性。[1]

---

[1] 《中共中央、国务院批转劳动部、内务部、财政部、全国总工会关于老、弱、残职工暂列编外以及安置处理工作的报告》http://www.china.lawedu.com/news/21602/4000/43/2003/8/he94902527341318300265875_91165.htm

在国家的积极引导和支持下，精简的退职老弱病残职工得到了较好的救助。据统计（见表14），从1963年开始，享受40%救济的退职老弱病残职工人数由当年的8733人增加到1966年的106422人，并稳定在10万人左右，并对这些困难职工进行了救助。

表14　1963—1977年的全国退职老弱病残职工情况

年份	享受40%救济的退职老弱病残职工人数（人）	退职老弱病残职工救济费（万元）
1963	8733	
1965	45600	
1966	106422	2129
1967	100223	2382
1971	100669	
1972	88341	1924
1973	96833	2505
1974	88056	3546
1975	88019	2228
1976	93129	2246
1977	90862	2340

资料来源：《全国民政事业统计资料汇编》（1950-1977），京安印刷厂1979年12月，第769页。

（四）农村五保户的救助

1956年底，对农业、手工业和资本主义工商业的社会主义改造完成以后，社会主义经济成分在国民经济结构中确立了巩固的统治地位，以公有制为标志的社会主义计划经济体制建立起来，农村社会救助工作也进入了新的历史时期。早在1953年10月、11月间，毛泽东关于农村互助合作的两次谈话中，提出了通过改变农村生产关系，依靠合作社这个农村集体组织对农村的鳏寡孤独等弱势群体进行救助的设想。他认为，农村有"百分之十左右的缺粮户，其中有一半是很困难的，鳏寡孤独，没有劳动力，但是互助组、合作社可以给他们帮点忙"。"现在农民卖地，这不好。法律不禁止，但我们要做工作，阻止农民卖地。办法就是合作社。互助组还不能阻止农民卖地，要合作社，要大合作社才行。大合作社也可使得农民不必出租土地了，一二百户的大合作社带几户鳏寡孤独，问题就解决了。小合作社是否也能带一点，应加研究。互助组也要帮助鳏寡孤独。"所以，"对于个体经济实行社会主义改造，搞互助合作，办合作社，这不仅是个方向，而且是当前的任务"。1954年一届全国人大颁布的中华人民共和国第一部宪法就明确规定："中华人民共和国劳动者在年老、疾病或者丧失劳动能力的时候，有获得物质帮助的权利。"从而使对鳏寡孤独残疾人的照顾有了法律依据。1955年，毛泽东在《中国农村社会主义高潮》一书的按语中特别指出："一切合作社有责任帮助鳏寡孤独缺乏劳动能力的社员（应当吸收他们入社）和虽然有劳动能力但是生活上十分困难的社员，解决他们的困难。"1956年1月，中国共产党中央委员会提出并经国务院通过了《一九五六年到一九六七年全国农业发展纲要（草案）》，其中第三十条规定："农业合作社对于社内缺少劳动力、生产没有依靠的鳏寡孤独的社员，应当统一筹划，指定生产队或者生产小组，在生产上给予适当的安排，使他们能够参加力能胜任的劳动；在生活上给予适当的照顾，做到保吃、保穿、保烧、保教、保葬，使他们的生养死葬都有指靠。"同年6月30日，一届全国人大三次会议通过的《高级农业生产合作社示范章程》也明确规定："农业生产合作社对于缺乏劳动力或者完全丧失劳动力，生活没有依靠的老、弱、孤、寡、残疾的社员，在生产上和生活上给予适当的安排和照顾，保证他们的吃、穿和柴火的供应，保证年幼的受到教育和年老的死后安葬，使他们生养死葬都有依靠。"这两个文件是最早提出关于农村五保户供养的法规性文件，明确提出了对生活没有依靠的老、弱、孤、寡、残疾社员，给予保吃、保穿、保烧，给予年幼的保教和年老的死后保葬，简称五保。享受这种照顾的人和家庭被人们称之为"五保户"，有关这方面的政策也就称之为五保政策。五保政策成为中国共产党在农村的一项长期政策，成为中国共产党和中国政府的一项经常性工作。据1958年统计，全国农村享受五保的有413万户，519万人。

1957年10月，中共中央通过的《一九五六年到一九六七年全国农业发展纲要》（修正草案）进一步指出：农业合作社对于社内缺乏劳动力、生活没有依靠的鳏寡孤独的社员，应当统一筹划，指定生产队或者生产小组在生产上给以适当的安排，使他们能够参加力能胜任的劳动；在生活上给以适当的照顾，做到保吃、保穿、保烧（燃料）、保教（儿童和少年）、保葬，使他们的生养死葬都有指靠。1961年3月中共中央工作会议通过的《农村人民公社工作条例(草案)》规定："有些地方,还可以只对生活没有依靠的老、弱、孤、寡、残疾的社员，家庭人口多劳动力少的社员，和遭到不幸事故、生活发生困难的社员，实行供给或者给以补助，其余的社员都按劳动工分的多少，进行分配。"1962年9月中共八届十中全会通过的《农村人民公社工作条例》（修正草案）规定："生产队对于社员粮食的分配，应该根据本队的情况和大多数社员的意见，分别采取各种不同的办法，可以采取基本口粮和按劳动工分分配粮食相结合的办法，可以采取按劳动工分分配加照顾的办法，也可以采取其他适当的办法。不论采取哪种办法，都应该做到既调动最大多数社员的劳动积极性，又确实保证烈士家属、军人家属、职工家属和劳动力少、人口多的农户能够吃到一般标准的口粮。社员的口粮，应该在收获以后一次分发到户，由社员自己支配。生产队按照丰歉情况，经过社员大会决定，可以适当留些储备粮，以便备荒防灾，互通有无，有借有还，并对困难户、五保户、加以适当的照顾。生产队储备粮的数目，一般不许超过本生产队在上交国家任务以后的可分配的粮食总量的百分之一，最多不许超过百分之二。丰年的储备可以多些，平年可以少些。生产队的储备粮，由生产队自己保管，生产大队和公社都不许调动。储备粮的使用，要由社员大会讨论决定，并且规定一套便利于群众监督的适当的管理制度，避免干部多吃多占。""生产队可以从可分配的总收入中，扣留一定数量的公益金，作为社会保险和集体福利事业的费用，扣留多少，要根据每一个年度的需要和可能，由社员大会认真讨论决定，不能超过可分配的总收入的百分之二到三。公益金怎样用，应该由生产队社员大会讨论决定，不能由少数干部自由支配。生产队对于生活没有依靠的老、弱、孤、寡、残疾的社员，遭到不幸事故、生活发生困难的社员，经过社员大会讨论和同意，实行供给或者给以补助。对于生活有困难的烈士家属、军人家属和残废军人，应该给以适当的优待。对于家庭人口多劳动力少的社员，生产队应该根据他们的劳动能力，适当安排他们的工作，让他们能够增加收入，除此以外，经过社员大会讨论和同意，也可以给他们必要的补助。这些供给和补助的部分，从公益金内开支。对于因公负伤的社员的补助，对于因公死亡的社员的家庭的抚恤，也都从公益金内开支。"

针对人民公社化后部分地区五保户、困难户的生活困境，内务部在1963年发出了《关于做好当前五保户、困难户供给、补助工作的通知》，对五保户、困难户的生活照顾做了进一步的规定。该《通知》指出：去冬以来，随着《农村人民公社工作条例（修正草案）》的深入贯彻，各地对五保户、困难户的供给、补助工作也大大加强了。但是，各地还有一部分生产队，五保户、困难户的生活问题没有得到很好解决，有些地区这类队占20%左右。目前在这类队中已经出现了少数五保户、困难户破产渡荒，缺粮断炊，外出讨饭，甚至非正常死亡等严重现象。因此，希望各地民政部门对1962年公益金的扣留使用情况和1963年公益金的扣留、开支计划，进行调查，发现问题及时解决。5月17日，内务部转发广东省民政厅《关于对农村五保户、困难户供给、补助办法的意见》。广东省民政厅明确了对农村五保户、困难户进行供给、补助办法。其主要内容包括：五保户的条件和补助标准、做法；困难户的条件和补助标准、做法；供给五保户、困难户的办法和时间；供给、补助费用的负担。内务部要求各级人民政府要切实加强对五保户、困难户工作的领导，认真督促民政等有关部门，积极协助社队做好对他们的供给和补助。

在农业合作社和人民公社时期，集体安排照顾五保户的生活，主要采取的办法有：一是对有一定劳动能力的五保对象，安排照顾他们从事力所能及的生产劳动，例如，养猪、羊，看场院、园田等，并适当照顾工分，保障他们的生活相当一般群众的生活水平。二是补助劳动日。对丧失劳动能力的五保对象，按全社、队每人一年的平均劳动日数，补助给五保户，同其他社员同样参加分配。三是补助款物。按五保内容规定的吃、穿、烧、教等标准，计算出所需的款物数，直接分给五保户现款和实物。四是年老体弱病残人员，日常生活自理有一定困难的，安排专人照料他们的日常生活。绝大多数五保户的生活安排较好，孤老残幼人员感到满意。

随着农村经济的不断发展，为解决一些老年人无人照料的问题，一些地方开始试办敬老院。尤其是1958年12月，中央八届六中全会通过的《关于人民公社若干问题的决议》指出："要办好敬老院，为那些无子女依靠的老年人（'五保户'）提供一个良好的生活场所。"此后，敬老院迅速在全国各地发展起来。据1958年底统计，全国办起敬老院15万多所，收养300余万老人。[①] 但受"大跃进"运动的影响，全国出现了一哄而起办敬老院的现象。许多敬老院的条件较差，难以巩固，被迫解散。据1962年统计，全国敬老院仅存3万所，在院老人仅有55万人，比1958年分别减少了80%和81.67%。[②]

"文化大革命"期间，五保工作受到严重影响。一些地方的五保户救助工作陷入停滞，有些地方五保户救助的质量有所下降。

总之，计划经济体制时期，中国农村五保户救助有鲜明的时代特征。五保户救助主体非常明确，即救助责任主体在农业生产合作社时期是生产队或者生产小组，人民公社时期是生产大队或者生产小队。五保户救助的物质保障由集体负担，其来源于集体收益。

（五）特殊群体的救助

1. 归侨、侨眷、侨生的救助

侨务工作是中国共产党统一战线工作和中国共产党领导下的中华人民

---

① 《当代中国的民政》（下），当代中国出版社1994年版，第106页。
② 《当代中国的民政》（下），当代中国出版社1994年版，第107页。

共和国政府工作的重要内容。民政部门始终积极地贯彻执行党和政府的各项侨务政策，配合侨务工作部门做好归国华侨的安置工作，对生活有困难的归国华侨给予社会救济。

新中国成立初期，一大批爱国华侨回国参加建设，其中有一部分人生活困难，无安家能力。各地民政部门对无家无亲可投的老弱残疾归侨，及时给予了社会救济。一些未设侨务工作部门的省、自区、直辖市和县级单位，当地民政部门不仅承担社会救济工作，还承担了归国难侨的接待和安置工作。对于华侨学生，由于他们"绝大多数在国内没有家庭依靠，回国以后还需要补习课程，程度低考不上正规学校的，或者是过了考期才回国的，都需要进行补习，这是他们回国以后本身无法解决的困难。为解决这些困难，人民政府的侨务部门在北京、广州、厦门等地设立了招待所和归国华侨学生中等补习学校，并且在广东汕头、海口等地设立了华侨学生补习班，专为新回国的华侨学生补习课程，成为归国华侨学生投考正规学校的桥梁。随着华侨学生回国人数的不断增加，人民政府根据需要和可能，先后在北京、广州、厦门等地建筑了必需的校舍，开办了三所归国华侨学生中等补习学校，统一办理回到北京、广东、福建的归国华侨学生的接待、文化课程补习以及分送正规学校等各项工作。这就使得他们在入学前生活上、学习上的困难获得了解决，同时也为今后进一步加强归国华侨学生工作打下了基础"。在生活上，"归国华侨学生绝大多数依靠国外家庭汇款接济，以自费解决其学习和生活费用。但是也有些归国华侨学生，如由菲律宾、泰国等地区归国的华侨学生，由于当地政府限制侨汇，得不到自己父母寄来的所必需的费用。人民政府的教育部门对于一部分经济上有困难的归国华侨学生，分别不同情况地给予必要的照顾。除了在高等学校和中等专业学校学习的归国华侨学生全部享受人民助学金外，在普通中学学习的，也和国内贫苦同学一样，可以享受人民助学金；对特别困难的还另外给予必要的补助。"①

在社会主义改造运动中，国家"动员、团结一切可能动员和团结的力量，充分发挥广大侨眷、归侨的爱国热情和社会主义积极性，参加祖国的社会主义事业"，在农村，"新从国外回来的华侨，凡愿意入社，可随时准其入社。对于入社侨眷、归侨的耕牛、农具、果树、鱼塘入股或现金投资，应同其他农民一样处理。坚决禁止合作社对侨眷、归侨强迫捐献和强迫侨眷将侨汇投资的作法。对于缺乏劳动力，生活无依靠的鳏寡孤独侨户，如有尚未入社转社的，应即把他们吸收进来，并按规定逐步做到保吃、保穿、保教、保烧、保葬。"② 至1954年，归国侨胞中的72100多人，积极响应国家"生产自救"的号召，依靠自力和亲朋乡里的互助互济，回家生产，或经营工商各业，或参加工作；45000人左右的学生，都经分配在各地各级学校学习，或正在北京、广州、福建的华侨中等补习学校补习功课；确有困难、必需政府协助的60876人，也经人民政府各级侨务机关做了适当的安置。国家为此曾抽出一批工作人员，拨出相当的经费，在广州、汕头、海南、福建、安东、天津等地，先后设立了华侨服务站等专门机构，解决侨胞的实际困难，并动员侨区人民帮助他们安家立业。③

20世纪50年代末，国外掀起来一股反华、排华对风潮，造成归侨、侨眷和归国华侨学生的生活困难。1959年12月9日国务院发出《关于归侨、侨眷和归国华侨学生因国外排华所引起的生活困难问题解决办法的通知》，对救助生活困难的侨眷、华侨做出规定：（1）对依靠侨汇生活、因国外排华而引起侨汇中断以至学习和生活受到影响的归国华侨学生，可以适当放

---

① 石毅夫：《中华人民共和国保护国外华侨的正当权利和利益》，《人民日报》1954年10月6日。
② 方方：《目前国内侨务工作若干政策问题——1956年6月8日在第四次侨务扩大会议上的报告（摘要）》，《人民日报》1956年6月10日。
③ 高启源：《中华人民共和国保护国外华侨的正当权利和利益》，《人民日报》1954年10月6日。

宽助学金的比例。归国华侨学生较为集中的学校，可以在省、市统一安排下，根据实际情况增加助学金的名额，如助学金名额超过预算，可上报中侨委统一解决。对这些学生的御寒、医药或其他必须解决的生活问题，各地可采取银行小额低利贷款或临时补助的办法解决。在寒假期间，尽可能组织归国华侨学生进行一些文娱、参观等活动，使他们不致因国外排华、亲人汇款中断而退学或情绪有更大的波动。（2）对那些子女多、部分依靠侨汇生活、因侨汇中断而感到困难的归侨职工，可采取补助、救济或银行小额低利贷款办法，解决他们有关疾病、子女教育等问题。（3）对原来依靠侨汇生活，因侨汇中断而生活困难的城市侨眷、归侨，也应注意给予适当安排。凡是有劳动能力而尚未参加生产劳动的，可以安排他们参加生产劳动或其他行业，组织他们从事家庭副业；对其中个别生活困难而又不能参加劳动的，可在社会救济项下解决，也可采取银行低利贷款的办法解决。（4）农村中因侨汇中断而生活困难的侨眷，凡符合五保户条件的，由公社按五保户处理；一般可给以适当补助，或采取银行小额低利贷款的办法。①

根据国务院的指示精神，1960年1月，内务部、教育部、华侨事务委员会、人民银行总行联合下发了《关于对因国外排华而引起生活困难的归侨、侨眷和侨生给予低利小额贷款的几点意见》。各地民政部门积极贯彻落实这个文件精神，对归侨、侨眷和华侨学生贷款逾期尚未归还者，如争取恢复侨汇已困难，或断汇六个月以上，生活有困难的，从社会救济费内给予补助，保障其基本生活。对确实无法偿还贷款者，在设有侨务部门的地方，民政部门从社会救济费中支出经费垫还人民银行。

针对散居在城乡的生活困难的归国华侨，1962年，内务部发出《关于适当提高散居在城市和农村的归国华侨的救济标准的通知》，要求各地今后对于散居在城市和农村生活上有困难的归国华侨，在救济标准的掌握上，

---

① 《安徽省人民委员会转发国务院"关于归侨、侨眷和归国华侨学生因国外排华所引起的生活困难问题的解决办法的通知"的通知》，《安徽政报》1959年第12期。

可以本着适当照顾的精神，略高于当地的社会困难户。具体应高出多少，各地可以根据实际情况决定。1975年，外交部、财政部做出《关于对原在国外侨团、侨校、侨报长期工作的老归侨生活补助问题的规定》，从1957年起，民政部门对在侨居国反华、排华时由中国驻外使馆安排回国长期未做安置的老归侨；归国前在国外爱国侨团、侨校、侨报担任专职连续10年左右，拥护社会主义制度，执行中国侨务政策的，给予了定期救济，发给每人每月25元到30元。

但是，在"文化大革命"时期，国家的侨务政策遭到了严重的破坏，不少归侨受到迫害，归侨的社会救济工作也受到干扰。

2. 对麻风病人的救助

新中国建立初期，全国有麻风病人50余万，主要分布在长江以南和沿海地区。中国共产党和人民政府对防治麻风病工作很重视，1950年卫生部发布了《关于管理麻风应行注意事项的通报》，扶助麻风病人生产，给予生活救济。为使有关部门协同做好这一工作，中央人民政府政务院于1954年2月13日在《关于民政部门与有关部门的业务范围划分问题的通知》中规定："麻风病院已由卫生部门领导管理，革命残废军人和等待复员转业军人中之麻风病患者，由卫生部门负责接收治疗。已建立之麻风村，由卫生部门领导者仍归卫生部门管理，由民政部门领导者，其医药治疗及对收容病人的鉴别等，由卫生部门协助办理；麻风病人生活困难的救济问题，由民政部门负责解决；行政领导管理，由各地负责。"民政部门根据政务院的分工，积极配合卫生部门做好麻风村的管理和麻风病人的救济工作。根据1963年统计，全国有麻风村664个，共收治9.8万人。其中民政部门领导的麻风村332个，收治4万余人。各级民政部门积极配合卫生部门做好麻风病人的治疗和救济工作，取得了一定效果，到1963年底，已有3.2万人被治愈出院（村）。为了进一步加强对麻风病人的管理和治疗，1975年3月31日国务院和中央军委又批转了卫生、公安、财政、农林、商业、总后等有关部门《关于加强麻风病防治和麻风病人管理工作的报告》，进一步明确："卫生部门负责对麻风病的调查、防治和科学研究工作；农业部门负责帮助指导麻风村农副业生产；公安部门负责处理社会上对麻风病人残害和麻风病人的违法犯罪行为；民政部门负责麻风村病人的生活救济；商业、粮食部门负责麻风病人口粮、食油不足部分的供应补助，以及病人和工作人员的副食品、防护物资和其他生活物资的供应。"此后，国务院又多次强调按这个文件的要求办理。为此，民政部门逐渐将原领导的麻风村转交给卫生部门或当地政府管理，民政部门重点做好麻风病人的生活救济工作。由于各部门积极配合，中国在麻风病治疗上取得显著成绩。①

3. 对盲目流入城市人员的救助

新中国成立初期，旧社会遗留下大批生活无着的流浪人员，给本来脆弱的城市带来极大的压力。各级民政部门根据党和政府的指示，采取了分别不同对象、区别对待、妥善安排的措施，并进行了紧急救济和收容遣送工作。在社会主义改造运动中，随着工业化建设的开展，城市化进程加快，流入城市的人口急剧增加。1953年4月，国务院发布《关于劝止农民盲目流入城市的指示》，除再次明确反对农民盲目流入城市外，还就已经进城的农民提出处理意见。该《指示》指出，"现已进城的农民，除为施工单位所需要者外，应由所在地的人民政府劳动部门及民政部门会同工会和其他有关机关动员还乡。在处理过程中应采取慎重态度，对还乡路费确有困难者，可由民政部门适当予以补助，劝其迅速还乡；对目前生活确有困难者，应适当予以救济"；"凡系各建筑工程单位自由在农村招来的农民，或原来的预约工，其本单位认为目前不需要时，均一律由各该单位负责处理，动员其还乡，并发给路费"。②

1957年12月18日，中共中央、国务院发出《关于制止农村人口盲目

---

① 《当代中国的民政》（下），当代中国出版社1994年版，第94页。
② 《中央人民政府政务院关于劝止农民盲目流入城市的指示》，《山西政报》1953年第8期。

外流的指示》，其核心是制止农村人口盲目外流，其中城市和工厂区对"盲流"必须动员他们返回原籍，并严禁流浪乞讨。在农村人口流入较多的大城市设置收容所，"临时收容，集中送回原籍"；对于由外地流入本地农村的人，尚未安置的，也应当动员他们返回原籍。但是，对于流入某些地多、人少、劳动力不足的地区的人，如果本人愿意在那里长期安家从事农业生产，并经他原来所在的农业生产合作社开发或者补发证明信件，可以采取插社安置的办法给予安置。对于某些农民因有亲朋关系，自愿移到别地农村参加农业生产长期安家的，如果持有原证地合作社的证明信件，而又得新参加的合作社的许可，亦可以就地安置。①

三年困难时期，大批群众涌入城市。1961年，中共中央批转了公安部《关于制止人口自由流动的报告》，决定在大中城市设立收容遣送站，以民政部门为主，负责将盲目流入城市的人员收容起来，遣送回原籍。

对于一些老弱残幼人员，1962年2月，国务院发布了《关于安置自由流动人口的几项办法》，规定：对于流动人口中的老弱残幼人员，由当地民政部门安置；对有家可归的农民，动员并遣送他们回乡参加生产；对无家可归的屡遣屡返的人员，分别安置在农村或市、县举办的国营农场，并发给每人100元的安置、生活补助费。②这样，使绝大多数流动人员得到了妥善安置。

1962年以后，随着国民经济的日益好转，盲目流动人口大为减少。但是"社会上有一些长期流浪的人员，在全国各地到处游荡，乞讨偷摸，严重危害社会治安和社会主义建设。为了支援农业生产，维护社会秩序，各地民政部门已办了一些安置场所（包括农场、儿童教养院以及其他安置单位），收容了一些人。根据目前情况看来，还得筹办一些农场和其他安置

---

① 《关于制止农村人口盲目外流的指示》，《劳动》1958年第1期。
② 《安徽省人民委员会关于转发国务院"关于安置自由流动人口的几项办法"的通知》，《安徽政报》1962年第2期。

场所继续收容安置。要做好这项收容安置工作，真正使这些人稳定下来，不再流浪，需要有关部门共同协作，采取必要措施"。为此，1963年3月，内务部、公安部、粮食部、劳动部、商业部联合发出《关于解决民政部门领导的安置场所收容人员的户口、物资供应等问题的通知》，就解决收容安置长期流浪人员的户口、物资供应等问题做出规定：（1）民政部门对于需要收容安置的长期流浪人员，主要应该面向农村，送农村的安置场所安置；少数无依无靠、无家可归，长期流浪在城镇现在又不能送农村安置的，可以安置在城镇或近郊区的安置场所。（2）安置场所收容的长期流浪人员，凡是流浪时间在半年以上、情况已经审查清楚给予安置的，当地公安机关应当给予落户（正式户口）。其中原来有户口的，可以由当地公安机关通知原户口所在地办理迁移手续（或者回信说明户口已经注销）；原来没有户口的，可以由安置场所或者民政部门出具证明，向当地公安机关申报。对于安置以后经过一定时期的劳动和教育，改变游惰习气，需要处理的长期流浪人员，要在安置出路落实以后，再办理转移户口手续。（3）农场安置长期流浪人员需要的口粮，有条件的农场要力争生产自给；确实不能自给、需要国家补贴粮食的，可以由省、自治区、直辖市参照当地同类型国营农场口粮标准加以规定，纳入地方粮食统销指标之内。安置在儿童教养院和其他社会福利事业单位的残老和儿童，由当地粮食部门按照城镇居民的口粮标准供给。（4）安置场所安置长期流浪人员需要的生活日用品和副食品（包括棉布、鞋、食油等等）；商业部门可以按照当地规定的标准供应，需用劳保用品的，应按劳动部门和安置单位的原有规定办理。①

1964年3月3日，内务部、财政部发出《关于民政部门所属安置农场预算管理暂行规定的通知》，明确民政部门所属安置农场的经营管理，实行经济核算，并加强对农场的财务监督，以促使农场增产节约，减少国家

---

① 民政部政策研究室：《民政工作文件汇编》（二），地质出版社印刷厂印刷1984年，第392—393页。

补助，从1964年起，安置农场的财务收支纳入国家预算管理。这种对长期流浪人员"就地收容、安置改造"的政策取得了很好的成效。

"文化大革命"期间，收容遣送工作遭到严重破坏。一部分收容遣送站被撤销，一部分收容遣送站虽然继续工作，但收效甚差，社会上一部分长期流浪乞讨人员得不到及时的收容遣送和安置。

第四章 改革开放以来的社会救助

中共十一届三中全会以后,中国的改革开放和现代化建设取得了巨大成就,中国人民的生活水平有了极大提高,社会主义中国的面貌发生了历史性变化。但同时,由于经济体制的深刻变革、社会结构的深刻变动、利益格局的深刻调整,再加上社会、历史和自然的原因,中国经济社会发展呈现出不平衡、不协调、不可持续的问题,不可避免地出现了新旧社会弱势群体叠加的局面。这既检验着中国共产党的先进性本质,又考验着中国共产党的执政能力和执政水平。

一、农村困难群众救助

中国的改革开放首先是从农村起步的。农村联产承包责任制的实行,推动了中国农业生产的快速发展,极大提高了中国农民的生活水平。但由于历史、地理环境和个人条件的不平衡性和差异性,有些农村地区依然贫困,有些农民家庭急需社会救助。

(一)农村的贫困状况

中国是世界上最大的发展中国家,人口约占世界总人口的22%。在过去相当长的时期里,由于诸多原因,贫困一直困扰着中国。新中国成立后,中国共产党领导全国人民一直致力于发展生产、消除贫困的工作。但真正严格意义上的扶贫,是在改革开放以后提出并大规模实施的。

1. 改革开放前积累的贫困

改革开放以前,中国的社会主义建设取得了巨大成就,粮食产量有了极大提高,人们生活也有很大改善。如表15所示,1957年中国的粮食总产量达到19505万吨,人均粮食比1949年增加近100公斤。但是,由于随后的"左"倾冒进主义、平均主义和"穷过渡"政策,不切实际的大规模政治运动以及自然灾害和人口膨胀等原因,中国经济发展和人民生活水平在整个人民公社化时期出现停滞和倒退。

从粮食占有量看,如表15所示,1957年到1978年,中国的粮食产量总体上有所增加,但这些有限的增加量被不断膨胀的人口所消解。1978年中国的粮食产量是30477万吨,比1957年增加了10972万吨,但是,1978年中国的人口是9.6259亿,比1957年增加了3.1606亿。中国人均粮食占有量,1978年也仅有316.6公斤,比1957年仅多14.9公斤。

表15 中国1949—1978年粮食产量、人口和人均粮食量总览

年份	粮产量		人口		人均粮食
	总量(万吨)	增率(%)	数量(亿)	增率(%)	(公斤)
1949	11318		5.4167		208.9
1957	19505	1.18	6.4653	2.82	301.7
1958	19765	1.32	6.5994	2.03	299.5
1959	16968	−16.48	6.7207	1.80	252.5
1960	14385	−17.96	6.6207	−1.51	217.3
1961	13650	−5.38	6.5859	−0.53	207.3
1962	15441	11.60	6.7295	2.13	229.5
1963	17000	9.17	6.9172	2.71	245.8
1964	18750	9.33	7.0499	1.88	266.0
1965	19453	3.61	7.2538	2.81	268.2
1966	21400	9.10	7.4542	2.69	287.1
1967	21782	1.75	7.6368	2.39	285.2
1968	20906	−4.19	7.8534	2.76	266.2
1969	21097	0.91	8.0671	2.65	261.5
1970	23996	12.08	8.2992	2.80	289.1
1971	25014	4.07	8.5229	2.62	293.5
1972	24048	−4.02	8.7177	2.23	275.9

续表 15

年份	粮产量		人口		人均粮食（公斤）
	总量（万吨）	增率（%）	数量（亿）	增率（%）	
1973	26494	9.23	8.9211	2.28	297.0
1974	27527	3.75	9.0859	1.81	303.0
1975	28452	3.25	9.2420	1.69	307.9
1976	28631	0.63	9.3717	1.38	305.5
1977	28273	−1.27	9.4974	1.32	297.7
1978	30477	7.23	9.6259	1.33	316.6

资料来源：《新中国50年统计资料汇编》，中国统计出版社1999年版，第1、33页。

相应地，1957年到1978年，中国人均生活消费量也变化不大。如表16所示，至1978年，中国主要农产品人均消费量仍停留在1957年的水平，有些甚至低于1957年。到1978年，中国人均消费食品数量，粮食从203.06公斤降到196.46公斤，食用植物油从2.42公斤降到1.60公斤。就农村而言，很多农民还达不到这个平均数，导致很多农民家庭非常贫困。

从家庭消费结构看，如表17所示，1957年，农民家庭生活消费支出中，用于食品的支出占98.2%，其余支出只占1.8%。1965年的变化不大，1978年情况有了大大改善，但生活消费品支出中，用于食品支出所占的比重依然高达67.7%。

表16 中国人均生活消费量（1957—1978年）

年份	粮食（公斤）	食用植物油（公斤）	猪肉（公斤）	牛羊肉（公斤）	家禽（公斤）	鲜蛋（公斤）	水产品（公斤）
1957	203.06	2.42	5.08	1.11	0.50	1.26	4.34
1962	164.63	1.09	2.22	0.79	0.38	0.77	2.96
1965	182.84	1.72	6.29	1.02	0.36	1.42	3.33
1970	187.22	1.61	6.02	0.82	0.32	1.32	2.94
1975	190.52	1.73	7.63	0.72	0.35	1.63	3.26
1976	190.28	1.60	7.38	0.66	0.35	1.76	3.52
1977	192.07	1.56	7.25	0.71	0.36	1.85	3.23
1978	196.46	1.60	7.67	0.75	0.44	1.97	2.50

资料来源：《中国统计年鉴1990》，中国统计出版社1990年版，第293页。

表 17　全国城乡居民收入与支出表

年份	城镇居民家庭平均每人				农村居民家庭平均每人		
	可支配收入（元）	生活费收入（元）	生活费支出（元）总数	食品	纯收入（元）	生活费支出（元）总数	食品
1957		235.4	222	129.7	73	70.9	69.6
1964		227	222.7	130.7			
1965					107.2	95.1	92.3
1977		260			117.1		
1978	343.4	316	311.6	178.9	133.6	116.1	78.6

资料来源：《新中国 50 年统计资料汇编》，中国统计出版社 1999 年版，第 22 页。

从人均摄入热量看，中国营养学会规定，中国农村居民维持温饱的最低热量摄取量为 2100 大卡，与世界银行提出的 2250 大卡标准很相近。从表 18 中可以看出，除 1956 年中国农村居民的人均热量摄入稍超过 2100 大卡外，其余几个年份农村居民的人均摄入热量均低于 2100 大卡。这意味着这个时期农民平均营养水平普遍没有达到人体营养所需的最低标准，即从总体上看，中国农村居民处于贫困状态。

表 18　1954—1976 年中国农村居民每日热量和营养摄入量

年份	热量（大卡）	蛋白质（克）	脂肪（克）
1954	1984	51.5	24.4
1956	2136	53.5	25.1
1957	1991	50.6	22.7
1965	2002	49.9	25.7
1973	2015		
1974	1996		
1975	2001		
1976	1977		

资料来源：周彬彬、高鸿斌：《对贫困的研究与反贫困实践的总结》，《中国扶贫论文精粹》，中国经济出版社 2001 年版，第 478-479 页。

农村的贫困还表现在集体家底薄弱上。1978 年，平均每个生产队集体提留仅 2137 元，其中公积金 1762 元，公益金 375 元。平均每人集体公积金10.6元，集体公益金2.2元。① 总之，中共十一届三中全会以前，特别是"人民公社化"至"文化大革命"期间，整个农村经济发展迟滞，导致了农民的生活贫困。

2. 改革开放以来的农村贫困问题

由于历史条件、自然环境和社会政策的影响，中国这个世界上最大的发展中国家一直受贫困困扰。

贫困是一种客观存在，是指在一定的时间、空间和社会发展阶段的条件下，维持人们的基本生存所必需消费的物品和服务的最低费用，也被称为"贫困线"。凡是人均年收入低于该贫困线的人口就是贫困人口。1981年，农业部首次把年人均集体收入50元、40元作为划分农村穷县和穷队的工作标准。农业部人民公社管理局公布了1977—1979年各年的贫困县和持续贫困县。从表19中可以看出，1977年，全国有22.5%的县和39%的生产队的人均集体收入低于50元、40元，即使到1979年依然有12.4%的县和27.2%的生产队的人均集体收入低于50元、40元，由此可见这一时期中国农村的贫困问题相当严重。

表19 1977—1979年中国人均集体收入50元以下的穷县、穷队数

年份	穷县数				穷队数	
	人均集体收入50元以下穷县数(个)	占全国县数的比例(%)	其中40元以下县数(个)	占全国县数的比例(%)	总数(万个)	占全国总队数的比例(%)
1977	515	22.5	182	7.9	180	39
1978	381	16.3	97	4.3	139	29.5
1979	283	12.4	81	3.5	137	27.2

资料来源：农业部人民公社管理局：《1977—1979年全国穷县情况》，《农业经济丛刊》1981年第1期。

20世纪80年代中期，国家统计局和国务院扶贫办合作制定了中国第一个正式的贫困标准。1986年，国务院农研中心在调查统计的基础上，提

---

① 《中国政府消除贫困行为》，湖北科学技术出版社1996年版，第34页。

出了人均口粮200公斤和人均收入200元的贫困线标准；同年，国务院扶贫领导小组为了确定国家专项扶贫资金的投资范围，确定了新的贫困线标准：把1985年全省人均纯收入150元以下作为国家重点扶持贫困县，对少数民族自治县和革命老区县分别扩大到200元和300元。以后各年根据物价指数和贫困测量方法的发展而进行适当的调整，但根本基础没有改变。该标准依据的理论依据是绝对贫困理论，关注的是人们的基本生存问题，实质上是温饱标准。它包括两部分：一部分是满足最低营养标准(2100大卡/人日)的基本食品需求，即食物贫困线；另一部分是最低限度的衣着、住房、交通、医疗及其他社会服务的非食品消费需求，即非食物贫困线。

  贫困标准的确定过程是：首先，确定食物贫困线。根据当年中国农村住户抽样调查分户资料计算低收入组的食品消费清单，根据营养学家建议的每人每天2100大卡必需的营养标准调整食品消费量，再乘以对应的价格并求和，即可得到食物贫困线。其次，确定非食物贫困线。1995年以前，主要根据非食品消费支出比重来计算非食物贫困线。但这种方法被认为有缺陷，因为在这里非食品消费项目选择和所谓"合理的食品支出占生活消费支出的比例"是经验的、主观的和武断的。为了克服这个问题，从1995年开始，国家统计局实际上采纳了世界银行的建议，根据食品消费支出函数回归模型来客观计算低收入人群的非食物消费支出。在实际计算时，同时考虑了不同地区人们的消费习惯、家庭结构、生产结构等因素对居民的消费支出，特别是食品支出产生的影响。最后，食物贫困线和非食物贫困线之和就是贫困标准。

  对于初步解决温饱、但还不巩固的人群而言，收入水平仍然很低，还不具备自我发展的能力，极容易返贫。这部分人群也是重要的监测对象。2000年，中国又制定了低收入标准，指的是收入水平高于极端贫困的标准，但收入依然较低。2000年的低收入标准线为865元，收入在625~865元之间的为低收入人口。（见表20）这样，从2000年开始，中国的农村贫困标准实际上就有两条，一条被称为绝对贫困标准，另一条被称为低收入标准。从测算方法和更新方法看，前一个标准更应该被称为生存标准或极端贫困标准，而后一条也只是一种温饱标准，这两条贫困标准均代表了特定的生活水平。从相对与绝对的概念看，都属于绝对贫困范畴。在中国的扶贫实践中，2007年以前，中央政府一直采用绝对贫困标准作为扶贫工作标准，用于确定扶贫对象、分配中央扶贫资金，低收入标准在一些较发达地区作为地区扶贫工作的参考依据。

表20　1978—2008年中国农村的贫困人口

年份	贫困人口贫困标准（元）	总数（万人）	发生率（%）	低收入标准（元）	总数（万人）	发生率（%）
1978	100	25000				
1984	200	12500				
1985	206					
1986	213					
1987	227					
1988	236					
1989	258					
1990	300					
1992	317	8066				
1993		7500				
1994	440	7000				
1995	530	6500				
1996		5800				
1997	640	5000				
1998	635	4200				
1999	625	3412	3.8			
2000	625	3209	3.5	865	6213	6.7
2001	630	2927	3.2	872	6103	6.6
2002	627	2820	3.0	869	5825	6.2
2003	637	2900	3.1	882	5617	6.0
2004	668	2610	2.8	924	4977	5.3
2005	683	2365	2.5	944	4067	4.3
2006	693	2148	2.3	958	3550	3.7
2007	785	1479	1.6	1067	2841	3.0
2008	895	1004	1%	1196	3003	

资料来源：根据2000-2011年《中国农村贫困检测报告》统计整理。

由于制定了较低的贫困标准，使得中国的贫困人口规模看上去较小。但是，随着生活成本的提高，该扶贫标准已显得不合时宜，也遭到国际组织和社会学者的质疑。2008年10月，中共十七届三中全会通过了《中共中央关于推进农村改革发展若干重大问题决定》，指出：搞好新阶段扶贫开发，对确保全体人民共享改革发展成果具有重大意义，必须作为长期历史任务持之以恒抓紧抓好。完善国家扶贫战略和政策体系，坚持开发式扶贫方针，实现农村最低生活保障制度和扶贫开发政策有效衔接。实行新的扶贫标准，对农村低收入人口全面实施扶贫政策，把尽快稳定解决扶贫对象温饱并实现脱贫致富作为新阶段扶贫开发的首要任务。重点提高农村贫困人口自我发展能力，对没有劳动力或劳动能力丧失的贫困人口实行社会救助。2008年，中国正式采用低收入标准作为扶贫工作标准，用低收入标准衡量的贫困规模和程度成为分配中央扶贫资金及低保资金的重要依据。以绝对贫困标准测量，农村绝对贫困人口规模从2000年的3209万人下降到2008年的1004万人，绝对贫困发生率从2000年的3.5%下降到2008年的1%。以低收入标准测算，贫困人口从2000年的9422万人下降到2010年2688万人，共减少6734万人，平均每年减少673万人；贫困发生率从2000年的10.2%下降到2010年的2.8%，减少了7.4个百分点。上述数据表明，无论是用绝对贫困标准测量，还是以低收入标准测量，减贫工作都取得很大的成绩。如表21所示，按照新的贫困线标准计算，中国的农村贫困人口数量很大。

表21　按照低收入标准计算的贫困人口（2000—2010年）

年份	贫困线（元/人）	贫困人口（万人）	贫困发生率（%）
2000	865	9422	10.2
2001	872	9029	9.8
2002	869	8645	9.2
2003	882	8517	9.1
2004	924	7587	8.1
2005	944	6432	6.8
2006	958	5698	6.0

续表 21

年份	贫困线（元/人）	贫困人口（万人）	贫困发生率（%）
2007	1067	4320	4.6
2008	1196	4007	4.2
2009	1196	3597	3.8
2010	1274	2688	2.8

资料来源：根据 2000-2011 年《中国农村贫困检测报告》统计整理。

2011年11月29日，中央扶贫开发工作会议召开。根据到2020年全面建设小康社会目标的要求，适应中国扶贫开发新形势，中央决定将农民人均纯收入2300元作为新的国家扶贫标准。以2300元的扶贫标准匡算，中国的贫困人口有1.28亿人，占全国总人口（除港澳台）的近1/10，比2010年底的2688万贫困人口增加了1亿多。中国1.28亿的贫困人口，和日本的总人口一样多，超过了英国、法国人口之和。2300元的贫困线虽然提高力度前所未有，但它差不多相当于日均1美元——联合国对不同发展阶段的国家采用不同的贫困标准，日均1美元是"绝对贫困"线、最低一等的贫困线，生活在这个贫困线以下的人是贫困人口中最困难的人。若以许多国家采用的日均2美元的标准来衡量，中国的贫困人口还会更多。[①]

（二）农村扶贫开发工作

1. 农村扶贫开发政策

全国扶贫工作的开展，是在"文化大革命"结束后，尤其是中共十一届三中全会之后开始的。1978年10月，在北京召开的第七次全国民政工作会议充分肯定了扶贫工作。民政部长程子华在会议报告中指出："实践证明，规划扶贫是帮助困难户改变贫困面貌的正确途径，应该努力做好这一工作，通过试点，取得经验，逐步推广。"[②]

中共十一届三中全会以后，民政部党组认真传达、学习了三中全会和

[①] 晏扬：《牢记"近1/10人口贫困"这个国情》，《新华每日电讯》2011年12月1日。
[②] 《以揭批"四人帮"为纲，努力做好民政工作，为实现新时期的总任务而奋斗（摘要）》，《人民日报》1978年11月8日。

中央工作会议精神，结合工作实际，研究了民政部门工作着重点如何转移的问题，1979年3月10日，民政部给全国民政系统发出了《关于民政部门工作着重点转移的意见》，提出民政部门要实现工作着重点的转移，必须首先解决这一大是大非问题。要完整、准确地理解和掌握马列主义、毛泽东思想，提倡敢于冲破禁区，敢想、敢说、敢做、敢于坚持真理、修正错误，敢于实事求是。该《意见》指出：民政部门工作着重点的转移，就是要坚决地在党中央安定团结，稳定局势，解放思想，鼓足干劲，加速社会主义现代化建设路线的指引下，把民政部门的工作从政治运动为中心转到以民政业务工作为中心。民政工作的主要任务在农村。全党的工作中心转变后，各级党委都在集中精力加快农业的发展。农业是实现四个现代化的基础，又是当前国民经济的薄弱环节。各级民政部门要着重抓好农村的各项民政工作，促进农业现代化的实现。各级民政部门要在党委的统一领导下，会同有关部门，做好对常年困难户的扶持工作和革命老根据地的工作。要积极协同有关部门，认真贯彻《农村人民公社工作条例（试行草案）》中的有关规定，认真做好供给、补助工作，尤其要抓紧制订扶持常年困难户的规划，合理安排好他们的生产和家庭副业，注意总结推广先进经验，帮助常年困难户逐年摆脱贫困状况。民政部门在做好革命老根据地救济工作的同时，要注意进行深入的调查，摸清情况，及时向党委汇报，配合有关部门积极做好革命老根据地的生产建设工作，争取尽快地改变落后面貌。[①]黑龙江省、辽宁省、山东省、河南省等地的扶贫探索取得了较好成绩，引起了中央领导人的重视。1980年3月1日，胡耀邦总书记在《国内动态清样》第477期《河南省积极开展农村扶贫试点工作》一文中作了批示。民政部党组根据这个批示，向中央报告了全国当时扶贫工作的情况并提出：第一，各级党委和政府加强领导，把各有关部门的力量统一组织起来。各省、

---

① 民政部政策研究室：《民政工作文件汇编》（一），地质出版社印刷厂印刷1984年，第36—38页。

自治区、直辖市要把这项工作列入议事日程，做出扶贫工作的规划。第二，认真贯彻自力更生为主，社队和国家帮助为辅的方针。要大力帮助贫困户参加集体生产劳动，发展家庭副业，充分发挥自力更生的潜力。对于他们当前克服不了的困难，社队和国家要认真帮助解决。基本核算单位拿出一定比例的公益金，用于对贫困户的补助和减免其欠款。集体经济负担有困难的地区，政府给予必要的救济。第三，把扶贫工作的重点放在革命老根据地及其他经济不发达地区。在这些地区进行扶贫工作，应当把扶持贫困户和扶持穷社穷队改变贫困面貌结合起来进行。把政府和各有关部门的经济力量组织起来，分工负责，统筹安排。第四，从实际出发，注重实效。扶贫工作的做法，要因地制宜，不要强求一致。中央领导在民政部党组的报告中批示：在农委刊物上转载，并加按语。4月29日，《农委简报》第30期加按语将报告全文作了转载。按语指出：农村扶贫是一项解民愁、得民心，合时宜、利四化的重要工作。望各级农业部门，在党委的统一领导下，积极配合民政等有关部门，切实把这项工作搞好。

农村实行联产承包责任制以后，扶贫工作更成了不可缺少的配套工程。农村实行多种形式的生产责任制，极大地调动了农民的生产积极性，大部分农民的生活水平有了明显的改善和提高，但是，少数贫困户由于家底薄、缺少劳力、生产资金等原因，生活还相当贫困。随着农村经济体制改革的深入发展，贫富悬殊的问题越来越突出。如不从根本上解决他们的困难，势必影响共同富裕目标的实现。因此，扶贫工作越来越受到各级党委和政府的重视。

1982年12月，农牧渔业部、国家物资局、教育部、民政部、财政部、国家经济贸易委员会、商业部、对外经济贸易部、中国农业银行九部委联合发出《关于认真做好扶助农村贫困户工作的通知》（以下简称《通知》），指出：扶助贫困户是党的一项重要政策，是完善农业生产责任制的一项重要内容，是社会主义制度优越性的具体体现。帮助贫困户摆脱贫困是关系全局的、具有战略意义的一件大事。《通知》强调：帮助贫困户摆脱贫困，要从各地的实际情况出发，采取多方面的措施，着重"扶志"和"扶本"。扶贫是一项综合性的工作，涉及面广，任务繁重，必须在各级党委和政府的领导下，由有关部门互相配合通力协作。各有关部门要把扶贫工作作为己任，在各级党委和政府的领导下，明确分工，落实责任。《通知》对各有关部门在扶贫工作中的责任做了明确的规定。

1983年中央政治局讨论通过的一号文件《当前农村经济政策的若干问题》指出："目前有些边远山区和少数民族地区，生产水平仍然很低，群众生活还有很多困难。必须给予高度关注，切实加强工作，力争尽快改变贫困面貌。对这些地区，在各项政策上，要比其他地区更加放宽；在生产上要发挥当地资源的优势，并有效地利用国家财政扶持，开展多种经营，以工代赈，改变单纯救济作法。注意改善交通条件，解决能源困难，防治地方病，办好教育。"

1984年9月29日，中共中央、国务院发出的《关于帮助贫困地区尽快改变面貌的通知》指出：中共十一届三中全会以来，全国农村形势越来越好；但农村经济还存在发展不平衡的状态，特别是还有几千万人口的地区仍未摆脱贫困，群众的温饱问题尚未完全解决。解决好这些地区的问题，有重要的经济意义和政治意义。为此，《通知》提出六个方面措施和要求：明确指导思想，改变贫困地区面貌的根本途径是依靠当地人民自己的力量，因地制宜，发展商品生产，增强本地区经济的内部活力，要纠正单纯救济的观点；进一步放宽政策，实行比一般地区更灵活、更开放的政策；减轻负担，给予优惠；搞活商品流通，加速商品周转；增加智力投资；加强领导，督促各项措施的落实。

1985年4月国务院批转民政部等部门《关于扶贫农村贫困户发展生产治穷致富的请示》的通知，提出对扶贫工作要提高认识，加强领导，对贫困户要减轻负担，给予优惠。1985年8月，民政部、中国科协发出《关于开展科技扶贫工作的通知》，要求各级民政部门和科协组织应密切配合，积极采取切实可行的措施送科学技术上门，帮助贫困地区和贫困户摆脱贫困，逐步富裕起来，并提出了具体意见。

1985年9月，中国共产党全国代表会议通过的《中共中央关于制定国民经济和社会发展第七个五年计划的建议》中指出：农业这个基础还比较脆弱，部分地区农民的温饱问题还有待于进一步解决。扶贫工作也写入到之后的"七五"计划中。

1986年，国务院办公厅下发《关于成立国务院贫困地区经济开发领导小组的通知》。国务院扶贫开发领导小组成立，小组下设办公室，负责办理日常工作。办公室设在农牧渔业部。1986年，国务院办公厅转发《国务院贫困地区经济开发领导小组第一次全体会议纪要》《国务院贫困地区经济开发领导小组第二次全体会议纪要》《国务院贫困地区经济开发领导小组第三次全体会议纪要》等文件，就扶贫工作提出了具体建议。1989年4月，国务院贫困地区经济开发领导小组办公室下设的中国贫困地区发展基金会成立。1989年7月，又成立了贫困地区干部培训中心等事业单位。

1986年4月，民政部、中国科协发出《关于开展科技扶贫试点工作的通知》，7月，国家民委办公厅、民政部办公厅、中国科协办公厅发出《关于开展科技扶贫试点工作的补充通知》，选出一些多灾贫困县进行科技扶贫工作的试点，争取在两三年内使这些贫困县的群众通过学习，采用科学技术，发展生产，增加收入，解决温饱，摆脱贫困，治穷致富。

1986年1月，国家税务总局发出《关于扶贫扶优的税收政策》，明确了在产品税、增值税、营业税、地方税、所得税、建筑税和能源基金方面的优惠政策。

1987年10月，国务院发出的《关于加强贫困地区经济开发工作的通知》指出：（1）明确工作重点，扶贫落实到户。具体要做到摸清底数，明确对象；先易后难，分批解决；分解目标，落实责任。（2）发展商品经济，强化社会服务体系。重点是：用先进的技术和物质手段改造传统的种养业，尽可能提高粮食自给率，支持多种经营的发展；积极发展乡镇企业和各种家庭工副业，特别是要把发达地区劳力密集、收益相对较低的产业逐步移植到贫困地区，抓紧组织剩余劳力向第二、第三产业转移；有领导地组织劳务输出。劳务输出是投资少、见效快，既能治穷致富，又能开发智力的重要产业，要高度重视，大力发展。（3）因地制宜，兴办乡村扶贫经济实体。（4）扶贫项目要公开招标，实行承包开发。（5）资金要按使用效益分配。（6）功夫要花在项目的准备和管理上。（7）把智力开发摆到重要的位置。（8）把科学技术作为经济开发的支柱，等等。

1990年2月，国务院同意国务院贫困地区经济开发领导小组《关于九十年代进一步加强扶贫开发工作的请示》。九十年代扶贫开发工作的基本目标和任务是全国贫困地区要在解决大多数群众温饱问题的基础上，转入以脱贫致富为主要目标的经济开发新阶段。扶贫开发工作的主要政策和措施：对贫困地区的资源开发实行倾斜政策，有重点地安排一批骨干项目；继续增加扶贫资金和物资的投入；制定促进贫困地区发展的区域性特殊政策；继续动员国家机关和社会各界积极开展扶贫济困活动；进一步加强对扶贫开发工作的领导，健全、稳定扶贫机构。

1991年4月，国务院办公厅转发《国务院贫困地区经济开发领导小组关于"八五"期间扶贫开发工作部署的报告的通知》，报告提出"八五"期间扶贫开发工作的基本目标是：加强基本农田建设，提高粮食产量，使贫困地区的多数农户有稳定解决温饱问题的基础；发展多种经营，进行资源开发，建立区域性支柱产业，使贫困户有稳定的经济收入来源，争取为到20世纪末贫困地区多数农户过上比较宽裕的生活创造条件。为实现上述目标，报告中对"八五"期间的扶贫开发工作做了部署。

1994年4月，国务院下发《关于印发国家八七扶贫攻坚计划的通知》，要求各省、自治区、直辖市人民政府要高度重视和切实加强扶贫开发工作，要根据《国家八七扶贫攻坚计划》的要求，结合本地区的情况和任务，制定具体的攻坚计划，动员贫困地区干部、群众，发扬自力更生、艰苦奋斗的精神，努力贯彻实施。

1996年10月中共中央、国务院下发《关于尽快解决农村贫困人口温饱问题的决定》，提出了实现扶贫攻坚计划的基本方针、任务和要求，部署了打好扶贫攻坚战的主要措施，要求加强对扶贫开发工作的领导。

1997年9月，中国共产党第十五次全国代表大会通过的报告指出："国家从多方面采取措施，加大扶贫攻坚力度，到本世纪末基本解决农村贫困人口的温饱问题。"

2001年6月，国务院颁布实施《中国农村扶贫开发纲要(2001—2010年)》，决定从2001年到2010年集中力量加快贫困地区脱贫致富的进程，把中国扶贫开发事业推向一个新的阶段。《纲要》指出，新阶段扶贫开发要以"尽快解决少数贫困人口温饱问题，进一步改善贫困地区的基本生产生活条件，巩固温饱成果，提高贫困人口的生活质量和综合素质，加强贫困乡村的基础设施建设，改善生态环境，逐步改变贫困地区经济、社会、文化的落后状况"为目标，坚持开发式扶贫方针，继续实行扶贫开发工作"责任到省、任务到省、资金到省、权力到省"的原则，同时进一步明确了扶贫开发的对象、重点和政策措施等。

2005年8月，国务院扶贫开发领导小组办公室、中央精神文明建设指导委员会办公室、教育部、科技部、交通部、水利部、农业部、卫生部、国家广播电影电视总局、国家林业局联合印发的《关于共同做好整村推进扶贫开发构建和谐文明新村工作的意见》指出：做好整村推进是新阶段扶贫开发工作的一项重要举措，是构建社会主义和谐社会的有效途径。促进"整村推进扶贫开发、构建和谐文明新村"是有关部门的共同责任，要明确工作目标，并将此项工作纳入本部门和本行业的"十一五"规划。要发挥部门优势，支持贫困地区各项事业和谐发展。

2008年5月，国务院扶贫开发领导小组办公室、中央精神文明建设指导委员会办公室、教育部、科技部、工业和信息化部、国土资源部、交通运输部、水利部、农业部、卫生部、国家广播电影电视总局、国家林业局、国家电力监管委员会联合印发了《关于共同促进整村推进扶贫开发工作的意见》。在全面做好整村推进工作基础上，加大对以下三类地区贫困村的整村推进工作力度，并确保在2010年底前完成其规划实施。一是人口较少民族尚未实施整村推进的209个贫困村；二是内陆边境48个国家扶贫开发工作重点县中距边境线25公里范围内尚未实施整村推进的432个贫困村；三是592个国家扶贫开发工作重点县中307个革命老区县的尚未实施整村推进的24008个贫困村。

2009年5月，国务院扶贫办、民政部、财政部、统计局、中国残疾人联合会五部门联合印发的《关于做好农村最低生活保障制度和扶贫开发政策有效衔接试点工作的指导意见》指出：农村最低生活保障制度是社会救助，扶贫开发是提高能力；农村最低生活保障制度是维持生存，扶贫开发是促进发展，二者相辅相成，相互促进。两项制度有效衔接的总体目标是：充分发挥农村最低生活保障和扶贫开发两项制度的作用，对农村最低生活保障对象，通过农村最低生活保障制度保障其基本生活；对农村低收入人口全面实施扶贫政策，从根本上稳定解决温饱并实现脱贫致富，为实现到2020年基本消除绝对贫困现象的目标奠定基础。两项制度有效衔接的基本要求是：在建立和完善农村最低生活保障制度的同时，继续坚持开发式扶贫方针，坚定不移地推进扶贫开发，发挥两项制度的整体效益。要坚持公开、公平、公正的原则，合理确定农村最低生活保障和扶贫对象。要针对农村低收入人口的地域分布特点和农村扶贫开发政策、最低生活保障制度的地区性差别，实行分类指导。抓好两项制度有效衔接的关键环节，一是明确救助和扶持对象；二是科学设置对象识别指标；三是规范对象识别程序；四是认真落实救助和扶持政策，实行动态管理。强化两项制度有效衔接的制度保障，一是加强组织领导；二是提供资金保障；三是搭建信息平台；四是加大督查力度；五是落实部门责任。

2011年6月，中共中央、国务院颁布《中国农村扶贫开发纲要（2011—2020年）》，提出了未来十年农村扶贫开发的总体要求和目标任务。《纲要》指出，"我国扶贫开发已经从以解决温饱问题为主要任务的阶段转入巩固温饱成果、加快脱贫致富、改善生态环境、提高发展能力、缩小发展差距的新阶段。"《纲要》强调要进一步完善社会保障制度，重视生态建设，改善公共卫生等非收入性贫困问题。扶贫重点把连片特困地区作为扶贫开发主战场。《纲要》提出，要把连片特困地区作为新时期扶贫开发主战场。这些地区包括六盘山区、秦巴山区、武陵山区、乌蒙山区、滇桂黔石漠化片区、滇西边境山区、大兴安岭南麓山区、燕山—太行山区、吕梁山区、大别山区、罗霄山区等区域的连片特困地区和已明确实施特殊政策的西藏、四省（四川、云南、甘肃、青海）藏区、新疆南疆三地州。中国扶贫工作启动时首先确立了18个贫困片区，随后定下592个贫困县，过去10年里又深入到148200个贫困村，从片到点的30年扶贫工作，彻底改变了这些地区的贫困面貌。但是30多年来形成的区域发展差异格局，使得原来生态条件、交通条件、经济发展比较落后的地区还存在较大差距。在这种背景下，《纲要》提出把贫困程度比较深、相对连片的特困地区作为扶贫开发主战场，以此解决存在已久的区域发展差异问题。

与此同时，《纲要》还提出把"在扶贫标准以下具备劳动能力的农村人口"作为扶贫工作主要对象，"做好连片特困地区以外重点县和贫困村的扶贫工作"。对于社会各界关心的国家扶贫开发工作重点县认定问题，《纲要》要求各省（区、市）"根据实际情况进行调整，实现重点县数量逐步减少"，同时"重点县减少的省份，国家的支持力度不减"。扶贫任务从解决温饱为主到"两不愁三保障"。《纲要》提出，未来十年农村扶贫开发工作目标是"到2020年，稳定实现扶贫对象不愁吃、不愁穿，保障其义务教育、基本医疗和住房。"扶贫方针是扶贫开发和农村最低生活保障制度有效衔接。《纲要》提出，"坚持开发式扶贫方针，实行扶贫开发和农村最低生活保障制度有效衔接"。其中，"把扶贫开发作为脱贫致富的主要途径，鼓励和帮助有劳动能力的扶贫对象通过自身努力摆脱贫困；把社会保障作为解决温饱问题的基本手段，逐步完善社会保障体系。"

2012年12月，中共中央、国务院发布《关于加快发展现代农业进一步增强农村发展活力的若干意见》，强调"加大扶贫开发投入，全面实施连片特困地区区域发展与扶贫攻坚规划。"

2013年12月，中共中央办公厅、国务院办公厅印发《关于创新机制扎实推进农村扶贫开发工作的意见》。《意见》突出强调改革创新，集中力量解决突出问题，对于落实中央新时期扶贫开发战略，形成更加协调、更有效率、更可持续的扶贫开发体制机制，加快贫困群众脱贫致富、贫困地区全面建设小康社会步伐，具有重要的指导意义。《意见》共分为深化改革、创新扶贫开发工作机制；注重实效、扎实解决突出问题；加强领导、确保各项措施落到实处三个部分。针对当前扶贫开发工作和贫困地区存在的主要问题，提出了六项改革措施和十项重点工作。这六项改革措施的核心内容是：改进贫困县考核机制；建立精准扶贫工作机制；健全干部驻村帮扶机制，用新机制保障扶贫开发工作落到实处；改革财政专项扶贫资金管理机制；完善金融服务机制，用新机制保障扶贫开发资源有效利用；创新社会参与机制，用新机制保障社会各界参与扶贫开发。十项重点工作的主要内容是：村级道路畅通、饮水安全、农村电力保障、危房改造、特色产业增收、乡村旅游扶贫、教育扶贫、卫生和计划生育、文化建设、贫困村信息化。以此为抓手，集中力量解决贫困群众生产生活中突出困难，解决贫困地区经济社会发展中突出问题。

2014年11月，国务院办公厅印发《关于进一步动员社会各方面力量参与扶贫开发的意见》（以下简称《意见》），部署全面推进社会扶贫体制机制创新,进一步动员社会各方面力量参与扶贫开发,打好新时期扶贫攻坚战。《意见》要求,要坚持政府引导、多元主体、群众参与、精准扶贫的原则,大力弘扬社会主义核心价值观,大兴友善互助、守望相助的社会风尚,创新完善人人皆愿为、人人皆可为、人人皆能为的社会扶贫参与机制,形成政府、市场、社会协同推进的大扶贫格局。《意见》强调,要培育多元社会扶贫主体。大力倡导民营企业扶贫,积极引导社会组织扶贫,广泛动员个人扶贫,进一步深化定点扶贫工作,强化东西部扶贫协作。通过开展扶贫志愿行动、打造扶贫公益品牌、构建信息服务平台、推进政府购买服务等方式,创新社会扶贫参与方式。《意见》从5个方面完善保障措施,进一步强化支持政策。一是落实优惠政策。按照国家税收法律及有关规定,全面落实扶贫捐赠税前扣除、税收减免等扶贫公益事业税收优惠政策,以及各类市场主体到贫困地区投资兴业、带动就业增收的相关支持政策。鼓励有条件的企业自主设立扶贫公益基金。二是建立激励体系。让积极参与社会扶贫的各类主体政治上有荣誉、事业上有发展、社会上受尊重。三是加强宣传工作。大力营造扶贫济困、守望相助的浓厚社会氛围。四是改进管理服务。地方各级政府和有关部门要适应社会扶贫体制机制改革创新需要,提高社会扶贫工作的管理服务能力。五是加强组织动员。

2. 农村扶贫开发的工作内容

在扶贫开发的过程中,中国政府坚持以经济建设为中心,发展贫困地区的生产力,走开发式扶贫的道路,通过多种方式和途径,采取综合配套措施,帮助农村贫困人口脱贫。以2000年为界,前后两个时期的扶贫工作内容有些不同。

(1) 1978—2000年农村扶贫工作的主要内容

第一,扶贫到村到户。20世纪90年代以来,根据贫困地区的实际情况,中国的扶贫开发着重扶贫到村到户。国家不仅将扶贫到户作为一项重要措施,而且把解决贫困农户温饱的各项指标也量化到户。中国在实践中探索出许多行之有效的扶贫到户方式：一是干部包扶到户，即组织各级干部与贫困农户结成"一帮一"对子，采取签订责任状等方式，明确干部包扶任务。二是实体带动、效益到户，即通过鼓励企业与农户合作建立农产品生产加工基地，实现农产品产、供、销的良性循环。三是异地开发、移民到户，即本着自愿的原则，将贫困农户从生产生活条件极其恶劣的地区搬迁到条件较好的地区，实现异地脱贫。四是社会各界帮扶到户，即组织社会各界对贫困农户进行帮扶。小额信贷是扶贫到户的关键措施之一。中国政府在借鉴其他国家和国际组织扶贫经验的基础上，积极组织小额信贷扶贫到户，取得了很好的效果。到1999年，全国投入的资金总量达30亿元，覆盖240多万贫困农户。同时，中国小额信贷的试点、推广初步实现了本土化和规范化，进入了扩大范围、扩大规模的新阶段。

第二，重视科技教育扶贫。从1986年开始，中国政府有关部门根据国家扶贫开发的总体战略和要求，适时提出科技扶贫的目标、措施和实施办法，并于1996年提出《1996—2000年全国科技扶贫规划纲要》，加强对科技扶贫的政策指导。为进一步增强贫困地区反贫困的能力，中国政府专项安排科技扶贫资金，用于优良品种和先进实用技术的引进、试验、示范、推广，以及科技培训等。1995年以来，国家教委和财政部联合组织实施了"国家贫困地区义务教育工程"，投入资金超过100亿元，重点投向国定贫困县、部分省定贫困县、革命老区和少数民族地区，帮助这些地区普及九年义务教育。中国政府动员大专院校、科研院所在贫困地区积极推广农业先进实用技术，组织科技人员到贫困地区挂职任教，组织科研单位到贫困乡、村宣传普及农业技术。这些措施有效地改变了贫困地区落后的生产方式，提高了土地的产出率，迅速增加了农民的收入。到2000年，仅科技部就向贫困地区提供技术人员3万人次，实施科技扶贫示范项目580个，建立各种科技示范点1500个，解决关键性技术200多个，向贫困地区推广适用技术2000多项。

第三,动员和组织社会各界参与扶贫。在扶贫开发中,政府各部门根据中央政府的统一要求,从尽快解决贫困人口温饱问题的大局和贫困地区的实际情况出发,积极参与扶贫开发。政府有关部门分别制定了本部门、本系统的扶贫开发具体实施方案,提出了一系列有利于贫困地区发展和贫困群众脱贫的优惠政策,并充分发挥各自优势,在资金、物资、技术上向贫困地区倾斜,积极为贫困地区的开发建设做出贡献。自20世纪80年代中期开始,包括中央国家机关、企事业单位、民主党派及人民团体等社会各界参与扶贫开发的部门、单位不断增多,规模不断扩大。各帮扶部门和单位都有特定的帮扶对象和明确的任务,要求没有脱贫就不脱钩。到2000年底,定点帮扶的部门和单位达到138个,共派出3000多名干部到贫困县挂职扶贫,直接投入资金44亿元,帮助贫困地区引进国内外各种资金105亿元。各省、自治区、直辖市以及贫困地区也积极开展定点扶贫工作。1995至1999年,各地先后有4.6万名干部到贫困县、村挂职扶贫,直接投入资金和物资折合人民币达87.62亿元;帮助引进各类扶持资金103亿元,实施扶贫项目2万余个,帮助引进技术人才1.3万余名,引进技术近7000项。

此外,各社会组织、民间团体和私营企业也积极开展"希望工程""光彩事业""文化扶贫""幸福工程""春蕾计划""青年志愿者支教扶贫接力计划""贫困农户自立工程"等多种形式的扶贫活动。以资助贫困失学儿童入学为目的的"希望工程",自1989年以来累计接受海内外捐款近19亿元,资助建设希望小学8355所,资助失学儿童近230万名。

第四,开展东西部协作扶贫。在扶贫开发中,中国采取东部较发达省市对口支持西部省、自治区发展的方式,加快西部贫困地区脱贫步伐。具体执行情况是:北京帮扶内蒙古,天津帮扶甘肃,上海帮扶云南,广东帮扶广西,江苏帮扶陕西,浙江帮扶四川,山东帮扶新疆,辽宁帮扶青海,福建帮扶宁夏,大连、青岛、深圳、宁波帮扶贵州。协作双方根据"优势互补、互惠互利、长期合作、共同发展"的原则,在企业合作、项目援助、人才交流等方面开展了多层次、全方位的扶贫协作。东西部扶贫协作以改变贫困地区生产条件和生态环境,解决贫困地区群众温饱问题为重点,遵循市场经济规律,充分运用科学技术,广泛动员社会各界力量,在努力扩大对口帮扶的同时,开展各种形式的经济合作。[1]中国自1996年开展东西扶贫协作以来,取得了显著成绩。据初步统计,1996年至2010年,东部通过各种方式和渠道共向西部无偿援助资金78.6亿元,引导企业投资6972.7亿元,组织劳务输出265万人次;实施了一大批包括学校、公路、水利、农田等在内的扶贫项目;派出了数以万计的扶贫挂职干部和各类专业技术人员及扶贫志愿者,支持西部培养了大量本土经营管理和技术人才。[2]

第五,实施自愿移民扶贫开发。国家鼓励和支持生存条件极其恶劣地区的贫困农户通过移民搬迁、异地开发的方式,开辟解决温饱的新途径。为此,中国政府强调,自愿移民搬迁的贫困人口除享受扶贫开发的优惠政策外,各地要制定具体政策措施,提供各种优惠条件,确保搬迁一户解决一户温饱。中国的移民扶贫开发,按照群众自愿、就近安置、量力而行、适当补助四项原则进行。中国实施移民扶贫开发的主要做法有:一是插户移民。即由贫困户自行投亲靠友,分散安置,政府给予一定补助。二是政府建移民开发基地安置移民。既要保证可稳定解决迁入户的温饱问题,又要保证不破坏迁入地的生态环境。三是吊庄移民。即采取搬迁初期两头有家的形式,待移民点得到开发,生产生活基本稳定后再完全搬迁。经国务院批准,自2001年起,国家发展改革委组织实施了易地扶贫搬迁试点工程。"十五"期间累计安排国债投资56亿元,搬迁122万人。通过实施试点工程,安置区生产生活条件明显改善,搬迁群众增收渠道逐步拓宽,迁出

---

[1] 中华人民共和国国务院新闻办公室:《中国的农村扶贫开发》,《人民日报》2001年10月16日。

[2] 《中国东西扶贫大协作 东部累计无偿援助西部78.6亿》http://news.xinhuanet.com/2012-01/06/c_111385841.htm

区生态环境得到有效保护和恢复，促进了人口、资源、环境的协调发展，试点工作取得了较好成效。① 自1993年到1999年底，广西已将20多万特困人口从生产生活条件恶劣的山区搬移到有条件的地区定居。广东省清远市从1993年5月开始，分批将山区特困农民迁到山外条件较好的地方安置，变"体内输血"为"体外造血"，变就地开发为异地开发。至1999年底，累计迁移18万特困人口，兴建了多达1100个移民新村，成为国家规模最大的扶贫移民壮举。陕西省从1998年起实施移民扶贫异地开发，取得突破进展。不到一年时间，全省共搬迁8.25万贫困人口，超额完成当年任务。甘肃省实行移民异地开发工作至1999年底，已有57万甘肃贫困山区农民异地开发，在移民基地建立起自己的新家。②

第六，输出贫困地区劳动力。为了帮助贫困地区劳动力充分就业并增加收入，国家鼓励并组织具备条件的贫困地区开展劳务输出。劳务输出不仅有助于使贫困地区劳动力实现就业和增加收入，更重要的是劳动者通过异地就业可以学到新技术、新生活方式、新工作方法，开阔眼界，增强信心，提高自我发展能力。许多西部外出务工人员已经成为向西部传播东部生产生活方式以及文化和技术的使者。四川是全国劳务输出最多的省份，每年有800多万人实现异地就业，通过邮局寄回家乡的资金每年约200亿元。

第七，实行扶贫开发与生态环境保护、计划生育相结合。在贫困地区的开发中，中国政府重视生态环境的保护，鼓励农民发展生态农业、环保农业。通过科技扶贫，在一定程度上改变了贫困地区以破坏生态为代价的掠夺性生产，促进了贫困地区的可持续发展。人口数量过多、增长过快、素质偏低等诸因素严重制约了贫困地区经济社会的发展和农民解决温饱、脱贫致富的步伐。中国政府特别强调转变贫困地区群众的生育观念，积极倡导贫困地区的农民实行计划生育，把扶贫开发与计划生育结合起来。这

---

① 《中国贫困监测报告2007》，中国统计出版社2007年版，第69页。
② 吕安妮：《国内开发移民知多少？》，《经济日报》2000年8月22日。

对贫困地区人口与经济社会协调发展和可持续发展产生了重要影响。

第八，开展扶贫领域的国际交流与合作。中国的扶贫开发主要依靠自己的力量，同时中国政府重视与国际社会在扶贫领域的交流与合作。中国政府认为，积极开展扶贫领域的国际交流与合作，不仅有利于加快解决本国贫困人口的温饱问题，而且有助于通过借鉴国际社会多年积累的扶贫经验和成功的扶贫方式，提高中国扶贫开发的整体水平。自20世纪90年代以来，中国政府积极探索借鉴国际反贫困经验，不断扩大与国际组织在扶贫领域的合作，并有了明显进展。在扶贫领域，世界银行与中国的合作最早，投入规模最大。到2000年，世界银行与中国已经开展的西南、秦巴、西部三期扶贫贷款项目，援助总规模达6.1亿美元，覆盖9个省区、91个贫困县，800多万贫困人口。其中中国西南世界银行贷款项目于1995年7月开始在云南、贵州、广西三省（区）最贫困的35个国定贫困县实施。项目总投资42.3亿元，其中利用世界银行贷款2.475亿美元，国内相应的配套资金为21.8亿元。项目建设主要包括大农业、基础设施建设、第二第三产业开发、劳务输出、教育卫生和贫困监测等方面。项目建成后将使项目区350万贫困人口稳定解决温饱问题。这一项目是中国第一个跨省区、跨行业、综合性的扶贫开发项目，也是当时利用外资规模最大的扶贫项目。

此外，一些国家、国际组织和非政府组织也与中国在扶贫领域开展了广泛的合作。联合国开发计划署在中国开展了一些扶贫开发项目和研究项目。欧盟、英国政府、荷兰政府、日本政府、德国技术合作公司、亚洲开发银行、福特基金会、日本凯尔、日本协力银行、世界宣明会、香港乐施会等也都在中国开展了扶贫开发项目，并取得了很好的成效。

（2）2001—2010年农村扶贫工作的主要内容

第一，实行整村推进扶贫开发。为促进贫困地区经济社会全面发展，2001年国家在全国确定了14.8万个贫困村，逐村制定包括基本农田、人畜饮水、道路、贫困农户收入、社会事业等内容的扶贫规划，整合各类支农惠农资金和扶贫专项资金，统筹安排，分年度组织实施，力争实现贫困群众增收、基础设施提升、社会公益事业发展、群众生产生活条件改善的目标。截至2010年底，已在12.6万个贫困村实施整村推进，其中，国家扶贫开发工作重点县中的革命老区、人口较少民族聚居区和边境一线地区贫困村的整村推进已基本完成。

第二，加强劳动力培训。人力资源开发是提高发展能力的有效手段。10年中，中央政府累计安排财政扶贫资金30亿元人民币，实施以劳动力转移为主要内容的"雨露计划"，对贫困家庭劳动力开展务工技能和农业实用技术培训。到2010年，培训贫困家庭劳动力超过400万人次，其中80%以上实现转移就业。抽样调查显示，接受培训的劳动力比没有接受培训的劳动力月工资可提高300至400元人民币。劳动力培训在帮助贫困地区劳动力实现就业和增加收入的同时，也使他们学到新技术，接触新观念，开阔了视野，增强了信心。从2010年开始，国家以促进就业为导向，开展了对贫困家庭的初高中毕业生参加职业教育给予直接补助的工作试点。

第三，通过教育开展扶贫。10年来，国家大力发展教育，使大批农村家庭经济困难学生通过接受职业教育掌握了就业技能，在城镇稳定就业，帮助家庭摆脱或缓解了贫困现象。2001年至2010年，全国中等职业学校毕业学生4289万人，其中大部分毕业生来自农村家庭和城市经济困难家庭。不断健全义务教育、高中阶段教育和高等学校家庭经济困难学生资助体系，减轻困难学生家庭经济负担，建设移民学校，推动生态移民。

第四，推进产业化扶贫。结合整村推进、连片开发试点和科技扶贫，扶持贫困农户，建设产业化基地，扶持设施农业，发展农村合作经济，推动贫困地区产业开发规模化、集约化和专业化。10年中，为贫困地区重点培育了马铃薯、经济林果、草地畜牧业、棉花等主导产业。其中，马铃薯产业已经成为贫困地区保障粮食安全、抗旱避灾、脱贫致富的特色优势产业。产业扶贫有效带动贫困农户实现了脱贫致富。

第五，实施以工代赈。以工代赈是从20世纪80年代开始实施的一项农村扶贫政策，重点用于与贫困地区经济发展和农民脱贫致富相关的农村小型基础设施建设，主要包括县乡村公路、农田水利、人畜饮水、基本农田、草场建设、小流域治理等。十年中，中央政府累计投入以工代赈资金550多亿元人民币，有效改善了贫困地区的生产生活条件。

第六，实施易地扶贫搬迁。在坚持群众自愿的前提下，对居住在生存条件恶劣、自然资源贫乏地区的贫困人口实行易地扶贫搬迁，是改善他们生存环境和发展条件的重要途径。截至2010年，中国政府对770余万贫困人口实行了扶贫搬迁，有效改善了这些群众的居住、交通、用电等生活条件。在推进工业化、城镇化的进程中，一些贫困地区把扶贫搬迁与县城、中心镇、工业园区建设和退耕还林还草、生态移民、撤乡并镇、防灾避灾等项目相结合，在促进贫困农民转移就业的同时，改善了这些群众获得公共服务的条件。

第七，开展金融扶贫。资金短缺一直是制约贫困人口生存和发展的重要因素。从2006年开始，国家在全国1.36万个贫困村开展了贫困村互助资金试点，每个试点村安排财政扶贫资金15万元人民币，按照"民有、民用、民管、民享、周转使用、滚动发展"的方式支持村民发展生产，建立起财政扶贫资金使用长效机制。开展扶贫贷款财政贴息改革，引导和撬动金融机构扩大贴息贷款投放规模，从2001年至2010年，中央财政累计安排扶贫贷款财政贴息资金54.15亿元人民币、发放扶贫贷款近2000亿元人民币。特别是2008年国家对扶贫贷款管理体制进行全面改革，通过引入市场竞争机制、扩大扶贫贷款机构经营权限、下放贴息资金管理权限等，进一步调动了地方和金融机构开展扶贫开发的积极性，有效改善了贫困群众贷款难问题。

第八，开展特殊地区扶贫试点。为了解决制约贫困地区发展的突出问题，中国政府在一些特殊类型的困难地区开展了符合当地特点的扶贫开发工作。在广西壮族自治区的东兰县、巴马县、凤山县，集中力量开展了解决基础设施建设的大会战；在四川省阿坝藏族羌族自治州，开展了扶贫开发与综合防治大骨节病相结合的试点；在贵州省晴隆县开展了石漠化地区的扶贫开发与生态环境建设相结合的试点；在新疆维吾尔自治区的阿合奇县开展了边境扶贫的试点。对云南省的布朗族及瑶族山瑶支系开展全面扶贫；在汶川、玉树地震灾区，把贫困地区的防灾减灾与灾后恢复重建有机结合，全面推进灾后恢复重建。通过这些试点，为因地制宜做好扶贫开发工作探索了道路，积累了经验。

第九，社会扶贫。扶贫济困是中华民族的传统美德。中国政府始终注重发扬这一优良传统，组织和动员社会力量积极参与扶贫开发，共同推进减贫事业发展。

为加大对革命老区、民族地区、边疆地区、贫困地区发展的扶持力度，国家大力开展定点扶贫工作。国家确定的定点帮扶单位主要包括中央和国家机关各部门各单位、人民团体、参照公务员法管理的事业单位、国有大型骨干企业、国有控股金融机构、各民主党派中央及全国工商联、国家重点科研院校等，定点帮扶对象为国家扶贫开发工作重点县。定点帮扶单位采取干部挂职、基础设施建设、产业化扶贫、劳务培训和输出、文化教育扶贫、科技扶贫、引资扶贫、生态建设扶贫、医疗卫生扶贫、救灾送温暖等多样化措施开展定点帮扶。到2010年，参与此项工作的单位达到272个，受到帮扶的国家扶贫开发工作重点县达到481个，占国家扶贫开发工作重点县总数的81.25%。从2002年至2010年，定点帮扶单位派出挂职干部3559人次，直接投入资金（含物资折款）90.9亿元人民币，帮助引进资金339.1亿元人民币，培训各类人员168.4万人次。中国各民主党派中央及全国工商联，积极发挥各自人力资源、资金动员、信息知识等方面的优势，与贫困地区建立结对帮扶机制，有效开展扶贫工作。

东部发达省市与西部贫困地区结对开展扶贫协作，是国家为实现共同富裕目标做出的一项制度性安排。自1996年开始，中国政府做出部署，安排东部15个经济较发达省、市与西部11个省（区、市）开展东西扶贫协作工作。① 东西扶贫协作形式多样，形成了政府援助、企业合作、社会帮扶、人才支持为主的基本工作框架。从2003年到2010年，东部到西部挂职的干部2592人次，西部到东部挂职的干部3610人次；东部地区向西部地区提供政府援助资金44.4亿元人民币、协作企业5684个，实际投资2497.6亿元人民币、社会捐助14.2亿元人民币，培训专业技术人才22.6万人次、组织劳务输出467.2万人次。

第十，国际合作。20世纪90年代初期，中国就开始利用外资进行扶贫。先后与世界银行、联合国开发计划署、亚洲开发银行等国际组织和英国、德国、日本等国家以及国外民间组织在扶贫领域开展了卓有成效的减贫项目合作。据不完全统计，截至2010年，扶贫领域共利用各类外资14亿美元，加上国内配套资金，直接投资总额近200亿元人民币，共实施110个外资扶贫项目，覆盖了中国中西部地区的20个省（区、市）300多个县，使近2000万贫困人口受益。②

除此之外，党和国家还开展了贫困农村的农业、交通、水利、无电人口用电、农村危房、科技、社会事业、生态建设等行业扶贫。

总之，20世纪80年代，中国的绝对贫困人口平均每年减少1350多万人；进入20世纪90年代，平均每年减少529万人；2000—2008年，平均每年绝对贫困人口减少221万人。《中国农村扶贫开发纲要(2001—2010)》实施后，从当年减贫人口占上年贫困人口的比重即减贫速度来看，2004年以后减贫步伐明显加快。2001—2003年减贫速度分别为4.2%、4.3%和1.5%；2004—2010年平均减贫速度达到14.9%。如表22所示，2000年以后，尤

---

① 1997年重庆直辖市设立后，国务院扶贫开发领导小组又于2002年1月决定由珠海、厦门对口帮扶重庆直辖市。

② 《中国农村扶贫开发的新进展（2011年11月）》，《人民日报》2011年11月17日。

其是"十一五"期间，贫困人口下降速度很快。"十五"期间，贫困人口下降了2990万人，占2000年贫困人口的31.7%。"十一五"期间，贫困人口下降了3744万人，占2005年贫困人口的58.2%。①

表22 "十五"和"十一五"期间绝对贫困和贫困人口减少情况

年份	贫困人口减少人数（万人）	占期初贫困人口的比重(%)
2000—2005年	2990	31.7
2005—2010年	3744	58.2
2000—2010年	6734	71.5

资料来源：《中国贫困监测报告2011》，中国统计出版社2011年版，第13页。

中国扶贫开发的成就，还加速了全球减贫进程，为世界减贫事业做出了贡献。根据外交部与联合国驻华系统合著的《中国实施千年发展目标情况报告》，无论按照中国政府的扶贫标准，还是参考国际贫困标准，中国都是最早提前实现千年发展目标中贫困人口减半目标的发展中国家。从1990年到2005年，全球生活在每人每天消费1美元以下的贫困人口减少到14亿，共减少了4.18亿，降低了23%。如果不包括中国，则全球的贫困人口实际增加了5800万。②

3. 农村扶贫开发过程及成就

全国扶贫工作的开展，是在"文化大革命"结束后，尤其是中共十一届三中全会之后开始的，大致可以分为5个阶段。

第一阶段：体制改革推动扶贫阶段（1978—1985年）

1978年，按中国政府确定的贫困标准统计，贫困人口为2.5亿人，占农村总人口的30.7%。导致这一时期大面积贫困的原因是多方面的，主要是农业经营体制不适应生产力发展需要，造成农民生产积极性低下。因此，制度的变革就成为缓解贫困的主要途径。

中国自1978年开始的改革，首先是土地经营制度的变革，即以家庭

---

① 《中国贫困监测报告2011》，中国统计出版社2011年版，第12页。
② 范小建：《缓解和消除农村贫困的伟大成就》，《农民日报》2009年9月16日。

承包经营制度取代人民公社的集体经营制度。这种土地制度的变革极大地激发了农民的劳动热情，从而极大地解放了生产力，提高了土地产出率。与此同时，在农村进行的农产品价格逐步放开、大力发展乡镇企业等多项改革，也为解决农村的贫困人口问题打开了出路。这些改革，促进了国民经济快速发展，并通过农产品价格的提升、农业产业结构向附加值更高的产业转化以及农村劳动力在非农领域就业三个方面的渠道，将利益传递到贫困人口，使贫困农民得以脱贫致富，农村贫困现象大幅度缓解。据统计，从1978年到1985年，农村人均粮食产量增长14%，棉花增长73.9%，油料增长176.4%，肉类增长87.8%；农民人均纯收入增长了2.6倍；没有解决温饱的贫困人口从2.5亿人减少到1.25亿人，占农村人口的比例下降到14.8%；贫困人口平均每年减少1786万人。

第二阶段：大规模开发式扶贫阶段（1986—1993年）

20世纪80年代中期，在改革开放政策的推动下，中国农村绝大多数地区凭借自身的发展优势，经济得到快速增长，但少数地区由于经济、社会、历史、自然、地理等方面的制约，发展相对滞后。贫困地区与其他地区，特别是与东部沿海发达地区在经济、社会、文化等方面的差距逐步扩大。中国农村发展不平衡问题凸显出来，低收入人口中有相当一部分人经济收入不能维持其生存的基本需要。

为进一步加大扶贫力度，中国政府自1986年起采取了一系列重大措施：成立专门扶贫工作机构，安排专项资金，制定专门的优惠政策，并对传统的救济式扶贫进行彻底改革，确定了开发式扶贫方针。自此，中国政府在全国范围内开展了有计划、有组织和大规模的开发式扶贫，中国的扶贫工作进入了一个新的历史时期。经过八年的不懈努力，国家重点扶持贫困县农民人均纯收入从1986年的206元增加到1993年的483.7元；农村贫困人口由1.25亿人减少到8000万人，平均每年减少640万人，年均递减6.2%；贫困人口占农村总人口的比重从14.8%下降到8.7%。

第三阶段：扶贫攻坚阶段（1994—2000年）

随着农村改革的深入发展和国家扶贫开发力度的不断加大，中国贫困人口逐年减少，贫困特征也随之发生较大变化，贫困人口分布呈现明显的地缘性特征。这主要表现在贫困发生率向中西部倾斜，贫困人口集中分布在西南大石山区（缺土）、西北黄土高原区（严重缺水）、秦巴贫困山区（土地落差大、耕地少、交通状况恶劣、水土流失严重）以及青藏高寒区（积温严重不足）等几类地区。导致贫困的主要因素是自然条件恶劣、基础设施薄弱和社会发育落后等。以1994年3月《国家"八七"扶贫攻坚计划》的公布实施为标志，中国的扶贫开发进入了攻坚阶段。《国家"八七"扶贫攻坚计划》明确提出，集中人力、物力、财力，动员社会各界力量，力争用7年左右的时间，到2000年底基本解决农村贫困人口的温饱问题。这是新中国历史上第一个有明确目标、明确对象、明确措施和明确期限的扶贫开发行动纲领。在1997年至1999年这3年中，中国每年有800万贫困人口解决了温饱问题，是进入20世纪90年代以来中国解决农村贫困人口年度数量最高水平。到2000年底，国家"八七"扶贫攻坚目标基本实现。中国的扶贫开发取得了巨大成就。

（1）解决了两亿多农村贫困人口的温饱问题。农村尚未解决温饱问题的贫困人口由1978年的2.5亿人减少到2000年的3000万人，农村贫困发生率从30.7%下降到3%左右。其中，国家重点扶持贫困县的贫困人口从1994年的5858万人减少到2000年的1710万人。这些人主要是生活在自然条件恶劣地区的特困人口、少数社会保障对象以及部分残疾人。

（2）生产生活条件明显改善。1986年到2000年的15年间，在中国农村贫困地区修建基本农田9915万亩，解决了7725万多人和8398万多头大牲畜的饮水困难。到2000年底，贫困地区通电、通路、通邮、通电话的行政村分别达到95.5%、89%、69%和67.7%。

（3）经济发展速度明显加快。"八七"扶贫攻坚计划执行期间，国家重点扶持贫困县农业增加值增长54%，年均增长7.5%；工业增加值增长99.3%，年均增长12.2%；地方财政收入增加近1倍，年均增长12.9%；粮食产量增长12.3%，年均增长1.9%；农民人均纯收入从648元增加到1337元，年均增长12.8%。

（4）各项社会事业发展较快。贫困地区人口过快增长的势头得到初步控制，人口自然增长率有所下降。办学条件得到改善，"两基"工作（即基本普及九年义务教育和基本扫除青壮年文盲）成绩显著，592个国家重点扶持贫困县中有318个实现了"两基"目标。职业教育和成人教育发展迅速，有效地提高了劳动者素质。大多数贫困地区乡镇卫生院得到改造或重新建设，缺医少药的状况得到缓解。推广了一大批农业实用技术，农民科学种田的水平明显提高。贫困地区95%的行政村能够收听收看到广播电视节目，群众的文化生活得到改善，精神面貌发生了很大变化。

（5）解决了一些集中连片贫困地区的温饱问题。沂蒙山区、井冈山区、大别山区、闽西南地区等革命老区群众的温饱问题已经基本解决。一些偏远山区和少数民族地区，面貌也有了很大的改变。历史上"苦瘠甲天下"的甘肃定西地区和宁夏的西海固地区，经过多年开发建设，基础设施和基本生产条件明显改善，贫困状况大为缓解。①

第四阶段：扶贫开发基本实现阶段（2000—2010年）

在这一阶段，中国农村居民的生存和温饱问题得到基本解决，贫困人口的生产生活条件明显改善，贫困地区基础设施不断完善，社会发展水平进一步提升，生态恶化趋势得到初步遏制。

（1）农村居民的生存和温饱问题基本解决。国家根据经济社会发展水平的提高和物价指数的变化，将全国农村扶贫标准从2000年的865元人民币逐步提高到2010年的1274元人民币。以此标准衡量的农村贫困人

---

① 中华人民共和国国务院新闻办公室：《中国的农村扶贫开发》，《人民日报》2001年10月16日。

口数量，从2000年底的9422万人减少到2010年底的2688万人；农村贫困人口占农村人口的比重从2000年的10.2%下降到2010年的2.8%。

（2）贫困地区经济全面发展。贫困地区产业结构进一步优化，特色优势产业快速发展，县域经济综合实力不断增强。从2001年至2010年，592个国家扶贫开发工作重点县人均地区生产总值从2658元人民币增加到11170元人民币，年均增长17%；人均地方财政一般预算收入从123元人民币增加到559元人民币，年均增长18.3%。农民人均纯收入从2001年的1276元人民币，增加到2010年的3273元人民币，年均增长11%。（未扣除物价因素）上述数据的增幅，均高于全国平均水平。

（3）贫困地区生产生活条件明显改善。国家不断加大贫困地区基础设施建设投入，全面改善这些地方的生产生活条件。从2002年至2010年，592个国家扶贫开发工作重点县新增基本农田5245.6万亩，新建及改扩建公路里程95.2万公里，新增教育卫生用房3506.1万平方米，解决了5675.7万人、4999.3万头大牲畜的饮水困难。到2010年底，国家扶贫开发工作重点县农村饮用自来水、深水井农户达到60.9%，自然村通公路比例为88.1%、通电比例为98%、通电话比例为92.9%，农户人均住房面积24.9平方米，农户使用旱厕和水冲式厕所比重达88.4%。贫困地区农村面貌发生明显变化。

（4）贫困地区社会事业不断进步。农村义务教育得到加强，扫除青壮年文盲工作取得积极进展，到2010年底，国家扶贫开发工作重点县7至15岁学龄儿童入学率达到97.7%，接近全国平均水平；青壮年文盲率为7%，比2002年下降5.4个百分点，青壮年劳动力平均受教育年限达到8年。新型农村合作医疗实现全覆盖，基层医疗卫生服务体系建设不断加强，到2010年底，国家扶贫开发工作重点县参加新农合的农户比例达到93.3%，有病能及时就医的比重达到91.4%，乡乡建有卫生院，绝大多数行政村设有卫生室。贫困地区人口和计划生育工作、公共文化服务体系建设继续得到加强。

（5）贫困地区生态恶化趋势初步得到遏制。从2002年至2010年，国家扶贫开发工作重点县实施退耕还林还草14923.5万亩，新增经济林22643.4万亩。国家扶贫开发工作重点县饮用水水源受污染的农户比例从2002年的15.5%下降到2010年的5.1%，获取燃料困难的农户比例从45%下降到31.4%。①

第五阶段：大扶贫发展阶段（2011年至今）

2011年6月，中共中央、国务院颁布《中国农村扶贫开发纲要（2011—2020年）》，提出了未来十年农村扶贫开发的总体要求和目标任务。扶贫形势从绝对贫困到转型性贫困，从过去以解决温饱问题为核心向给予贫困人口更有尊严的生活转变。

按照新的贫困标准，2011年全国扶贫对象覆盖人口1.22亿人，占农村户籍人口的12.7%。2012年，中央财政综合扶贫投入2996亿元，比2011年增长31.9%。其中，中央财政专项扶贫资金332亿元。启动实施了武陵山、六盘山、罗霄山等11个集中连片特困地区区域发展与扶贫攻坚规划及"十二五"（2011—2015年）时期支持西藏，新疆和新疆生产建设兵团，四川、云南、甘肃、青海四省藏区经济社会发展规划，着力解决深度贫困问题。2011年，国家扶贫开发工作重点县农村居民人均纯收入3985元，比2009年增长40.2%，增幅高于全国农村居民平均水平。按照新的国家扶贫标准，2012年末农村贫困人口为9899万人，比上年末减少2339万人。国家编制出台了《扶贫开发整村推进"十二五"规划》，计划"十二五"期间，完成中西部3万个贫困村整村推进任务，年均完年6000个村。农村贫困残疾人生活状况进一步改善。2012年国务院印发《农村残疾人扶贫开发纲要（2011—2020年）》。2012年，共扶持229.9万农村贫

---

① 《中国农村扶贫开发的新进展（2011年11月）》，《人民日报》2011年11月17日。

困残疾人，为 86.1 万农村残疾人提供实用技术培训，为 13.2 万户农村贫困残疾人家庭实施危房改造。少数民族贫困地区人民生活不断改善。根据民族地区的实际，中国政府坚持国家帮助、发达地区支援、民族地区自力更生相结合的方针，制定出台一系列优惠政策，推动少数民族地区经济发展，努力提高各民族人民生活水平。中央财政不断加大对民族地区的转移支付力度。2010 年至 2012 年，中央财政对 8 个民族省（自治区）转移支付总额为 26055 亿元，占中央财政对地方转移支付总额的比重由 24.3% 提高到 25.7%，同时加大了对民族自治州、民族自治县及边境地区的转移支付力度。国家编制实施《扶持人口较少民族发展规划（2011—2015 年）》，将 6 个 10 万人以上 30 万人以下的民族纳入扶持范围，安排专项资金帮助人口较少民族发展经济和改善生产生活条件。国家支持边境地区经济社会发展，编制实施《兴边富民行动规划（2011—2015 年）》。国家制定了促进牧民增收、支持牧区发展的政策。少数民族和民族地区脱贫致富成效显著。2005 年至 2010 年，民族 8 省区贫困人口从 2338.4 万人减少到 1304.4 万人，贫困发生率从 16.5% 下降到 7%，比全国同期贫困发生率下降幅度快了近 5.5 个百分点。①

4. 农村扶贫开发的基本经验

中国扶贫开发取得的伟大成就，不仅表现在贫困人口的减少和贫困地区的发展，更重要的是，中国探索了一条符合中国国情的扶贫开发道路，成为中国特色社会主义理论体系的组成部分。

（1）解放思想，体制创新是缓解和消除贫困的前提条件。中国农村的扶贫开发，伴随着思想解放的进程。根据国民经济发展水平和农村贫困主要特征的变化，分阶段提出奋斗目标和主要任务，不断创新体制，完善政策，强化手段，逐步建立了消除农村贫困的制度和政策框架。经济增长、

---

① 《2012 年中国人权事业的进展》，《人民日报》2013 年 5 月 15 日。

强化农业基础地位，是缓解和消除贫困的物质保障。30年来，国民经济稳步增长，人民收入水平不断提高，主要农产品产量不断增加，谷物、肉类、禽蛋、水产品、蔬菜、水果的人均占有分别接近、达到或超过世界平均水平。这些都为贫困的缓解提供了必要的物质条件。统筹城乡、实施反哺是缓解和消除贫困的推动力量。实施"四减免、四补贴"为主要内容的农业补贴政策和保护农民基本利益的最低收购价制度，加大农村基础设施建设力度，努力促进农村社会事业发展，建立农村最低生活保障制度，实现以工促农，以城带乡。实施西部开发、东北振兴、中部崛起等发展战略，促进区域协调发展。这些有利于贫困地区、贫困人口的宏观战略，成为促进贫困地区发展、帮助贫困人口脱贫致富的重要推动力量。

（2）中国扶贫事业最根本的经验是坚持开发式扶贫的方针。发展中国家走过的历史和中国改革开放以来的经验说明，经济增长不会自动向弱势群体倾斜；社会救助不会自动提高弱势群体的发展能力。因此，一定要坚持开发式扶贫的方针。开发式扶贫的主要做法可以概括为五个坚持，即：政府主导、社会参与、自力更生、开发扶贫、科学发展。

第一，坚持政府主导。一是加强领导。建立健全从中央到地方的扶贫工作领导机构和工作机构，实行各级政府扶贫工作首长负责制和资金、任务、权力、责任"四个到省"的扶贫工作责任制。二是制定规划。把农村扶贫开发作为国民经济和社会发展中长期规划的重要内容。1994年颁布实施《国家"八七"扶贫攻坚计划》，2001年颁布实施《中国农村扶贫开发纲要（2001—2010年）》，作为国家扶贫开发的纲领性文件。三是强化瞄准。根据国民经济发展水平和国家财力状况，确定国家扶贫标准。根据贫困人口分布状况，适时确定并调整国家扶持的重点区域。工作重心从贫困区域下沉到重点县，又进一步到贫困村。扶贫工作进村入户，瞄准贫困人口。四是加大投入。不断加大投入力度。1978—2008年，中央政府投入专项财政扶贫资金1700多亿元，还通过贴息调动了2000多亿元扶贫贷款。地方各级政府的扶贫投入也不断增加。五是组织推动。动员行业部门和东部发达地区的力量开展扶贫。组织272个中央国家机关、民主党派、社会团体、国有大型企业等单位定点帮扶481个国家扶贫开发工作重点县；动员东部沿海15个发达省市和计划单列市对口帮扶西部11个相对贫困的省区市。如果没有政府的强力推动，扶贫开发工作不可能有今天这样的成就。

第二，坚持社会参与。一是深入宣传。通过各种形式帮助社会各方面了解贫困地区和贫困人口，在全社会营造出普遍参与扶贫济困工作的舆论氛围。二是广泛动员。民营经济参与扶贫。1994年开始的"光彩事业"，以项目投资为中心，开发资源、兴办企业、培训人才、发展贸易，并通过包括捐赠在内的多种方式促进贫困地区的经济发展和教育、卫生、文化等社会事业的进步，投资超过1300亿元，捐款超过170亿元。民间组织参与扶贫。如共青团中央发起的"希望工程"，全国妇联发起的"春蕾计划""母亲水窖"，中国人口基金会发起的"幸福工程"，中国扶贫基金会发起的"母婴平安120项目"等。三是国际交流与合作。与有关国际组织、双边机构和国内外民间组织合作，联合实施多种形式的扶贫项目或活动。

第三，坚持自力更生。扶贫开发的主体是贫困地区的干部群众，最终目的是提高他们的自我生存和发展能力。中国始终提倡不等不靠，动员群众积极依靠自己力量改变贫穷落后面貌。20世纪90年代以来，中国积极推行参与式扶贫的理念和方式。通过"参与式"整村推进，让贫困人口直接参与扶贫开发项目与资金使用的决策，促进他们的能力建设，增强其个人的自我积累、自我发展能力。通过社区主导型发展的试点，推进村民自治和基层民主制度建设，进一步焕发贫困群众自强自立、自我发展的精神。努力提高贫困农户组织化程度，实现自我管理和发展，是中国目前工作的重要方向。

第四，坚持开发扶贫。开发式扶贫主要内容包括：开展基础设施建设，帮助贫困乡村实现通路、通电、通邮、通广播电视；加强农田水利建设，提高贫困农户的土地生产能力；开辟增收渠道，支持贫困农户发展种植业、养殖业和小型加工业项目；提高人员素质，组织各类职业技术培训，引入农业新技术和新方法；开展大规模的劳务输出和自愿移民搬迁，创造就业和发展机会等。中国采取的主要措施有：在15万个贫困村制定整村推进扶贫开发规划，分年度实施，全面改善其基本生产生活条件；实施"雨露计划"，开展贫困地区劳动力培训，提高生产技能，增加外出就业机会；促进产业扶贫，发展特色经济，调整贫困地区产业结构；组织扶贫移民搬迁，从根本上解决自然条件极度恶劣地区群众的生存问题，减轻这些地区生态环境压力；开展集中连片贫困地区治理试点，探索深度贫困问题的解决途径；灾区贫困村灾后重建，等等。通过这些努力，提高了贫困地区和贫困人口的自我发展能力。

第五，坚持科学发展。缓解农村贫困，要努力减少绝对贫困，又要高度关注发展的不平衡，把缩小发展差距，促进社会和谐放在更重要的位置；要改善基本的生产生活条件，又要提高人的基本素质，重在提高贫困地区和贫困人口的自我发展能力；要发展经济，又要促进教育文化卫生等社会事业的进步，实现经济、社会、文化全面发展；要进行资源开发，又要控制人口增长，保障资源、人口和环境的良性循环，实现可持续发展；要立足农村，又要统筹城乡，突破城乡二元结构的束缚，实现协调发展。这是扶贫开发工作贯彻落实科学发展观的总要求。①

（三）农村的五保供养工作

1. 五保供养工作的政策

十一届三中全会以后，中国共产党在农村推行了一系列新的农村社会救助政策，为五保工作的恢复和发展指明了方向。1979年9月，十一届四中全会通过的《中共中央关于加快农业发展若干问题的决定》指出：

---

① 范小建：《缓解和消除农村贫困的伟大成就》，《农民日报》2009年9月16日。

"随着集体经济的发展,要逐步办好集体福利事业,使老弱、孤寡、残疾社员、残废军人和烈军属的生活得到更好的保障。"1980年9月,中共中央印发《关于进一步加强和完善农业生产责任制的几个问题的通知》又强调:在包产到户的社队,"对军烈属、五保户和其他困难户要有妥善的照顾办法。"

与此同时,随着计划生育政策的推行,农村五保供养工作的重要性更加突出。1980年9月25日,中共中央正式发出《关于控制我国人口增长问题致全体共产党员、共青团员的公开信》,号召:"提倡一对夫妇只生育一个孩子。"因此,农村老弱、孤寡、残疾社员供给政策有利于解除群众的后顾之忧,对于推行计划生育工作非常重要。1981年国家农业委员会、民政部指出:"对于老弱、孤寡、残疾社员实行供给,是党和政府的一项政策,也是农村社队的好传统,农民中的好风尚。保证这部分社员的生活,有利于计划生育,有利于巩固安定团结,促进四化建设。"[①]1982年1月,中共中央批转《全国农村工作会议纪要》指出:"包干到户这种形式,有一定的公共提留,统一安排五保户的生活,要求做好五保工作。"

随着农村家庭联产承包责任制的推行,集体经济的模式发生改变。河南省沈丘县创造出多种措施保障农村五保老人生活的经验。1982年10月18日,胡耀邦在新华社的一份内参上做出批示,肯定了沈丘的经验。沈丘县有农业人口87万人,五保户4468人。农村实行承包责任制后,沈丘县针对五保户的不同情况,采取不同的赡养办法,创造了四种供养形式:一是集体统一供给,分散赡养。二是大队兴办敬老院,集中赡养。三是承包土地,由亲属代耕代养。四是对长期卧病或残疾的五保老人,以每月20—30元的工资,雇请专人照料。沈丘县还把供养五保户所需的费用订入承包合同,统一提留,按期供给;五保户都发有粮本和存折,随用随取。油、柴、

[①] 民政部政策研究室:《民政工作文件汇编》(二),地质出版社印刷厂印刷1984年,第179页。

棉由生产队收齐交五保户。做到了包干扶贫到户，队队户户有人管，形成一套行之有效的督促落实制度。保证了五保户的生活略高于群众一般生活水平。1982年11月15日，民政部发出《关于印发"谁见过这样的五保户"的通知》，要求各地民政部门要把关心五保老人，落实供给政策，作为社会主义精神文明建设的内容之一，深入地进行宣传教育，树立人人尊老爱幼的社会主义新风尚。①

但"有些地方对五保户同其他社员一样包给责任田，不再供给；有些地方把供给五保户的粮、款分摊各户，让五保户自己去收取，或者让五保户轮流吃派饭"。②总之，关于五保户，"不少地方多年没有进行过五保户的评定，五保对象底数不清，一些该五保的人没有给予五保；有些地方没有适应农村生产管理和分配形式的变化及时采取措施，致使一些五保户的生活得不到应有的保障。"③为此，1982年12月，民政部发出《关于开展农村五保户普查工作的通知》，决定在当年冬至第二年春，对全国农村五保对象进行一次普查、登记。普查的范围包括：农村基本上没有劳动能力、无依无靠、无生活来源的老人、残废人和孤儿。普查的方法和步骤是：普查前要做好准备工作，抽调人员，集中时间，学习有关政策，明确普查的意义、目的和做法。然后进行试点，取得经验，再全面展开。对五保对象要逐户查看、登记、评定、发证。评定时要征求群众意见，经大队审查，公社批准，张榜公布。普查中要注意研究政策问题，及时总结交流经验。普查工作完成时要整理汇集资料，建立档案。该《通知》要求普查评定后，要逐户落实供给措施。不论实行什么样的生产责任制，都要强调集体统筹供养，发给五保供给证。在五保对象自愿、确有供养保障的条件下，经过批准，

---

① 民政部政策研究室：《民政工作文件汇编》（二），地质出版社印刷厂印刷1984年，第187–189页。
② 民政部政策研究室：《民政工作文件汇编》（二），地质出版社印刷厂印刷1984年，第183页。
③ 民政部政策研究室：《民政工作文件汇编》（二），地质出版社印刷厂印刷1984年，第190页。

也可以采取其他的供养形式,并签订供养协议书。五保户的供养标准,应按照不低于当地一般社员的实际生活水平的原则,根据各地的实际情况自定。对有些五保户当前存在的住房破漏、口粮不足、衣被缺少、疾病无钱治疗、日常生活无人照顾等迫切问题,要立即帮助解决。[1]1983年7月,民政部又发出《关于切实做好五保户普查工作的补充通知》,规定:普查工作已经搞完的地方,县、公社(乡)和大队要共同组织力量,以生产队为单位逐个进行复查验收。省、市、自治区和地(市)要加强指导,并进行重点检查。验收的标准是:对象准确,无错漏;各项供给全部评定落实,发给了五保供给证或签订了包养协议书,五保户达到了当地一般群众的实际生活水平;普查资料齐全,建立了档案。在复查验收中,凡发现不合标准的,都要及时补课。同时,该《通知》还明确了五保工作中的几个政策性问题。其一,关于几种五保对象的确定问题。有女无儿老人,过去已享受五保的,不再变更。过去未享受五保的,原则上按照《婚姻法》"子女对父母有赡养和扶助的义务"的规定,说服其女儿赡养。如果其女儿确实无力赡养,经过群众讨论同意,也可以五保,但女儿也要承担一定的扶助义务。改变了地主、富农成分的人,在旧社会任过伪职,办过一些坏事,以及过去曾经犯过一些错误的人,只要有公民权,而且符合五保条件的,就应该给予五保。其二,关于五保户财产的处理问题。评定五保户,不应把五保户有无财产或者是否将财产交给集体作为先决条件。应认真贯彻《宪法》的有关规定,以维护他们对自己财产的所有权。其三,关于供给款物的负担问题。因五保户分布不均和经济条件的差异而造成负担畸轻畸重的地方,可以分别采取由生产队、大队和公社(乡)分担,或者全部由大队或公社(乡)统筹的办法。对于少数特别贫困社队的五保户,要在充分发挥集体经济力

---

[1] 民政部政策研究室:《民政工作文件汇编》(二),地质出版社印刷厂印刷1984年,第190-191页。

量的基础上，认真做好救济工作，有条件的地方，可实行定期定量救济。①

据普查统计，到1983年底，全国农村有五保户252.65多万户，295.05多万人。其中，老人261.2多万人，残疾22.35多万人，孤儿11.46多万人，分别占五保对象总数的88.54%、7.58%和3.88%。普查后，已有283.78多万人落实了各种形式的五保供养，占应保人口的96.18%，比普查前增长了6.18%。应保未保的11.27多万人，占应保人口的3.82%。在落实五保供养的人口中，入敬老院供养的16.94多万人，占5.74%；集体供给分散生活的241.14多万人，占81.73%；由亲友邻里包养或代养的25.7多万人，占8.71%。此外，还有16.51多万人享受了国家给予的定期定量救济。

普查中贯彻边查边改的原则，推动了五保政策的全面落实，近30万应保未保的人落实了五保政策。北京、河北、山东和广东等省，新落实五保的人口占原享受五保人口的30%以上。广西武鸣县在普查中，认真落实党的政策，对61名改变了地富成分、任过伪职或犯过严重错误的人落实了五保。许多地方还调整了五保户的供养标准。山东省为18万五保对象，每人每年增加口粮17公斤，增加供养费27元。通过普查，还为五保户解决了许多实际困难。仅据山西、安徽和湖北等13个省统计，就为五保户修建住房3.7万多间，解决衣被4.5万多件，口粮170多万公斤，现金80多万元，并为59万生活自理有困难的人落实了护理人员。

通过普查，有效地提高了干部群众对发展敬老院的认识，推动了敬老院建设。仅在普查期间，全国就新建敬老院3461所，增加收养人员3.18多万人，比原有数分别增长了33%和23%。江苏省一年建院847所，实现了一年翻两番的高速度。该省的沛县半年建院46所，不仅速度快，而且质量好。历史上没有敬老院的西藏，也建起了敬老院。许多敬老院还进行

---

① 民政部政策研究室：《民政工作文件汇编》（二），地质出版社印刷厂印刷1984年，第192-193页。

了改建或扩建,进一步改善了老人的生活条件,保证了在院老人安度晚年。①

同时,普查也发现一些普遍的问题,主要表现为:其一,供养落实不全面。少数地方五保政策落实较差,有的省27%的五保对象划田自耕或代耕,其中有的地区达50%,个别县甚至高达70%。有的省个别地区,普查工作结束后,仍有61.7%的五保对象未落实供养。少数地方五保对象流浪乞讨和非正常死亡的问题也时有发生。其二,供养标准低。已经落实五保的户,有一部分供养标准偏低,使五保对象的生活得不到应有的保障。有的地区,少数五保对象的口粮每年只给100公斤左右,烧柴自己设法解决,生病无人照料,房屋破漏无人过问,生活相当艰难。特别是五保户住房、治病、护理等问题,比较普遍、严重。有的省,五保户住房条件较差的占25%左右,少数地方高达40%。其三,群众负担畸轻畸重。一些老、少、边、山等长期贫困地区,由于生产发展缓慢,群众收入低,五保对象又多,群众负担过重。据重庆市调查,有些贫困村仅供养五保户一项,人均需负担三元以上,户均负担十几元。河北省井陉县城关镇一个村仅20户,有7户是五保户,平均不到2户供养1户。②

实际上,各地为适应经济体制改革,也在认真进行五保工作改革。吉林省九台县龙家堡乡创造的"统筹分管"经验,普遍提高了供养标准,确保了五保政策的全面落实,使传统工作业务焕发出新的生机。这种做法受到民政部的高度重视。

"统筹分管",就是由乡统一筹集、管理、使用五保户的经费和敬老院的办院经费,而五保户的生活安排则由乡、村和合作社三级分工管理,各负其责,互相配合,保证落实。统筹即统一供养标准,统一筹建供养标准,统一分配和使用供养经费。分级管理即乡负责审批五保对象核实五保人数;规定供养标准,统筹发放供养经费;审查和报销住院费、丧葬费、建房费;

---

① 《当代中国的民政》(下),当代中国出版社1994年版,第109-110页。
② 《当代中国的民政》(下),当代中国出版社1994年版,第112-113页。

督促检查村、社按分管任务安排好五保户生活。村负责制定五保户建房方案，经费预算，经乡批准后组织建房；组织党、团员和干部包户照顾五保户；妥善处理五保户的后事和遗产；督促检查合作社完成分管任务。合作社负责口粮、烧柴等实物的兑现；维修房屋；担水、打扫和拆洗被褥等日常生活照料。1985年1月12日，民政部发出《转发〈关于龙家堡五保工作实行'统筹分管'办法的调查报告〉的通知》，要求各地民政部门要借鉴他们的做法，进一步做好五保工作。①

1985年，中共中央、国务院发出《关于制止向农民乱派款、乱收费的通知》，对解决五保对象的问题做出了明确的规定："乡和村兴办教育、修建公路、实施计划生育、优待烈军属、供养五保户等事业的费用，原则上应当以税收或其他法定的收费办法来解决。在这一制度建立之前，应按照中共中央1984年一号文件的规定，实行收取公共事业统筹费的办法。（1）由省、自治区、直辖市按不同类型地区经济状况分别规定统筹费的最高限额和减免办法；（2）由乡人民代表大会定项目、限款额，一年定一次，中间不得任意追加；（3）由农户和乡办、村办企业按一定的比例合理分担。对贫困户应酌情减免，高收入户应适当多负担一些，不要简单地按田亩或按人平均分配；（4）统筹费的使用，要兼顾乡和村两级的需要，由乡政府建立预决算制度，接受县财政的监督。②1991年12月，国务院第92号令发布的《农民承担费用和劳务管理条例》规定：村提留包括公积金、公益金和管理费。其中，公益金"用于五保户供养、特别困难户补助、合作医疗保健以及其他集体福利事业"。乡统筹费"可以用于五保户供养。五保户供养从乡统筹费中列支的，不得在村提留中重复列支"。③中共中央

---

① 《民政工作文件选编（1985年）》，华夏出版社1986年版，第307—311页。
② 《中共中央、国务院关于制止向农民乱派款、乱收费的通知》，《中华人民共和国国务院公报》1985年第31期。
③ 《农民承担费用和劳务管理条例》，《中华人民共和国国务院公报》1991年第41期。

和国务院的一系列规定，为五保工作立法明确了方向，奠定了基础。

1994年1月，国务院发布《农村五保供养工作条例》。该《条例》规定：(1)五保供养的对象：无法定扶养义务人，或者虽有法定扶养义务人，但是扶养义务人无扶养能力的；无劳动能力的；无生活来源的。法定扶养义务人，是指依照《婚姻法》规定负有扶养、抚养和赡养义务的人。五保对象的确定：由村民本人申请或者由村民小组提名，经村民委员会审核，报乡、民族级、镇人民政府批准，发给"五保供养证书"。(2)五保对象的供养停止条件：有了法定扶养义务人且法定扶养义务人具有扶养能力的；重新获得生活来源的；已满16周岁且具有劳动能力的。(3)五保供养的内容：供给粮油和燃料；供给服装、被褥等用品和零用钱；提供符合基本条件的住房；及时治疗疾病，对生活不能自理者有人照料；妥善办理丧葬事宜。五保对象是未成年人的，还应当保障他们依法接受义务教育。(4)五保供养的实际标准，不应低于当地村民的一般生活水平。具体标准由乡、民族乡、镇人民政府规定。(5)五保供养所需经费和实物，应当从村提留或者乡统筹费中列支，不得重复列支；在有集体经营项目的地方，可以从集体经营的收入、集体企业上交的利润中列支。(6)五保供养的形式：对五保对象可以根据当地的经济条件，实行集中供养或者分散供养。具备条件的乡、民族乡、镇人民政府应当兴办敬老院，集中供养五保对象。敬老院实行民主管理，文明办院，建立健全服务和管理制度。五保对象入院自愿，出院自由。敬老院可以开展农副业生产，收入用于改善五保对象的生活条件。地方各级人民政府和有关部门对敬老院的农副业生产应当给予扶持和照顾。实行分散供养的，应当由乡、民族乡、镇人民政府或者农村集体经济组织、受委托的扶养人和五保对象三方签订五保供养协议。国务院民政部门主管全国的五保供养工作。县级以上地方各级人民政府民政部门主管本行政区域内的五保供养工作。

为了规范和发展敬老院，推动集中供养，1997年民政部颁布了《农村敬老院管理暂行办法》，进一步明确了五保供养的筹资渠道，并将这一制度纳入了法制化轨道。这一时期将五保对象纳入"乡统筹、村提留"的融资体系，对没有劳动能力的供养对象通过乡镇统筹的资金补助他们的生活，从而使这一具有中国特色的农村福利制度得以延续。

2004年8月，民政部、财政部、国家发展和改革委员会发出《关于进一步做好农村五保供养工作的通知》，要求规范五保管理，实现"应保尽保"，重申了1994年《农村五保供养工作条例》的规定，加强资金管理，确保五保供养资金落实。该《通知》指出：实行农村税费改革后，农村五保供养资金发生了变化，除保留原由集体经营收入开支的以外，从农业税附加收入中列支；村级开支确有困难的，乡镇财政给予适当补助。免征、减征农业税及其附加后，原从农业税附加中列支的五保供养资金，列入县乡财政预算。地方在安排使用农村税费改革转移支付资金时，应当确保五保供养资金的落实，不得截留、挪用。各地要采取有效措施，确保五保供养资金及时足额发放。集中供养经费可由县级财政部门根据县级民政部门提出的用款计划直接拨付敬老院；分散供养经费可由县级财政部门根据县级民政部门提出的用款计划，通过银行直接发放到户。

该《通知》要求进一步加强敬老院建设，鼓励社会力量投资兴办农村敬老院或资助农村敬老院建设。同时，发动社会力量，支持五保供养工作。五保户承包的土地由村集体或受委托的扶养人代为耕种的，集体或受委托的扶养人要根据五保供养协议（或敬老院入院协议），对五保对象的生活给予必要补助或帮扶。各地民政部门在开展社会捐助活动中募集的物资，应当优先用于解决农村五保户的生活需要。

2006年1月21日，国务院修订公布的《农村五保供养工作条例》规定，农村五保供养对象是无劳动能力、无生活来源又无法定赡养、抚养、扶养义务人，或者其法定赡养、抚养、扶养义务人无赡养、抚养、扶养能力的老年、残疾或者未满16周岁的村民；供养内容有供给粮油、副食品和生活用燃料，供给服装、被褥等生活用品和零用钱，提供符合基本居住条件的住房，提供疾病治疗，对生活不能自理的给予照料，办理丧葬事宜。供养对象未满16周岁或者已满16周岁仍在接受义务教育的，应当保障他们依法接受义务教育所需费用。农村五保供养资金纳入财政预算，五保供养标准不低于当地村民平均生活水平。新条例的出台标志着农村五保供养实现了从集体供养到以财政供养为主的历史性转变，新型农村五保供养制度全面建立。

为贯彻落实新修订的《农村五保供养工作条例》，2006年3月28日，民政部办公厅发出《关于开展农村五保供养对象一次性调查的通知》，决定在当年3—7月对全国符合农村五保供养条件的特困群众家庭进行一次全面摸底调查。各级民政部门对参加调查工作的人员要先进行培训，民政部也将组织督查组，对各地调查工作进行随机抽查。调查以县（市、区）为单位，县级民政部门要组成专门的调查组，紧紧依靠乡（镇）人民政府和村民委员会的力量，根据《条例》所确定的五保供养条件，逐村逐户调查农村特困群众家庭情况。对符合五保供养条件的人员进行备案登记，填写《农村社会救济对象台卡》，并随《2006年民政事业统计快报表》由地方各级民政部门逐级汇总上报至民政部。

2006年9月6日，民政部、国家发展改革委、财政部发出《关于贯彻落实<农村五保供养工作条例>的通知》（以下简称《通知》），指出：各地规范农村五保供养对象管理。各地民政部门要规范供养对象审批管理，在逐村逐户调查农村特困群众家庭情况的基础上，按照条例所确定的"本人自愿申请—村委会民主评议—乡镇人民政府审核—县级人民政府民政部门审批"的程序，遵守法定期限的要求，严格执行信息公告、调查核实、书面答复等相关规定，做到审批管理的公开、公平、公正。县级人民政府民政部门在批准村民享受农村五保供养待遇后，应及时免费发给《农村五保供养证》，乡镇人民政府工作人员要按时登记农村五保供养记录。村民不再符合条件时，应及时终止其农村五保供养待遇。要维护农村五保供养对象财产权益，尊重农村五保供养对象合法使用、处分个人财产的自由，禁止将是否把财产交给集体或国家作为批准享受农村五保供养待遇的前提条件。

该《通知》指出：确保农村五保供养资金落实。各地要建立稳定的资金筹措机制。一是要在地方人民政府财政预算中安排农村五保供养资金。在中央财政逐步加大对困难地区补助力度的同时，各地要依据当地农村五保供养标准和农村五保供养对象数量合理安排资金，并根据农村五保供养对象数量变动，尤其是今年各地摸底排查情况，及时调整预算以满足实际需要。二是要充分发挥农村集体经济组织的作用。有集体经营等收入的地方，要从收入中适当安排资金或实物，用于补助和改善农村五保供养对象的生活。三是要保护农村五保供养对象的土地承包权益。在自愿基础上，鼓励和支持农村五保供养对象将承包土地交由他人代耕，其收益归该农村五保供养对象所有。各地要进一步规范资金发放。县级人民政府财政部门要根据同级民政部门提出的用款计划，及时核拨农村五保供养资金。有条件的地区要逐步推行社会化发放方式，确保农村五保供养资金及时发放到户、落实到人。

该《通知》指出：科学制定并公布农村五保供养标准。县级、地级或设区的市的人民政府的民政部门应会同财政等部门，以本行政区农村村民在吃、穿、住、医、教、葬等方面的人均消费支出指标为基础，同时考虑农民人均生活消费支出指标，制定当地农村五保供养标准，经当地人民政府批准并报省级人民政府备案后执行。各地要随着当地村民生活水平的提高，适时调整农村五保供养标准，保证农村五保供养标准不低于当地村民的平均生活水平。各地要通过多种渠道向社会公布当地农村五保供养标准，接受农村五保供养对象以及社会各界的监督。

该《通知》指出：大力加强农村五保供养服务机构建设与管理。要尊重农村五保供养对象自行选择供养形式的权利，农村五保供养对象可以在家分散供养，也可以在农村五保供养服务机构集中供养。各地要将农村五保供养服务机构建设纳入当地经济社会发展规划，因地制宜地合理规划农村五保供养服务机构建设，坚持政府主导，社会参与，力争到"十一五"末期，建成布局比较合理、设施基本配套、管理较为规范的农村五保供养服务机构网络。各地要进一步规范和完善农村五保供养服务机构内部民主管理制度，吸纳农村五保供养对象参与机构管理与监督，组织开展工作人员培训，提高供养服务技能和水平。各地县、乡人民政府要为农村五保供养服务机构提供必要的设备、管理资金，以满足供养服务工作的实际需要。同时，要为农村五保供养服务机构配备必要的工作人员，并严格执行最低工资政策，不断提高待遇水平，逐步解决其社会保障问题。

此外，该《通知》要求各地妥善解决农村五保供养对象的突出困难，切实加强对农村五保供养工作的组织领导。

2. 五保供养工作的成效

五保供养是新中国第一项农村社会保障制度，也是当今社会救助体系建设中的一项重大制度安排。改革开放以来，五保供养工作对于保障农村最困难群众的基本生活权益、增强党和政府与人民群众的血肉联系、维护社会和谐稳定，具有不可替代的重要作用，五保供养工作取得了显著成绩。

（1）应保尽保基本实现。改革开放以后，民政部会同有关部门，通过组织开展农村五保供养对象摸底排查，逐村逐户调查、登记造册，较准确地掌握了符合供养条件的人员数量。如表23所示，全国五保供养对象数量由2004年底的228.7万人增加到2010年的556.3万人。之后，各地依据制度规定，对新增农村"三无"对象，坚持做到及时审批、随时纳入。到2013年，全国共有五保供养对象537.3万人，基本实现了应保尽保。

表23 农村五保供养情况

	供养合计（万人）	分散供养（万人）	集中供养（万人）
2004	228.7	155.5	73.2
2005	300.0	204.0	96.0
2006	503.3	342.2	161.1
2007	531.3	393.3	138.0
2008	548.6	393.0	155.6
2009	553.4	381.6	171.8
2010	556.3	378.9	177.4
2011	551.0	366.5	184.5
2012	545.6	360.3	185.3
2013	537.3	353.8	183.5

资料来源：《中国民政统计年鉴2014》，中国统计出版社2014年版，第60页。

（2）保障水平稳步提高。为了保障五保供养对象正常生活，改革开放以后尤其是2006年以后，各地不断改善财政支出结构，加大资金投入力度，稳步提高供养标准，普遍实行社会化发放。如表24所示，1978年居家供养五保户和集体供养五保户金额合计3亿元，2002年达到31亿元，是1978年的10.33倍。2009年，全年各级财政共发放农村五保供养资金88亿元，比上年增长19.4%，其中中央财政安排春节一次性生活补贴补助资金5.4亿元。[①]2010年全年各级财政共发放农村五保供养资金98.1亿元，比上年增长11.4%，其中中央财政首次安排五保对象临时物价补贴3.5亿元。[②]2011年全年各级财政共支出农村五保供养资金121.7亿元，比上年增长24.1%。[③]2012年全年各级财政共支出农村五保供养资金145.0亿元，比上年增长19.1%。[④]2013年全年各级财政共支出农村五保供养资金172.3亿元，比上年增长18.9%。[⑤]

---

① 《中国民政统计年鉴2010》，中国统计出版社2010年版，第45页。
② 《中国民政统计年鉴2011》，中国统计出版社2011年版，第53页。
③ 《中国民政统计年鉴2011》，中国统计出版社2011年版，第6页。
④ 《中国民政统计年鉴2012》，中国统计出版社2012年版，第8页。
⑤ 《中国民政统计年鉴2013》，中国统计出版社2013年版，第8页。

表24 集体优待供给补助情况 单位：亿元

年份	总数	优待烈军属金额	居家供养五保户金额	集体供养五保户金额
1978	3.9	1	1.2	1.8
1979	5.5	2	1.6	1.9
1980	6.3	3.1	1.5	1.6
1981	8.4	4.7	2	1.6
1982	10.5	5.9	2.8	1.8
1983	10.9	6	3.4	1.6
1984	12.1	6.2	4.2	1.7
1985	14.7	7.2	5.9	1.7
1986	15.8	7.5	6.2	2
1987	18.4	8.2	7.6	2.6
1988	20.6	8.8	8.4	3.3
1989	20	9.2	8.6	2.2
1990	22.2	10	10.2	2
1991	23.8	10.6	11.3	1.9
1992	25.5	11.7	12	1.9
1993	31	13.2	14.6	3.2
1994	36.1	15.6	17.7	2.7
1995	42.1	19.4	19.7	2.9
1996	51.8	25.2	23.1	3.5
1997	53.1	32.2	17	3.9
1998	58.4	35.6	18.1	4.7
1999	60.9	40.3	18	2.7
2000	70.3	46.9	20.5	2.9
2001	77.7	46.3	17.3	14.1
2002	68.5	37.5	17.1	13.9

资料来源：《中国民政统计年鉴2003》，中国统计出版社2003年版，第126页。

随着各级财政投入力度的增大，五保供养标准也逐步提高。如表25所示，2006年集中供养农村五保户人年均救助标准为1608.2元，分散供养农村五保户人年均救助标准为1224.5元，分别是同年农村最低生活保障850.8元的1.89倍、1.44倍。2013年，集中供养农村五保户人年均救助标准为4685元，分散供养农村五保户人年均救助标准为3498.5元，分别是同年农村最低生活保障2433.9的1.92倍、1.43倍。

表25　最低生活保障和社会救济平均标准

年份	城市最低生活保障平均标准(元/人、月)	农村最低生活保障平均标准(元/人、年)	集中供养农村五保户救济平均标准(元/人、年)	分散供养农村五保户救济平均标准(元/人、年)
1999	149.0			
2000	157.0			
2001	147.0			
2002	148.0			
2003	149.0			
2004	152.0			
2005	156.0			
2006	169.6	850.8	1608.2	1224.5
2007	182.4	840.0	1953.0	1432.0
2008	205.3	987.6	2176.1	1624.4
2009	227.8	1210.1	2587.5	1842.7
2010	251.2	1404.0	2951.4	2102.1
2011	287.6	1718.4	3399.7	2470.5
2012	330.1	2067.8	4060.9	3008.0
2013	373.3	2433.9	4685.0	3498.5

资料来源：《中国民政统计年鉴2014》，中国统计出版社2014年版，第166页。

与此同时，供养条件明显改善。在民政部、国家发改委等的支持下，农村五保供养服务机构不断增加。同时，各地也将供养服务机构建设纳入当地经济社会发展规划，千方百计加大投资，改善供养服务条件，五保供养服务机构小、散、差的局面得到明显改观，如表26所示，1997年，农村五保供养服务机构31968个，床位数831750张，到2007年，农村五保供养服务机构34684个，床位数1798178张。

表26　农村五保供养服务机构

年份	单位数（个）	床位数（张）	床位年增长率（%）
1997	31968	831750	1.9
1998	32236	848274	2.0
1999	37344	852637	0.5
2000	25576	555782	−34.8
2001	26650	684202	23.1
2002	25697	662038	−3.2
2003	24343	675906	2.1
2004	26442	775466	14.7

续表26

年份	单位数（个）	床位数（张）	床位年增长率（%）
2005	29681	895340	15.5
2006	31737	1135937	26.9
2007	34684	1798178	58.3

资料来源：《中国民政统计年鉴2008》，中国统计出版社2008年版，第29页。）

（四）农村最低生活救助

新中国成立后，中国共产党和中国政府对农村特殊困难群众如灾民、难民等实行了临时性的社会救助举措，对符合救助条件的孤寡老幼人员实行了五保供养制度。改革开放以后，中国共产党和中国政府又实行了扶贫开发。但是，对一些生活困难、一时又难以缓解的群众来说，一定时期内的稳定救助或长期救助，维持他们的生存需求更为重要，也就是对因病残、年老体弱、丧失劳动力以及生存条件恶劣等原因造成的常年生活困难的群众进行"济贫"，而不是解决因天灾人祸造成的暂时性困难群众的"救急"。为更好地对农村困难群众进行济贫，必须建立农村最低生活保障制度。

1994年国务院召开的第十次全国民政会议提出，到20世纪末，"在农村初步建立起与经济发展水平相适应的层次不同、标准有别的社会保障制度。"[①] 按照这次会议确定的农村社会保障的发展目标，山西、山东、浙江、河北、湖南、河南、广东等省首先开展了农村社会保障体系建设试点工作。1996年1月，召开的全国民政厅局长会议，首次明确提出了改革农村社会救济制度，积极探索农村居民最低生活保障制度的任务。会议提出，在经济发达的农村地区要开始研究探索建立农村最低生活保障制度的问题，有条件的地方要通过试点摸索经验，并把做好这项工作列入了当年的工作要点。会后，民政部开始在全国部分地方开展农村社会保障体系建设的试点工作，并确定了山东烟台市、河北平泉、四川彭州市和甘肃永昌县等发达、

---

① 《国务院主持召开第十次全国民政工作会议"上为中央分忧下为百姓解愁"》，《乡镇论坛》1994年第6期。

中等发达和欠发达三种不同类型的农村社会保障体系建设的试点县市。为交流总结试点工作的经验，1996年9月，民政部在山西太原市召开了部分省区市农村社会保障制度建设经验交流会。1996年12月，民政部在烟台召开了农村社会保障体系建设工作会议。

在各地试点的基础上，农村居民最低生活保障制度逐步推广开来。1996年底，民政部正式印发了《关于加快农村社会保障体系建设的意见》（以下简称《意见》），制定了《农村社会保障体系建设指导方案》。《意见》明确提出要积极稳妥地建立农村最低生活保障制度。《意见》指出："建立农村最低生活保障制度是农村社会救济制度的重大改革，是确保农村贫困人口基本生活的重要措施，也是完善农村社会保障制度的一项重要内容。各地要积极试点，稳步推进。凡开展农村社会保障体系建设的地方，都应该把建立最低生活保障制度作为重点，即使标准低一点，也要把这项制度建立起来。根据河北省平泉县的试点经验，只要标准适当，在多数农村地区建立最低生活保障制度是可行的。"[①]《农村社会保障制度建设指导方案》强调：农村最低生活保障制度是对家庭人均收入低于最低生活保障标准的农村贫困人口按最低生活保障标准实行差额补助的制度。该《方案》指出：保障标准根据当地农村居民最基本的生活需求、经济发展水平和财政承受能力来确定和调整，并由当地政府或政府主管部门公布实施；保障资金由当地各级财政和村集体分担，分担比例根据各地实际确定。各级财政分担的经费列入本级财政预算，村集体分担的经费从公益金中列支。各级财政分担的经费在使用中向贫困地区倾斜；各地应根据实际情况，对保障对象在生产、生活、医疗、教育等方面给予适当的优惠政策。[②]

到1997年上半年，全国已有1660个县、市、区建立和实施了农村居民最低生活保障制度，占应建县、市、区的67%；有306万多农村最低生

---

① 《中国民政统计年鉴1996》，中国统计出版社1996年版，第162页。
② 《中国民政统计年鉴1996》，中国统计出版社1996年版，第164–165页。

活居民得到了最低生活保障，占全部农村人口的 0.36%；1999 年上半年，用于农村居民最低生活保障制度的全部资金为 3.66 亿元，其中各级财政投入 2.215 亿元，村集体投入 1.445 亿元。①

2005 年 10 月 11 日中国共产党第十六届中央委员会第五次全体会议通过的《中共中央关于制定国民经济和社会发展第十一个五年规划的建议》指出："有条件的地方要积极探索建立农村最低生活保障制度。" 2006 年 10 月，中国共产党第十六届中央委员会第六次全体会议通过的《中共中央关于构建社会主义和谐社会若干重大问题的决定》再次强调：逐步建立农村最低生活保障制度，有条件的地方探索建立多种形式的农村养老保险制度。

2007 年 6 月 15 日，国务院印发《关于在全国建立农村最低生活保障制度的通知》（以下简称《通知》），明确了建立农村最低生活保障制度的目标和总体要求。建立农村最低生活保障制度的目标是：通过在全国范围建立农村最低生活保障制度，将符合条件的农村贫困人口全部纳入保障范围，稳定、持久、有效地解决全国农村贫困人口的温饱问题。建立农村最低生活保障制度，实行地方人民政府负责制，按属地进行管理。各地要从当地农村经济社会发展水平和财力状况的实际出发，合理确定保障标准和对象范围。同时，要做到制度完善、程序明确、操作规范、方法简便，保证公开、公平、公正。要实行动态管理，做到保障对象有进有出，补助水平有升有降。要与扶贫开发、促进就业以及其他农村社会保障政策、生活性补助措施相衔接，坚持政府救济与家庭赡养扶养、社会互助、个人自立相结合，鼓励和支持有劳动能力的贫困人口生产自救、脱贫致富。该《通知》要求合理确定农村最低生活保障标准和对象范围，规定农村最低生活保障标准由县级以上地方人民政府按照能够维持当地

---

① 时正新主编：《中国社会福利社会进步报告（2000）》，社会科学文献出版社 2000 年版，第 129-130 页。

农村居民全年基本生活所必需的吃饭、穿衣、用水、用电等费用确定，并报上一级地方人民政府备案后公布执行。农村最低生活保障标准要随着当地生活必需品价格变化和人民生活水平提高适时进行调整。农村最低生活保障对象是家庭年人均纯收入低于当地最低生活保障标准的农村居民，主要是因病残、年老体弱、丧失劳动能力以及生存条件恶劣等原因造成生活常年困难的农村居民。该《通知》强调了规范农村最低生活保障管理，明确了申请、审核和审批；民主公示；资金发放；动态管理等方面的要求。在农村最低生活保障资金方面，该《通知》指出，农村最低生活保障资金的筹集以地方为主，地方各级人民政府要将农村最低生活保障资金列入财政预算，省级人民政府要加大投入。地方各级人民政府民政部门要根据保障对象人数等提出资金需求，经同级财政部门审核后列入预算。中央财政对财政困难地区给予适当补助。

2008年10月，中共十七届三中全会决定和2009年的中央一号文件《中共中央国务院关于2009年促进农业稳定发展农民持续增收的若干意见》都提出，要"完善农村最低生活保障制度，加大中央和省级财政补助力度，做到应保尽保，不断提高保障标准和补助水平"。

为保障低收入群体生活不因物价上涨而降低，2010年11月，国务院发出《关于稳定消费价格总水平保障群众基本生活的通知》，明确提出建立社会救助和保障标准与物价上涨挂钩的联动机制，要求各地区要根据基本生活费用价格指数变动情况，尽快建立和完善最低生活保障、失业保险标准与物价上涨挂钩的联动机制。逐步提高基本养老金、失业保险金和最低工资标准。2011年3月，发展改革委、民政部、财政部、人力资源社会保障部、统计局联合发出《关于建立社会救助和保障标准与物价上涨挂钩的联动机制的通知》，明确了联动机制的基本原则：建立联动机制要与完善社会救助和保障标准正常调整机制相结合。在建立联动机制的同时，按照中央保障和改善民生的要求，完善正常调整机制,逐步实现各项社会救助和保障标准提高幅度与经济增长速度、居民收入增长水平基本同步的目标。该《通知》还指出了保障对象、启动条件、联动措施、补贴标准。从表27看出,2010年后农村最低生活保障人数基本稳定在5300万左右,而保障金额和农村低保平均标准在逐渐提高。

表27 农村最低生活保障和社会救济平均标准

年份	保障人数(万人)	保障金额(亿元)	农村低保平均标准(元)
2002	407.8		
2003	367.1		
2004	488.0		
2005	825.0		
2006	1593.1		850.8
2007	3566.3	109.1	840.C
2008	4305.5	228.7	987.6
2009	4760.0	363.0	1209.6
2010	5214.0	445.0	1404.0
2011	5305.7	667.7	1718.4
2012	5344.5	718.0	2067.8
2013	5388.0	866.9	2433.9

资料来源:根据相关年份《中国民政统计年鉴》统计整理。

二、自然灾害救助

受地理环境和自然条件的影响,加上人类活动的加剧,改革开放以来,中国饱受自然灾害的困扰,每年都有大量的群众受到自然灾害的侵扰。中国共产党和中国政府根据国家经济社会发展的实际状况,在借鉴其他国家经验教训的基础上,自然灾害救助的思想和救助能力不断提高。

(一)自然灾害状况

中国是世界上自然灾害最为严重的国家之一。灾害种类多,分布地域广,发生频率高,造成损失重。除现代活火山活动外,洪涝、干旱、台风、风雹、雷电、高温热浪、低温冷冻、沙尘暴、地质灾害、风暴潮、赤潮、森林草原火灾和森林病虫害等灾害在中国都有发生。从灾害的分类看,在中国的自然灾害主要有气象灾害（包括干旱、洪涝、热带气旋、风雹、暴雨、寒潮、低温冷冻、雪灾、沙尘暴等）、地震地质灾害（包括地震、崩塌、滑坡、泥石流、地裂缝、地面沉降、地面塌陷等）、海洋灾害（包括风暴潮、灾害性海浪、海冰、海啸、赤潮等）、生物灾害（包括森林草原和农作物病、虫、草、鼠害）和森林草原火灾五大类。

在气象灾害方面，水旱等危害严重。改革开放后的30年间，中国发生大大小小的水灾1600多次，年均有50余次。以农作物水灾为例，1970—1978年，中国农作物年均遭受水灾的面积为7800万亩，1979年—1987年间上升到1.46亿亩，增长31%；同期水灾成灾率由42%上升到53%，增长11%；到1988—1992年间，全国水灾受灾面积又上升到年均2.1亿亩，较1979—1987年间增长43.8%，同期水灾成灾率达54.5%，又上升1.5个百分点。[①] 旱灾较其他自然灾害遍及的范围广、历时也长，对中国农业生产影响最大，遭受各种自然灾害的农田面积和粮食作物减产损失中，旱灾要占一半以上。严重的旱灾还影响工业生产、城乡供水、人民生活和生态环境，给国民经济造成重大损失，尤其是经常受旱的北方地区，水资源日益紧缺，成为农业生产的重要制约因素之一。在表28所示，新中国成立以来农业方面在20世纪90年代中期之后的灾害尤其是旱灾日趋严重。

表28　1978—2007年中国农业受灾面积和成灾面积　　单位：千公顷

	耕地面积	水灾		旱灾	
		受灾面积	成灾面积	受灾面积	成灾面积
1978	99498	3109	2012	32641	16564
1980	99305	9687	6070	21901	14174
1985	96846	14197	8949	22989	10063
1991	95654	24596	14614	24914	10559
1992	95426	9422	4463	32981	17047
1993	95101	16390	8608	21097	8656
1994	94907	17328	10744	30423	17050
1995	94971	12734	7604	23455	10402
1996	130039	18147	10855	20152	6247

---

① 郑功成：《中国灾情论》，中国劳动社会保障出版社2009年版，第31页。

续表 28

	耕地面积	水灾		旱灾	
		受灾面积	成灾面积	受灾面积	成灾面积
1997	129903	11415	5839	33516	20012
1998	129642	22292	13785	14236	5060
1999	129206	9020	5071	30156	16614
2000	128243	7323	4321	40541	26784
2001	127616	6042	3614	38472	23698
2002	125930	12288	7388	22124	13174
2003	123392	19208	12289	24852	14470
2006	121775	8003	4569	20738	13411
2007	121735	10463	5105	29386	16170
备注	受灾面积，指因灾减产超过1成的作物面积；成灾面积，指因灾减产超过3成的作物面积；绝收面积，指因灾减产超过8成的作物面积。				

资料来源：国家统计局国民经济综合统计司编：《新中国五十年统计资料汇编》，中国统计出版社1999年版，第32页；中华人民共和国农业部：《新中国农业60年统计资料》，中国农业出版社2009年，第6、9页。

在地震灾害方面，改革开放以来的四川汶川特大地震、青海玉树地震危害较为严重。2008年四川汶川特大地震是新中国成立以来破坏性最强、波及范围最广、救灾难度最大的一次地震，震级达里氏8级，最大烈度达11度，余震3万多次，涉及四川、甘肃、陕西、重庆等10个省区市417个县（市、区）、4667个乡（镇）、48810个村庄。灾区总面积约50万平方公里、受灾群众4625万多人，其中极重灾区、重灾区面积13万平方公里，造成69227人遇难、17923人失踪，需要紧急转移安置受灾群众1510万人，房屋大量倒塌损坏，基础设施大面积损毁，工农业生产遭受重大损失，生态环境遭到严重破坏，直接经济损失8451亿多元，引发的崩塌、滑坡、泥石流、堰塞湖等次生灾害举世罕见。[①]2010年的青海玉树地震震级高、烈度大、震源浅，震中距人口密集城镇近、破坏力强。玉树主震震级达里氏7.1级，最高烈度9度强，震源深度14公里，余震3000多次。灾区总面积约3.58

---

① 胡锦涛：《全国抗震救灾总结表彰大会上的讲话》（2008年10月8日），《人民日报》2008年10月9日。

万平方公里，其中重灾区面积约4000平方公里、极重灾区约1000平方公里，有24.68万人受灾、2698人遇难、270人失踪，直接经济损失228亿多元。受灾最重的结古镇，平房全部倒塌，楼房倒塌过半，机关、学校、医院等公共设施和供电、供水、通信等基础设施大面积损毁。通往结古镇的主要通道214国道多处断裂沉陷、桥涵坍塌，一些地方山体滑坡崩塌，生态环境遭受严重破坏。① 在地质灾害方面，由于中国地质构造复杂、地形地貌起伏变化大，山地丘陵占国土面积的65%，具有极易发生滑坡、崩塌、泥石流等地质灾害的物质条件，造成生命和财产的重大损失。中国是世界上地质灾害最严重的国家之一。1995年至2005年，平均每年因突发性地质灾害死亡和失踪1108人、直接经济损失59亿元，最高年份的1998年直接经济损失达到150亿元。"十五"期间（2001—2005年），中国地质灾害防治工作不断加强，防灾减灾取得一定成效，因灾死亡和失踪人员总数为4278人，比"九五"期间（1996—2000年）的6621人同比下降了35.35%；因灾造成的直接经济损失为212亿元，比"九五"期间的318亿元同比下降了33.33%。② 如表29所示，地质灾害的发生数量高居不下，损失依然严重，2006年的损失达43亿元，2010年则高达63.8亿元。其中2010年甘肃舟曲县发生了新中国成立以来最为严重的山洪泥石流灾害。根据灾害范围和损失评估报告，舟曲特大山洪泥石流灾害主要涉及城关镇和江盘乡的15个村、2个社区，主要在县城规划区范围内，受灾面积约2.4平方公里，受灾人口26470人。人员伤亡惨重，截至2010年10月11日，遇难1501人，失踪264人。受泥石流冲击的区域被夷为平地，城乡居民住房大量损毁，交通、供水、供电、通信等基础设施陷于瘫痪，白龙江河

---

① 回良玉：《在全国抗震救灾总结表彰大会上的讲话》(2010年8月19日)，《人民日报》2010年8月20日。

② 《全国地质灾害防治"十一五"规划》http://www.mlr.gov.cn/zwgk/ghjh/200711/t20071106_90467.htm

道严重堵塞，堰塞湖致使大片城区长时间被水淹，造成严重损失。①

表29 2000—2009年中国发生的地质灾害种类及损失统计

年份	地质灾害数量(处)	人员伤亡(人)		直接经济损失(万元)
		总数	死亡人数	
2000	19653	27697	1179	494201
2001	5793	1675	788	348699
2002	40246	2759	853	509740
2003	15489	1333	767	504325
2004	13555	1407	734	408828
2005	17751	1223	578	357678
2006	102804	1227	663	431590
2007	25364	1123	598	247528
2008	26580	1598	656	326936
2009	10580	845	331	190109
2010	30670	3445	2244	638509
2011	15804	413	244	413151
2012	14675	636	293	625253
2013	15374	929	482	1043568

资料来源：《中国统计年鉴2014》，中国统计出版社2011年版，第242页。

在海洋灾害方面，由于中国沿海地区是城镇、人口、财产密度最高，社会经济最发达的地区，海洋灾害成为破坏损失增长最快，对中国社会经济发展影响最大的自然灾害之一。据粗略统计，各种海洋灾害在20世纪50年代平均每年造成经济损失1亿元左右，60年代约1亿~2亿元；70年代2亿~4亿元；80年代前期5亿~10亿元，后期10亿元以上；90年代以来进一步增长，1990年92.7亿元，1991年20亿元左右，1992年102亿元，1993年84亿元，1994年174亿元。②2005年，经济损失332.4亿元，造成371人的死亡失踪。③

除此以外，中国的生物灾害种类多，危害严重。中国的生物灾害主要

---

① 《国务院关于印发舟曲灾后恢复重建总体规划的通知》，《甘肃水利水电技术》2010年第12期。

② 科技部国家计委国家经贸委灾害综合研究组编著：《灾害·社会·减灾·发展——中国百年自然灾害态势与21世纪减灾策略分析》，气象出版社2000年版，第88页。

③ 《中国统计年鉴2006》，中国统计出版社2006年版，第444页。

为农作物生物灾害和森林生物灾害两大类。20世纪90年代以后，中国估计每年因灾损失粮食200亿斤、棉花400万担，每年因此造成经济损失100亿元以上。① 改革开放后，全国森林病虫害发生面积呈不断扩大趋势：1951年为4.92万公顷，1961年为99.72万公顷，1971年为243.2万公顷，1981年为736.53万公顷，1990年增至1052.67万公顷。因此造成的经济损失也随之不断增长：20世纪50-60年代每年1亿~4亿元；70年代每年4亿~8亿元；80年代以后一年比一年高，达8亿~22亿元，90年代高达50亿元。②

总之，由于人类活动的加剧和人类认识自然利用自然的局限性，改革开放以来的自然灾害非常严重，如表30所示，受灾人口20世纪90年代之后居高不下，直接经济损失也超过了1000亿元，并呈快速增长的态势。

表30 1978—2009年中国的自然灾害损失

年份	受灾人口（万人次）	因灾死亡人口（人）	农作物受灾面积（万公顷）	直接经济损失（亿元）
1978		4965	4844	
1979		6962	3937	
1980		6821	5003	
1981	26710.0	7422	3979	
1982	22900.7	7935	3313	
1983	22439.0	10952	3471	260.9
1984	20894.0	6927	3189	
1985	26446.0	4394	4437	410.4
1986	29928.0	5410	4714	
1987	23512.0	5495	4207	326.3
1988	36169.0	7306	5087	
1989	34569.0	5952	4699	525.0
年份	受灾人口（万人次）	因灾死亡人口（人）	农作物受灾面积（万公顷）	直接经济损失

---

① 科技部国家计委国家经贸委灾害综合研究组编著：《灾害·社会·减灾·发展——中国百年自然灾害态势与21世纪减灾策略分析》，气象出版社2000年版，第105页。

② 科技部国家计委国家经贸委灾害综合研究组编著：《灾害·社会·减灾·发展——中国百年自然灾害态势与21世纪减灾策略分析》，气象出版社2000年版，第108页。

续表 30

1990	29348.0	7338	3847	616.0
1991	41941.0	7315	5547	1215.1
1992	37174.0	5741	5133	853.9
1993	37541.0	6125	4867	933.2
1994	43799.0	8549	5504	1876.0
1995	24215.0	5561	4587	1863.0
1996	32305.0	7273	5975	2882.0
1997	47886.0	3212	5343	1975.0
1998	35216.0	5511	2229	3007.4
1999	35319.0	2966	4998	1962.4
2000	45652.3	3014	5469	2045.3
2001	37255.9	2583	5215	1942.0
2002	37841.8	2840	4712	1717.4
2003	49745.9	2259	5439	1884.2
2004	33920.6	2250	3711	1602.3
2005	40653.7	2475	3882	2042.1
2006	43453.3	3186	4109	2528.1
2007	39777.9	2325	4899	2363.0
2008	47795.0	88928	3999	11752.4
2009	47933.5	1528	4721	2523.7
2010	42610.2	7844	3743	5339.9
2011	43290.0	1126	3247	3096.4
2012	29421.7	1530	2496	4185.5

资料来源：《中国社会统计年鉴 2013》，中国统计出版社 2011 年版，第 100、101 页。

（二）当代中国的自然灾害救助思想和制度

"文革"结束后，随着各个领域的拨乱反正，灾害救助逐渐恢复正规。1978 年召开的第七次全国民政工作会议重申了"依靠群众，依靠集体，生产自救为主，辅之以国家必要的救济"的正确方针，进一步明确"要充分发动群众，学习大寨人的革命精神，自力更生，生产自救。广泛开展副业、工业生产，增加收入，努力克服灾害造成的困难"。[①]

随着家庭联产承包责任制的推行，农民的生产积极性有很大提高，农民生活得到改善，积累逐年增加。在这种情况下，农民的自救能力也有很

[①] 程子华：《以揭批"四人帮"为纲，努力做好民政工作，为实现新时期的总任务而奋斗——在全国民政工作会议上的报告（摘要）》，《人民日报》1978 年 11 月 8 日。

大提高，而集体经济组织的统筹保障功能日益弱化。根据中共十一届三中全会提出"城乡人民的生活必须在生产发展的基础上逐步改善"的要求，单纯的救助举措不能使灾民从根本上摆脱贫穷，必须从生产方面加大对灾民的扶持，进一步提高其抵御灾害、战胜灾害的能力。为此，1983 年第八次全国民政工作会议提出了"依靠群众，依靠集体，生产自救，互助互济，辅之以国家必要的救济和扶持"的救助方针，肯定了无偿救济和有偿扶持相结合的做法，并决定把它作为救灾工作改革的一项重要内容深入开展下去。[①] 这样，临时救助与扶贫相结合成为这一时期的灾害救助思想。1984 年中共十二届三中全会通过了《中共中央关于经济体制改革的决定》，使救灾与扶贫相结合的灾害救助思想进一步落实。该《决定》指出："只有允许和鼓励一部分地区、一部分企业和一部分人依靠勤奋劳动先富起来，才能对大多数人产生强烈的吸引和鼓舞作用，并带动越来越多的人一浪接一浪地走向富裕。与此同时，我们必须对老弱病残、鳏寡孤独等实行社会救济，对还没有富裕起来的人积极扶持。"[②] 1985 年，国务院批准了灾区涌现出的各式各样的临时救助与扶贫相结合的形式。同时，民政部等九部委在《关于扶持农村贫困户发展生产治穷致富的请示》中指出："要把扶贫和救灾结合起来。救灾款在保障受灾群众基本生活的前提下，可用于生产自救，扶持受灾贫困户发展生产。救灾款有偿回收的部分可以用于建立救灾扶贫周转金，有灾救灾，无灾扶贫。"[③] 1988 年，第九次全国民政工作会议在重申这一灾害救助工作方针的同时，增加了灾害救助要同扶持生产相结合、有偿和无偿救助相结合以及救灾向社会保险方向过渡的内容。[④] 1980 年中后期，由于实行了财税制度的包干制，地方的财政收入增加。在此背景下，

---

① 民政部政策研究室：《民政工作文件汇编》（一），地质出版社印刷厂印刷 1984 年，第 8 页。
② 《中共中央关于经济体制改革的决定》，《人民日报》1984 年 10 月 21 日。
③ 《民政工作文件选编（1985 年）》，华夏出版社 1986 年版，第 104 页。
④ 《民政工作文件选编（1988 年）》，人民出版社 1989 年版，第 21 页。

1989年9月8日，国务院批转了国家计委《关于加强和改进全国抗灾救灾工作报告》，提出了"以地方为主、国家补助为辅"的原则，明确了中央和地方抗灾救灾的工作任务，包括：（1）明确中央抗灾救灾资金、物资的款项和品种。中央支持地方抗灾救灾的资金、物资有：特大防汛、抗旱补助费，特大自然灾害救济费，水毁公路抢修补助费；化肥、柴油、农药、种子、钢材、木材、水泥、玻璃、汽油、煤油、润滑油、轮胎、导线、铁丝、元钉、油毡、沥青、塑料以及视特殊灾情需要考虑的汽车。上述款项、品种外的资金、物资，一般不从救灾渠道解决。抗旱所需物资，除化肥、燃料油、塑料外，原则上由地方解决。（2）明确各级职责。中央级的职责：中央负责对特大自然灾害所需的抗灾救灾资金、物资给予适当补助。发生特大自然灾害后，有关部门要及时掌握情况，必要时应深入灾区实地调查，指导、协助地方搞好抗灾救灾工作。对于地方向中央申请补助的抗灾救灾资金、物资，要尽快研究解决。国家计委受国务院委托，负责组织协调全国抗灾救灾工作，并对涉及三个部门以上的问题负责牵头处理。各有关业务部门分工负责各自职责范围内的抗灾救灾工作，分配管理好主管的抗灾救灾资金、物资，指导、检查本系统的抗灾救灾工作。国务院各部门直属单位所需抗灾救灾资金、物资，除特大防汛补助费、化肥和物资部负责分配的物资外，原则上应自行解决。省级的职责：特大自然灾害所需抗灾资金、物资，主要由省、自治区、直辖市人民政府负责解决。各省、自治区、直辖市要在年度计划中安排一定数额的资金、物资用于抗灾救灾。在遭受特大自然灾害后，要先安排使用地方的资金、物资，确实不够时再向中央申请补助，并在申请报告中说明地方安排的具体数字。非特大自然灾害所需抗灾救灾资金、物资，均由地方自行解决。省、自治区、直辖市人民政府要进一步加强对抗灾救灾工作的领导，业务部门要充分发挥各自的职能作用，分配、管理好各项抗灾救灾资金、物资。计划单列市可参照省级职责执行。（3）健全省级综合管理抗灾救灾组织体系。各省、自治区、直辖市人民政府要安排固定人员,灾害频繁地区在不增加编制的前提下,根据需要可在办公厅(室)内设置抗灾救灾办公室,负责协调监督各业务部门做好抗灾救灾工作,建立同国务院有关部门的信息渠道,及时沟通交流抗灾救灾方面的信息。(4)统一灾情报告和款物申请制度。各省、自治区、直辖市汇报灾情,可通过电报、文件等形式报告国务院和主管业务部门。一般不要组织代表团(组)来京;凡要求中央支持抗灾救灾资金、物资,须由省、自治区、直辖市人民政府根据业务部门提出的申请进行核实汇总,由政府主管负责同志签署后,统一报国务院,并抄送国务院各有关部门;各地汇报灾情,要款要物,必须实事求是,省、自治区、直辖市人民政府要严格把关。(5)健全抗灾救灾资金、物资分配使用的监督检查报告制度。中央每次下拨的资金、物资,各地在收到后二十天之内,由省、自治区、直辖市有关业务部门,将分配到县的情况反馈给国务院主管部门;同时由省、自治区、直辖市负责综合抗灾救灾工作的单位汇总全面情况报国家计委;抗灾救灾资金、物资必须专款(物)专用。各省、自治区、直辖市每年要对抗灾救灾资金、物资的分配使用情况进行一次检查,并对全年抗灾救灾工作进行总结,于次年一月份书面报国家计委,同时抄送国务院有关部门。监察、审计部门要配合有关部门进行必要的抽查。(6)加强气象、水文、防汛、抗旱、植保等有关业务部门的灾情测报工作。充分利用卫星监测等现代科技手段,实现多渠道收集、使用信息。抗灾救灾工作要逐步建立信息联络网,配备必要的通信设施,特别是受灾频繁地区要建立抗灾救灾紧急通信系统,保证遭灾时通讯畅通,现场情况清楚。(7)积极开展自然灾害保险和农村互助基金试点,提高农村内在的抗灾能力。[①]

在救助资金的管理体制上,改革开放初期沿用的是20世纪50年代的做法。该体制是建立在中央统收统支财政体制和农村集体经济体制基

---

① 《国务院批转国家计委关于加强和改进全国抗灾救灾工作报告的通知》,《江西政报》1989年第19期。

础上的，带有很深的计划经济体制"烙印"。随着改革的深入、商品经济的发展和社会主义市场经济体制的建立，传统的管理体制已不适应社会和经济发展的需要。这种不适应集中表现在三个方面：一是与市场经济体制下国家宏观经济政策及经济形势的变化不相适应。在市场经济条件下，各行业各部门都按经济规律办事，更为注重经济效益，致使许多在计划经济条件下行之有效的救助优惠政策相对弱化。例如救灾粮问题，过去粮食部门对灾民供粮实行"购销同价"，以较低的计划价格将救灾粮卖给灾民，使灾民得到实惠；而今粮食部门也走向市场，计划价格优势已不复存在，有时价格还高于市场。其他生产资料和生活资料也适应价值规律而上涨，国家财政预算的救灾款却没有同步增加，救灾经费实际购买力大幅度下降，致使保障灾民基本生活工作面临越来越多的困难。二是与改革开放后的国家财政体制不相适应。传统的救灾经费管理体制建立在中央统收统支财政体制上，所有救灾经费由中央财政大包大揽，不管灾情大小，无论地方和灾民的经济状况如何，一遇灾害便由中央出钱救灾。而现行的财政体制是中央与地方"分灶吃饭"。如仍沿袭传统的救灾体制，既会加重中央财政的负担，又会因经费严重不足而使供需矛盾日益突出。三是与农村的经济体制不相适应。传统的救灾管理体制建立在农村集体经济基础上，除国家救助外，集体经济发挥着调剂余缺、抽肥补瘦的重要作用。而现在农村实行家庭联产承包责任制，集体经济的调剂作用大大削弱，从而削弱了灾害救助能力。同时，因国家对农村的社会救济主要是采取临时救济的方式，这种方式具有一定的随意性，而且临时救济费常常被挤占、挪用，加上物价上涨等因素，严重影响了农村贫困对象的生活。[①]

在此背景下，改革灾害救助管理体制势在必行。改革共分以下三个阶段：

---

① 李本公：《适应形势深化救灾救济改革》，《民政论坛》1998年第2期。

1. 分级管理新体制的初步确立阶段（1993—1998）

1993年，全国救灾救济工作座谈会在福建省浦城县召开，会议明确提出建立救灾工作分级管理、救灾款分级负担的救灾工作新体制，即按客观标准把灾情分为特大灾、大灾、中灾和小灾。特大灾、大灾由中央予以补助，中、小灾和灾情以地方支出为主，中央适当补助。资金来源主要是从救灾扶贫周转金中拿出一部分，并积极吸引国内社会捐赠、国际社会捐赠，包括港澳台同胞、海外侨胞的捐赠和其他方面的灾害救助资金。这样就可以逐步构造中央宏观调控、政府分级负责、社会共同参与、救助对象生产自救所组成的灾害救助框架。新的灾害救助体制，核心就是加强地方政府灾害救助责任，推动灾害救助社会化进程，巩固生产自救在灾害救助工作中的基础地位，改变了单纯由国家包揽救灾的传统观念，明确了各级政府的救灾责任，比较全面地体现了救灾工作的方针。①

2. 分级管理体制的进一步发展阶段（1999—2002）

1998年，国家财政突破了一万亿元大关，自1999年开始，中央财政收入的比重稳定地保持在50%以上，国家的宏观调控能力进一步增强。因此，1999年，民政部、财政部联合相继下发了《关于进一步加强救灾款使用管理工作的通知》《关于救灾扶贫周转金清理回收后使用问题的通知》，对灾害救助分级管理体制做了一些调整，使之朝着规范性迈了一大步。主要内容是：（1）明确救灾款必须严格遵循专款专用、重点使用的原则。其使用范围是解决灾民无力克服的衣、食、住、医等生活困难；紧急抢救、转移和安置灾民；灾民倒房恢复重建；加工及储运救灾物资。救灾款不得平均分配，不得截留、挪用，不得实行有偿使用，不得提取周转金，不得用于扶贫支出，不得擅自扩大使用范围。（2）停止救灾扶贫周转金的制度。各地一律不得从救灾款中提取救灾扶贫周转金，不许直接或间接用救灾款

---

① 《全国救灾救济工作座谈会在福建省浦城县召开》，《中国减灾》1994年第1期。

设置和发放周转金。2002年8月2日,民政部救灾救济司和财政部社会保障司联合制定了《特大自然灾害救济补助费测算标准》,首次规范了中央救灾资金的测算方法。同年8月5日民政部、财政部下发了《关于规范特大自然灾害救济补助费分配管理有关问题的通知》,进一步明确了中央救灾资金必须严格遵循专款专用、重点使用的原则,并规定其使用范围:一是新灾救济资金,用于特大自然灾害灾民紧急抢救、转移安置,解决灾民无力克服的临时吃、穿、住、医等生活困难,以及因灾倒塌房屋的恢复重建和损坏房屋的修缮补助;二是春荒、冬令灾民生活救济资金,用于补助春荒(3月至5月、一季作物区为3月至7月)和冬令(12月至下年2月底)期间的灾民口粮以及衣被和治病救济;三是采购和管理中央救灾储备物资资金,用于民政部、财政部采购和管理中央救灾储备物资。[①] 这一阶段,救灾减灾管理体制的重点是规范了中央救灾资金的使用原则、范围、申请、拨付等,中央和地方财政按照救灾工作分级负责、救灾资金分级负担的管理体制,加大了救灾资金投入,各项救灾标准有了较大幅度提高。

3. 分级管理体制的完善阶段(2003年至今)

经过近10年的发展,救灾分级管理的体制有了很大的发展,但分级管理的核心问题——灾害等级却没有非常严格的界定,这就无法明确中央、省、地、县各级在每一次灾害中的责任,实行科学的分级管理。2003年"非典"疫情发生后,中国各级政府逐步完善灾害应急管理体系建设,其中突发事件应急预案编制工作是重要建设内容之一,这使中国救灾分级管理工作进入一个新的阶段,开始实现规范化、科学化、法制化管理。2005年4月,国务院印发了《国务院关于实施国家突发公共事件总体应急预案的决定》,5月,国务院办公厅发布了《国家自然灾害救助应急预案》(2011年10月16日进行了修订),根据自然灾害的危害程度等因素,国家减灾

---

① 《民政工作文件选编(2002年)》,中国法制出版社2003年版,第237页。

委设定四个国家自然灾害救助应急响应等级。这为救助标准的制定提供了依据。

(三) 当代中国的灾害救助实践

1. 部门联动，抢险救灾

灾害发生后，尤其是严重的灾情出现后，中共中央、国务院迅速做出应急反应，进行救灾的工作部署，组织各部门抢险救灾，形成中央号召、部门联动，全国上下齐心协力，千方百计支援灾区人民抗灾救灾的工作局面。同时，中央领导还深入抗灾救灾第一线视察灾情，慰问灾民，指导救灾。

在应急预案体系没有建立之前，自然灾害的救助工作由行政主管部门统一部署，相关部门积极参与。如在1991年夏的抗洪救灾工作中，国家防汛总指挥部准确地掌握汛情，果断地泄洪蓄洪；国家气象局及时提供气象情报；各级民政部门深入灾区掌握灾情，及时拨发救灾款、物，安排灾民生活；国务院生产办、国家计委、财政部、民政部、水利部、物资部、商业部、农业部、石化总公司、粮食储备局等部门及下属机构，向灾区下拨救灾资金，运发粮食、柴油、化肥、汽油、钢材、木材、水泥、煤炭、油毡等物资；华东电网及时安排增加电力；人民银行及各专业银行增强救灾贷款；保险公司及时支付赔偿；外交、经贸、卫生、公安、交通、铁路、民航、邮电、海关、商检以至新闻、宣传部门都密切配合，打破常规，以最快的速度和最优质的服务，一路绿灯，提供方便，各个部门都围绕救灾这个中心开展各自的工作。[①]1998年，在抗击特大洪灾中的最关键时刻，国务院办公厅根据朱镕基总理指示，于7月27日早晨下发通知，要求各部门认真贯彻江泽民总书记关于防汛工作的重要指示，全力以赴支持各地防汛抗灾抢险救灾工作。通知要求，各部门在做好当前各项改革和日常工作的同时，要把进一步支持地方防汛抗洪作为当前的一项重要工作，切实

---

① 《民政工作文件选编 (1991年)》，中国社会出版社1992年版，第199页。

抓紧抓好。各部门要按照分工认真履行职责。国家防总、水利部要昼夜值班，及时掌握汛情，加强组织协调，正确指挥，果断决策，科学调度，加强抗洪抢险的技术指导；国家发展计划委员会、财政部要做好资金调配，保证抗洪抢险救灾资金及时到位；铁路、交通、民航部门要采取有力措施抢修水毁工程，保证防汛物资的运输；民政部门做好灾民救济安置工作；气象、水利部门做好天气、水情的预测预报；通信部门要保证通信畅通；国土资源部做好地质灾害的监测和防治工作；卫生部门做好灾区卫生防疫和医疗救护工作；农业部门要保证灾区农业生产资料的供应，抓紧抢收抢种，千方百计减少农业损失。电力、煤矿、冶金等其他部门在做好本行业防汛工作的同时，都要积极支援受灾地区防汛抗洪救灾工作。通知强调，各部门要通力合作，密切配合。要想灾区之所想，急灾区之所急，急事急办，特事特办。对各地提出需要解决的资金、物资、技术等问题，要有专人负责，尽快研究，尽力帮助解决。要讲政治，讲纪律，讲大局，讲奉献。要及时派出工作组，深入灾区解决实际问题。[①]

进入21世纪后，随着国家应急响应机制的建立，灾害发生后，马上启动部门预案，在中央的统一指挥下，抢险救灾。2008年，为应对低温雨雪冰冻灾害和四川汶川特大地震两次巨灾，国务院根据应急预案先后成立了煤电油运和抢险抗灾应急指挥中心、国务院抗震救灾总指挥部，分别下设6个指挥部和9个工作组，共有46个部门和单位参加，各成员单位和灾区各级政府均成立了灾害应对领导机构，迅速形成了纵向贯通、横向协调、军地协作、全民动员的应急处置机制。在党中央、国务院的坚强领导下，应急指挥中心和总指挥部坚持统一指挥协调，充分发挥各方面的资源和力量优势，形成了高效运转机制和强大攻坚合力，有力有序有效地组织开展

---

① 《国务院办公厅发出通知要求各部门认真落实江泽民总书记重要指示全力以赴支持各地防汛抗洪工作 要通力合作，密切配合，想灾区之所想，急灾区之所急，急事急办，特事特办》，《人民日报》1998年7月27日。

了抗灾救灾工作。①

各部门根据统一部署和职责范围，全力以赴投入抢险救灾，最重要的是紧急转移受灾群众，有的年份转移群众上千万人。如1998年紧急转移受灾群众2082.4万人，2008年达到2682.2人；紧急抢救灾民累计人数，1998年为903万人，2008年为1211.6万人（见表31），从而保证了群众的生命安全。

表31　1985—2009年自然灾害救助情况

年份	受灾人口（万人次）	因灾死亡人口（人）	紧急转移人口（万人）	紧急抢救灾民累计人数（万人）	因灾发救济费累计人数（万人）
1985	26446.0	4394	290.5	139.0	6061.0
1986	29928.0	5410	345.8	199.0	6738.0
1987	23512.0	5495	348.0	113.0	6710.0
1988	36169.0	7306	582.9	112.0	6029.0
1989	34569.0	5952	365.3	132.0	6499.0
1990	29348.0	7338	579.2	129.0	5804.0
1991	41941.0	7315	1308.5	549.0	6725.0
1992	37174.0	5741	303.6	205.0	5259.0
1993	37541.0	6125	307.7	159.0	5258.0
1994	43799.0	8549	1054.0	244.0	5990.0
1995	24215.0	5561	1064.0	297.0	6710.0
1996	32305.0	7273	1216.0	478.0	6447.0
1997	47886.0	3212	511.3	305.0	5487.0
1998	35216.0	5511	2082.4	903.0	5781.0
1999	35319.0	2966	664.8	367.0	5058.0
2000	45652.3	3014	467.1	324.0	5127.0
2001	37255.9	2583	211.1	476.0	5727.0
2002	37841.8	2840	471.8	460.0	6013.0
2003	49745.9	2259	707.3	1001.5	6242.0
2004	33920.6	2250	563.2	492.0	4854.9
2005	40653.7	2475	1570.3	623.6	5097.1
2006	43453.3	3186	1384.5	659.2	4981.7
2007	39777.9	2325	1499.1	582.9	4382.7
2008	47795.0	88928	2682.2	1211.6	5996.8
2009	47933.5	1528	709.9	304.6	4793.7

资料来源：《中国社会统计年鉴2010》，中国统计出版社2010年版，第305页。

---

① 《2008年自然灾害应对工作评估分析报告》http://www.gov.cn/gzdt/2009-09/23/content_1424487.htm

2. 临灾紧急赈济

灾害发生后的急救措施，通过发放救助款物，保护灾民的生命安全是首要的任务。在新中国成立初期，临灾救济主要包括紧急赈济、医疗防疫等。改革开放以来，中央政府和地方各级政府民政事业投入和自然灾害救济费在逐年增加。如表 32 所示，"六五"时期的自然灾害生活救助经费为 35.2 亿元，占民政事业总经费 114.2 亿元的 30.8%。"十一五"时期，自然灾害生活救助经费为 1205 亿元，是"六五"时期的 34.2 倍。通过自然灾害的生活救助，灾区群众的"衣、食、住、医"得到了妥善解决。2002—2012 年 10 年中，民政部会同有关部门圆满完成了南方低温雨雪冰冻、汶川地震、青海玉树地震、甘肃舟曲泥石流等重特大自然灾害的应急救助和灾后恢复重建任务，累计救助受灾群众 8.55 亿人次。与此同时，中央救灾资金投入连年增长，救灾补助项目不断完善。中央自然灾害生活救助专项转移支付从 2002 年的 24.3 亿元增加到 2011 年的 86.4 亿元。在不断完善自然灾害救助项目的同时，补助标准大幅提高。因灾倒房重建补助标准由 2002 年的 300 元/间提高到 2011 年的 1 万元/户，高寒寒冷地区提高到 1.4 万元/户，有的省份提高到了 2 万元/户；受灾群众冬令、春荒期间人均口粮补助标准由 2002 年的 30 元提高至 2011 年的 90 元。[1]

在 2008 年抗击自然灾害的斗争中，中央财政全年安排各类抗灾救灾资金 1500 亿元，其中，自然灾害生活救助资金 509.6 亿元（注：《中国民政统计年鉴 2014》为 609.8 亿元，见表 32）。在该年初的低温雨雪冰冻灾害期间，各级民政部门向灾区紧急调拨棉衣被 198.8 万床（件），重灾 8 省（区）紧急发放粮食、方便食品、食用油等 60650 吨、取暖燃料 4271 吨，棉衣被 988 万件（床）。[2] 在四川汶川抗震救灾的关键三个月，中共中央、国务院统一部署，全力解救被困群众，紧急救治伤病人员，用最短

---

[1] 卫敏丽:《我国十年救助自然灾害受灾群众八亿多人次》,《中国青年报》2012 年 10 月 14 日。
[2] 《2008 年自然灾害应对工作评估分析报告》http://www.gov.cn/gzdt/2009-09/23/content_1424487.htm

的时间到达全部受灾乡镇和村庄,从废墟中抢救出生还者 8.4 万人,解救和转移 148.6 万人。共收治伤病人员 296 万人次,住院治疗 9.6 万多人,已治愈出院 9.2 万多人,并不断加强卫生防疫和疫情监测,确保灾后无大疫。在灾后的 3 个月里,累计救助受灾困难群众 1058.4 万人、"三孤"人员 28.6 万人,转移安置受灾群众 1510.62 万人,向灾区困难群众每人每天发放 1 斤口粮和 10 元补助金,对孤儿、孤老、孤残人员每人每月提供 600 元基本生活费。向因灾死亡人员家庭按照每位遇难者 5000 元的标准发放慰问金。采取多种措施妥善解决了受灾群众临时居住问题,保证了灾区学校按期中考、高考和秋季按时开学复课。维护了灾区人心安定、社会稳定的良好局面。同时,迅速抢修基础设施,尽快恢复灾区生产。抢通重灾区绝大多数干线公路和乡镇公路,宝成线等 9 条受损的铁路干线已全部恢复正常运行,90% 以上的 10 千伏以上输电线路得到修复,因灾中断的公众通信已全部恢复正常运行,绝大部分受损广播电视发射台站已恢复播出,基本完成水利工程应急除险工作。受损水厂、供水管道修复率已达 97%,城乡居民饮水基本得到解决。在全力抢险救灾的过程中,抗震救灾总指挥部还全力做好余震监测工作,严密防范地质等灾害隐患,开展环境安全隐患排查整改,成功排除堰塞湖险情,特别是处理了国内外高度关注的唐家山堰塞湖险情,创造了世界上处理大型堰塞湖的奇迹,降低和避免了次生灾害损失。①

表 32　改革开放以来自然灾害生活救助经费情况　　单位:亿元

年份	国家财政支出	社会服务经费总支出	自然灾害生活救助
1978	1122.09	13.7	4.2
1979	1281.79	18.4	6.8
1980	1228.83	17.5	4.5
"六五"时期	7483.18	114.2	35.2
"七五"时期	12865.67	208.4	56.4

---

① 温家宝:《努力做好四川汶川地震灾后恢复重建工作》http://www.gov.cn/ldhd/2008-09/16/content_1096557.htm

续表 32

年份	国家财政支出	社会服务经费总支出	自然灾害生活救助
"八五"时期	24387.46	386.6	94.1
"九五"时期	57043.46	840.9	171.5
"十五"时期	127800.69	2471.8	247.6
"十一五"时期	317654.99	9156.8	1205
2006	40213.16	915.4	79
2007	49565.4	1215.5	79.8
2008	62427.03	2146.5	609.8
2009	75874	2181.9	199.2
2010	89575.4	2697.5	237.2
"十二五"时期	234641.92	6912.8	292.1
2011	108929.67	3229.1	128.7
2012	125712.25	3683.7	163.4
2013	139744	4276.5	178.7

资料来源:《中国民政统计年鉴2014》,中国统计出版社2014年版,第148-149页。

为保证紧急赈济物资真正发挥作用,相关制度建设也逐步完善。在改革开放初期,受救助经费的限制,1983年4月第八次全国民政会议规定了自然灾害救济款的使用要求:自然灾害救济款是用来保障灾民基本生活的,为了使这笔有限的经费在生产自救中发挥更大的效益,使死钱变活钱,救灾经费可以适当地用于扶持灾民发展农副业生产;为了克服平均发放,优亲厚友等倾向,发给灾民的救济款,除紧急抢救灾民的费用按无偿救济外,有些救济款可以试行"有借有还"的办法,将收回的经费由地方建立救灾、扶贫基金,以开展集资备荒活动。[①]1987年,民政部发出《关于切实加强救灾款管理使用工作的通知》,明确了救灾款的使用原则和范围,主要包括:(1)坚持专款专用、重点使用的原则。救灾款的使用范围是:解决灾民生活上无力克服的吃饭、穿衣、住房、治病的困难;紧急抢救、转移和安置灾民;适当扶持灾民开展生产自救。重点是灾情严重、连年遭灾的地区和自救能力较差的重灾户及受灾的贫困户。(2)处理好生活救济与扶持生产自救的关系。有偿扶持用于生产自救的部分,以省、自治区、直辖市计算,不得超过全年救灾款总额的30%。生活救济的对象,重点是缺乏劳

[①] 民政部政策研究室:《民政工作文件汇编》(一),地质出版社印刷厂印刷1984年,第8页。

动能力的受灾户；扶持生产自救，应着重组织有劳动能力的重灾户和遭灾的贫困户，重点是帮助发展投资少、周期短、见效快的工副业生产，以增加现金收入，解决当前困难。对多灾贫困县（旗）、乡的重点扶持要严加控制，未经民政部批准，不得直接从救灾款中拨款。（3）加强救灾扶贫款的管理，充分发挥有偿回收资金的作用。[①] 这些具体的规定在一定程度上保证了专款专用的原则。

为合理分配自然灾害救助物资，1991年8月，民政部制定了《关于救灾物资接收、分发、使用、管理的规定》，首先明确了救灾物资的种类、使用范围和发放对象：（1）粮食、食品、食油、糖、菜蔬类，发给缺粮而又生活困难的灾民；饮料、营养品类，主要用于灾区儿童、病人的补养。（2）生活用品、日用杂品和小型生产工具，一定要发给缺少上述物品的灾民。（3）衣、被、棉毯类，要发给缺衣无被难以过冬的灾民。对于数量较少的毛毯，主要发给灾区的光荣院、敬老院、福利院和分散供养的五保户。（4）药品及医疗器械，一律交灾区医疗抢救单位统一管理，安排使用。（5）建材类：水泥、木材、钢材、重点用于灾区光荣院、敬老院、福利院的维修与重建，多余部分一律用于无房户灾民修建房屋。帐篷、油毡等物，主要用于无房户灾民的临时居住和搭建简易住所。（6）化肥、农药、薄膜等农用物资，要全部用于灾民恢复生产。（7）交通工具类：各类汽车按民电〔91〕279号文件执行；水上交通工具由民政部门统一分配使用。（8）通讯、办公设备类，如电话机、对讲机、传真机、微机及其配套设备，一律由省级民政部门统一管理，建立救灾通信网络。（9）机电设备类：电动机、发电机、排水设备，发至重灾乡（镇）、村，主要用于抽、排淤水及生产、生活发电。（10）家电类：电视机、收录机、洗衣机、电冰箱，只能发给灾区光荣院、敬老院和社会福利院，绝不允许发给个人。（11）燃料类：

---

① 《民政工作文件选编（1987年）》，华夏出版社1988年版，第174-175页。

煤炭可以发给缺柴的灾民；汽油、柴油由各级救灾组织用于救灾所需，一般不要发给灾民个人。①

为及时了解各类自然灾害救助物资的发放和使用情况，1995年7月31日，民政部发出《关于进一步加强救灾款管理使用工作的通知》，明确救灾款必须坚持专款专用、重点使用的原则。该《通知》要求建立健全救灾款使用情况报告制度。各级民政部门下拨的灾民生活救济费，包括中央救灾款和地方的灾民生活救济费，必须及时抄报上级民政、财政部门。抄报时应分别注明拨款项的来源、分配和拨款依据，并随时上报救灾款的拨发动态，每月10日前将省级上月救灾款收支结余情况上报民政部救灾救济司。每年1月底前，各省、自治区、直辖市和计划单列市民政厅（局）分别将上年省、地、县三级所得救灾款数、分配数、到位数、未到位数、未下拨数报民政部。②

但是，在救灾款管理使用工作中存在着救灾款被拖欠、扩大救灾款的使用范围以及平均发放等问题。为纠正上述问题，进一步提高救灾款的管理水平，加强救灾款使用管理工作，切实保障灾民的基本生活和维护灾区社会稳定，1999年2月23日，民政部、财政部下发《关于进一步加强救灾款使用管理工作的通知》，再次严格掌握救灾款使用原则和使用范围，规定救灾款必须严格遵循专款专用、重点使用的原则。救灾款的发放必须公开，基层发放救灾款时，不论是发放现金还是发放实物，都要将数额公开。在发放过程中必须坚持民主评议、登记造册、张榜公布、公开发放的程序，自觉接受社会监督。同时，各地要严格执行救灾款的使用报告制度。省级民政和财政部门下拨中央和地方救灾款，必须及时抄报上级民政、财政部门，并注明款项来源。在收到民政部、财政部拨款通知后一个月仍不上报分配使用情况，将视为资金没有安排使用，如再发生特大自然灾害要求中

---

① 《民政工作文件选编（1991年）》，中国社会出版社1992年版，第162-164页。
② 《民政工作文件选编（1995年）》，中国社会出版社1996年版，第194-196页。

央补助时，中央将不予补助或在考虑应补助数额时扣除已下拨未安排的部分。省级民政、财政部门要分别于每年的4月、9月和次年1月填报《省级救灾款支出情况统计表》，报民政部、财政部。①

1999年9月21日，民政部发出《关于加强救灾款物管理使用工作的通知》，要求各地严格执行《自然灾害情况统计制度》，认真核实灾情，确保灾情数据客观准确，为及时分配使用救灾款物，有效实施灾害救助提供翔实可靠的依据。同时，民政部将通过卫星遥感技术、指派专家评估小组等多种手段核定、评估灾情，对瞒报特别是夸大虚报灾情的进行通报批评，情节严重的，依法依纪从严惩处。该《通知》在救灾款物的使用原则和使用范围、救灾款使用情况报告制度、接收和发放救灾款物、加强对救灾款物管理使用的监督和检查等方面做了进一步的强调。②

同时，加强对自然灾害救助物资和款项的监管非常关键。20世纪90年代初，民政部、监察部、审计署先后颁布了《关于加强监督检查管好用好救灾款物的通知》《关于管好用好救灾款物做好救灾工作的通知》，要求各地加强对救灾款物发放使用的检查监督，建立健全接受、发放救灾款物的制度，要做到专人负责，账目清楚，手续完备。在发挥内部约束机制的同时，主动接受监察、审计部门，特别是群众的监督，做到发放规定公开、款物数额公开、发放程序公开、发放结果公开，自觉地接受监督。根据实际情况，还要进行跟踪检查、重点检查，切实使救灾款物按规定发放和使用。③2008年5月30日，中共中央纪委、监察部颁布《抗震救灾款物管理使用违法违纪行为处分规定》，要求各级纪检监察机关要把抗震救灾作为当前最重要最紧迫的工作，切实履行职责，严格监督检查。该《规

---

① 《民政工作文件选编（1999年）》，中国社会出版社2000年版，第311-314页。
② 《民政工作文件选编（1999年）》，中国社会出版社2000年版，第352-353页。
③ 新华社：《民政部发出通知各地要管好用好救灾款物 发放规定、数额、程序、结果要公开》，《人民日报》1991年7月21日。

定》对 11 类抗震救灾款物管理使用违法违纪行为提出了纪律要求和惩戒措施。①2009 年 1 月起,国家审计署全面启动跟踪审计工作,到 2010 年 11 月,国家审计署和地方审计机关共派出 1.9 万多人次,组成 7137 个审计组,对四川、甘肃、陕西三省灾后恢复重建项目开展跟踪审计,审计情况已向社会公告。四川省及其所辖市、县相继成立抗震救灾资金物资监督检查领导小组,监督款物的接收使用,实现了从灾初到恢复重建阶段的全过程监督,确保专款专用。②

3. 灾区的生产救助

农业生产具有很大的脆弱性,水旱灾害往往会给农业带来灭顶之灾,这直接影响到农村的稳定、农业的生产和农民的利益。因此,恢复农业生产十分必要。各地党委、政府采取不同措施,抗灾救灾,恢复农业生产。

如 1991 年 6、7 月,贵州省遭受百年不遇的大洪灾。全省 70% 以上的县受灾,冲毁田地 110 万亩,有 2000 多家工业企业停产或半停产。在严重的灾情面前,省委、省政府号召灾区人民紧急动员起来,开展生产自救、重建家园。省政府制定了"双优"政策,即对凡是产品有销路的受灾企业,优先保证电力、原材料、燃料供应,优先安排贷款。到 8 月中旬,全省用于修复水毁工程设施的资金达 691 万元,抢修恢复堤防 61 公里,小型水库 5 座,渠道 646 公里,电灌站、水轮泵站、小水电站 251 座。③同时期的特大洪涝给江苏农业造成重创。全省秋熟农田受淹成灾面积有 3000 多万亩,其中 700 多万亩需要补种。江苏省委、省政府及时提出"一手抓抗洪救灾,一手抓恢复生产"的指导思想,做出了"把主要精力迅速转到恢复生产上来"的部署。为帮助灾区恢复生产,全省紧急从外地调入 2000 多万公斤稻种、150 万公斤玉米种和一批荞麦、绿豆、胡萝卜种子,基本满足了灾区改补

---

① 《抗震救灾款物管理使用违法违纪行为处分规定》,《人民日报》2008 年 5 月 30 日。
② 《国家人权行动计划(2009-2010 年)评估报告》,《人民日报》2011 年 7 月 15 日。
③ 李晓清等:《贵州灾区掀起生产自救热潮》,《人民日报》1991 年 8 月 28 日。

种的需求。到 7 月底，全省排出田间涝水 4000 多万亩，改补种水稻 180 万亩，旱粮 290 万亩，占需要改补种面积的 66%。①

在 1991 年的抗灾救灾中，各个机构采取各种措施积极扶持工农业生产的恢复，生产救助取得较好成效。

中国人民银行要求各金融机构积极采取措施，支持各地抗洪救灾，恢复生产。在贷款规模和资金上对灾区给予积极支持，优先满足灾区用于生产自救的贷款需求。②

各地供销社也积极行动起来，帮助农业恢复生产。如江苏省各地供销社不失时机地采取各种有效措施，帮助农民恢复生产，以副补农。具体做法是：（1）帮助灾区抢栽抢种，搞好受灾粮棉田间管理。如东县供销社抽调了 500 多人组成棉花服务队，分片包干，深入村组，帮助棉农抓雨隙、抢短晴，突击排涝降渍，追施补肥，防治病虫。盐城市供销社抽出 3000 多名驻村服务员，深入到 600 多个棉花高产联系点，帮助农民搞好失收、绝收田块的改种、复种、播种工作。（2）切实抓好救灾化肥、农药等农资商品的组织供应。南京市供销社挂亏 23.8 万元，将 1000 吨议价肥降为每吨 850 元供应。如东、海门、启东三县（市）供销社安排 13800 吨尿素，高进低出，供应农民。为防止灾后农作物病虫蔓延，灾区供销社积极办好"庄稼医院"，开展科技咨询服务，及时做好农药的组织供应。（3）帮助灾区群众广开生产自救门路。江宁县、丹阳市、盐城郊区等地农民有栽培食用菌的传统，当地供销社从外地积极组织棉壳等物资，扶持当地受灾农民发展平菇、草菇、金针菇等食用菌生产。南通市供销社系统普遍开展了帮助农民发展秋禽、生猪、蘑菇、药材、蔬菜等"七种八养"的活动。全省供销社系统帮助农民发展"短、平、快"速效多种经营项目 20 多种。

---

① 周振丰：《力争轻灾不减产重灾少减产江苏灾区全力抢栽补种》，《人民日报》1991 年 8 月 5 日。

② 本报讯：《金融机构全力支持抗灾商业系统保证灾区供应》，《人民日报》1991 年 7 月 13 日。

（4）搞好农副产品购销，大力开展为乡镇企业服务。在1991年抗洪救灾中，全省供销社已收购推销农副产品2亿元。①

农业部决定采取八项措施，支持灾区开展农业生产自救工作。（1）再向重灾省区下拨8.5万吨救灾化肥，支持这些地区的秋季作物生产；向继续遭受洪涝和干旱灾害的地区下拨救灾柴油5.5万吨。在此之前，农业部已向灾区下拨17.5万吨救灾化肥和20万吨救灾柴油。（2）通过调整计划安排，压缩或推迟一部分非受灾区的建设项目，挤出670万元资金，扶持灾区的良种场、种畜场、鱼种场等农业基础设施以及农垦企业的恢复建设，为第二年的农业生产发展创造必要的条件。（3）成立抗灾救灾作物种子协调小组，统一组织和协调种子调剂工作。（4）切实抓好灾区病虫害和畜禽疫病的防治工作，除抓好主要农作物病虫的预测分析和监测，还将向重灾区派出专门工作组，协助地方防病治虫。（5）组织灾区有关部门广泛开辟饲料资源，缓解养殖业的饲料供应紧张矛盾。农业部已调剂专项尿素1.6万吨和80万元资金，用于灾区秸秆氨化饲料。同时，把国家计划内的一部分平价饲料重点照顾重灾区。（6）积极组织开展科技救灾活动。农业部组织中国农科院的各方面中高级专家分成五个组，已于近日赶赴灾区，协同当地农业科技部门，对灾区生产自救进行技术指导，协助地方制订重建计划。（7）从国家计划内挤出2900立方米木材、50辆吉普车、100吨渔需物资以及部分钢材，支援灾区生产自救。（8）及时做好灾区第二年农业生产准备工作。农业部计划在明年的基建投资以及技术推广等方面，对灾区适当给予照顾，并已进行了具体安排。② 中国农业生产资料公司为抗洪救灾，弥补夏粮及夏收作物损失，积极组织救灾化肥、农药的调拨工作，支援灾区生产自救，争取秋季作物丰收。截至7月5日，已安排

---

① 本报讯：《江苏供销社帮助灾区恢复生产》，《人民日报》1991年7月31日。
② 姬斌、黄彩忠：《分秒必争寸土必争以秋补夏以丰补歉农业部采取八项措施》，《人民日报》1991年8月3日。

给安徽、江苏、上海、浙江、湖北、四川等地调拨救灾化肥15万标吨，占国家安排的全年救灾化肥计划的75%。第二季度计划给上述地区及北京、河北等地调拨救灾农药7000吨。①

为更好、赶快地恢复灾区的生产和生活，中国采取了对口援助的方式。对口支援即结对支援，是区域、行业乃至部门间开展合作与交流的有效形式，使双方区位或行业的优势得到有效发挥。在新中国成立后的救灾工作中，很多地方就曾经使用，更好地体现出社会主义制度的优越性。1977年冬开始，湖北省持续干旱200多天，旱灾严重。1978年，湖北省委领导全省人民搬大水、抗大旱，创造出一些新的经验。湖北省实行城乡结合，厂社挂钩，对口支援，把城市和工矿企业的力量，更好地动员起来，进一步发挥工业的主导作用，加强了对抗旱的支援。全省划分黄冈、孝感等六个抗旱战区，省委组织武汉、黄石等大型厂矿企业，对口进行支援，充分发挥他们支农的积极性，把可以用于抗旱的闲置设备和器材拿出来支援抗旱，有的作为调拨，有的作为借用，工业支援抗旱很快出现了一个新的局面。②国家在推动区域经济发展过程中也提出了对口支援的工作方针。1979年中央召开的全国边防工作会议确定：北京支援内蒙古，河北支援贵州，江苏支援广西、新疆，山东支援青海，上海支援云南、宁夏，全国支援西藏。从此，对口支援工作被正式提出并确定下来，为对口支援灾区政策提供了一定的政策支持和制度保障。之后逐渐成为灾区恢复生产的重要救助模式。

以1991年江淮地区特大洪灾为标志，中国开始第一次在全国范围内启用中央部委对灾区的纵向对口支援政策。1991年11月29日上午，国务院生产办公室副主任赵维臣主持会议研究和落实国务院有关部门对安徽省

---

① 本报讯：《农资公司积极调拨化肥农药》，《人民日报》1991年7月16日。
② 孙鸿宾、江绍高：《搬大水抗大旱旱多久抗多久湖北省抗大旱夺丰收纪事》，《人民日报》1978年11月11日。

重灾区对口支援工作。国家计委、国家科委、建设部、能源部、机电部、冶金部、化工部、轻工部、纺织部、铁道部、交通部、水利部、农业部、商业部、物资部、国家建材局、医药局等23个部门的负责人，与安徽省赴京汇报小组坐在一起，共同研究对口支援工作，决心医治灾害创伤，重振安徽经济。在技术、信息、项目安排等方面支援灾区，增强灾区的经济实力和内部"造血"功能，尽快帮助他们恢复元气。他还提出人才、信息、开发新产品等12项对口支援的具体意见和建议。[1]

到第二年5月，轻工业部根据安徽资源优势与市场需求，选择了家电、皮革、日化、五金等几个重点行业，通过科技攻关、开发、推广、技改、引进消化、企业诊断，解决企业恢复生产和增加后劲的问题。国家科委组织大专院校、科研院所有关专家赴灾区开展咨询，提出一些科技救灾措施，受到灾区政府的重视。化工部深入灾区8个市县、27个化工企事业单位，帮助筛选了一批项目。纺织等部门积极帮助企业调整产品结构，提高产品质量，发展外向型经济。冶金、机电、纺织、交通、建材、商业、医药、石化、烟草等部门，在生产组织、调度上，优先为灾区企业恢复生产提供原材料。粗略统计，安排钢材、有色金属、成品油、塑料、化工原料等11万多吨。各家银行总行在安徽共发放救灾贷款37亿多元，同时通过调整信贷结构，增加恢复生产贷款。农业部在农业基础设施建设方面，帮助安徽新上一批农业技术综合服务站、农药检定网等。[2]1992年5月召开的第二次对口支援安徽灾区会议在肯定和总结前一阶段工作成绩的基础上，还初步达成"八五"期间基建和技改项目106项；人民银行和各专业行增加贷款规模4亿元，增拨贷款2亿元；有关部门增拨资金700多万元，还有

---

[1] 段存章：《医治灾害创伤重振安徽经济国务院有关部门研究对口支援安徽灾区》，《人民日报》1991年11月30日。

[2] 陈宝善：《国家各部委对口支援安徽灾区实在有力第二次对口支援安徽灾区会议部署下步工作》，《人民日报》1992年5月6日。

一批物资。①

在2008年汶川特大地震的恢复重建中,国务院同年9月印发了《汶川地震灾后恢复重建总体规划》,在3省51个重灾县区、13万多平方公里范围内全面启动了恢复重建工作。同年,中央在安排3026亿元中央财政灾后恢复重建基金的同时,决定建立对口支援机制。北京、广东、上海等19个对口支援省市动员大量财力、物力、人力、智力资源,倾力支援灾后恢复重建。到2010年9月底,对口支援省市直接承担的恢复重建项目已基本完成,并普遍与受援地建立了长效合作机制。②截至2011年4月底,汶川特大地震灾区灾后恢复重建纳入国家重建规划的41130个重建项目已完工38803个,占重建任务的94.34%;完成投资8851.53亿元,占规划投资的92.37%。③

三、城市困难居民救助

改革开放以来,随着经济体制的深刻变革和经济社会结构的调整,一部分城市居民在这种社会转型期也遇到一些困难,他们急需生产和生活救助。

(一)城市困难居民状况

20世纪80年代以来,中国的贫困问题引起了国内国际的普遍关注。在整个20世纪80年代,讨论的比较多的是中国农村的贫困问题,前文也有所论及。中国共产党和中国政府采取各种措施积极实施扶贫工程,对特困群众进行及时救助,中国的扶贫工作取得了举世瞩目的成就。20世纪90年代初,城市居民贫困问题也引起社会的广泛关注。城市居民的贫困问

---

① 陈宝善:《国家各部委对口支援安徽灾区实在有力第二次对口支援安徽灾区会议部署下步工作》,《人民日报》1992年5月6日。

② 张春莉:《4万多个汶川地震灾后重建国家项目完成近95%》,《人民政协报》2011年5月11日。

③ 《汶川地震灾后重建国家项目完成近95%》,《中国青年报》2011年5月11日。

题主要与社会转型期经济结构和就业政策有关。

改革开放以前,在计划经济体制下,中国的就业政策取向和主要内容是以劳动力的计划配置、统包就业、行政调配和城乡分割的统包统配为特征的就业制度。在城市,国家对劳动力实行统一计划,通过计划在地区间和部门间分配劳动力;对劳动力实行统包就业;对单位用人实行统一招收;对部门、地区、单位之间的劳动力平衡实行统一调配。在农村,则用户籍制度以及相关文件限制或者劝阻农民流动,对于城市的用人单位,没有劳动部门的许可和介绍,不得擅自到农村招工,农民只能留在农村,大量的农村劳动力以隐性失业的形式存在。[①]

改革开放以后,中国的就业形势骤然紧张,这其中既有人口结构的原因,更是社会政策调整产生的短时社会现象。

1. 人口结构对就业的影响

中华人民共和国成立后,中国的第一个人口出生高峰出现在1950—1958年,这9年共出生1.87亿人,年均出生约2080万人,这些人口在1966—1974年达到劳动年龄,此时正处在"文化大革命"时期。中国第二个人口出生高峰出现在1962—1975年,这14年共出生3.55亿人,年均出生约2500万人,这些人口在1978—1991年相继进入劳动年龄。[②] 在城市,第一个人口出生高峰期出生的人口在"文化大革命"时期进入劳动年龄,这给城镇就业带来了巨大压力。这种就业压力也成为1968年开始的"上山下乡"运动的一个重要原因。如表33所示,1967—1979年,全国知识青年上山下乡人数达到1647.2万人、随着"文化大革命"的结束,很多人陆续回城,如表34所示,1978年、1979年通过各种方式离开农村的知识青年达到650.71万人。这在一定程度上对全国的就业形成了巨大压力。

[①] 赖德胜等:《中国就业60年:1949-2009》,中国劳动社会保障出版社2010年版,第15页。

[②] 张小建:《中国就业的改革发展》,中国劳动社会保障出版社2008年版,第27-28页。

表33 全国知识青年上山下乡人数　　单位：万人

年份	合计	插队	到集体场队	到国营农场
总计	1776.48	1282.21	203.08	291.19
1962—1966	129.28	87.06		42.22
1967—1968	199.68	165.96		33.72
1969	267.38	220.44		46.94
1970	106.40	74.99		31.41
1971	74.83	50.21		24.62
1972	67.39	50.26		17.13
1973	89.61	80.64		8.97
1974	172.48	119.19	34.63	18.66
1975	236.86	163.45	49.68	23.73
1976	188.03	122.86	41.51	23.66
1977	171.68	113.79	41.90	15.99
1978	48.09	26.04	18.92	3.13
1979	24.77	7.32	16.44	1.01

注："插队"中包括回乡的人数；"到集体场队"中包括到农副业基地、农工商联合企业的人数；"到国营农场"中包括到国营林、牧、渔场的人数。

资料来源：《中国劳动工资统计资料（1949-1985）》，中国统计出版社1987年版，第110页。

表34　上山下乡知识青年调离农村人数　　单位：万人

年份	合计	招生	征兵	招工	病退、困退回城	其他
1962—1973	401.35	43.35	24.10	249.60	82.70	1.60
1974	60.35	16.98	4.24	28.63	10.20	0.30
1975	139.79	14.93	2.00	105.81	16.24	0.81
1976	135.25	7.30	11.27	99.24	17.03	0.41
1977	103.01	7.90	5.57	69.44	19.78	0.32
1978	255.32	27.09	29.81	130.78	66.64	1.00
1979	395.39	8.91	9.04	228.81	140.66	7.97
总计	1490.46	126.46	86.03	912.31	353.25	12.41

注："其他"指提干人数和在知青场队的上山下乡知识青年就地转为集体所有制的职工人数。

资料来源：《中国劳动工资统计资料（1949—1985）》，第111页。

2. 农村剩余劳动力向城市的流动

改革开放以后，农村社会释放出巨大的剩余劳动力，他们流入城市，或为临时工或为合同工，从事城市人不愿意做的"粗、重、脏、累、差"工作及第三产业，一定程度上挤压了城市人的就业市场。虽然无法准确统计流入城市的人口数量，但从表35全国就业人员的发展趋势看，大体上第一产业的人数及其所占比例逐年下降，而二、三产业逐渐上升。

表35 全国就业人员年末人数 单位：万人、%

年份	按三次产业分			构成（以合计为100）		
	第一产业	第二产业	第三产业	第一产业	第二产业	第三产业
1978	28318	6945	4890	70.5	17.3	12.2
1979	28634	7214	5177	69.8	17.6	12.6
1980	29122	7707	5532	68.7	18.2	13.1
1981	29777	8003	5945	68.1	18.3	13.6
1982	30859	8346	6090	68.1	18.4	13.5
1983	31151	8679	6606	67.1	18.7	14.2
1984	30868	9590	7739	64.0	19.9	16.1
1985	31130	10384	8359	62.4	20.8	16.8
1986	31254	11216	8811	60.9	21.9	17.2
1987	31663	11726	9395	60.0	22.2	17.8
1988	32249	12152	9933	59.3	22.4	18.3
1989	33225	11976	10129	60.1	21.6	18.3
1990	38914	13856	11979	60.1	21.4	18.5
1991	39098	14015	12378	59.7	21.4	18.9
1992	38699	14355	13098	58.5	21.7	19.8
1993	37680	14965	14163	56.4	22.4	21.2
1994	36628	15312	15515	54.3	22.7	23.0
1995	35530	15655	16880	52.2	23.0	24.8
1996	34820	16203	17927	50.5	23.5	26.0
1997	34840	16547	18432	49.9	23.7	26.4
1998	35177	16600	18860	49.8	23.5	26.7
1999	35768	16421	19205	50.1	23.0	26.9
2000	36043	16219	19823	50.0	22.5	27.5
2001	36399	16234	20165	50.0	22.3	27.7
2002	36640	15682	20958	50.0	21.4	28.6
2003	36204	15927	21605	49.1	21.6	29.3
2004	34830	16709	22725	46.9	22.5	30.6
2005	33442	17766	23439	44.8	23.8	31.4
2006	31941	18894	24143	42.6	25.2	32.2
2007	30731	20186	24404	40.8	26.8	32.4
2008	29923	20553	25087	39.6	27.2	33.2
2009	28890	21080	25857	38.1	27.8	34.1
2010	27931	21842	26332	36.7	28.7	34.6
2011	26594	22544	27282	34.8	29.5	35.7
2012	25773	23241	27690	33.6	30.3	36.1

资料来源：《中国劳动年鉴2013》，中国统计出版社2014年版，第7-8页。

3. 1990年以后的国有企业在兼并、破产和重组中，出现了大批下岗失业人员

如表36所示，改革开放以后，经过改革开放最初2年的失业高峰之后，从1992年开始，失业的绝对人口有了一个急遽增长的趋势，并逐渐呈现出高居不下之势。

表36　历年年末城镇登记失业人数及登记失业率　单位：万人、%

年份	登记失业人数	比上年增长	登记失业率
1978	530.0		5.3
1979	567.6	7.1	5.4
1980	541.5	−4.6	4.9
1981	439.5	−18.8	3.8
1982	379.4	−13.7	3.2
1983	271.4	−28.5	2.3
1984	235.7	−13.2	1.9
1985	238.5	1.2	1.8
1986	264.4	10.9	2.0
1987	276.6	4.6	2.0
1988	296.2	7.1	2.0
1989	377.9	27.6	2.6
1990	383.2	1.4	2.5
1991	352.2	−8.1	2.3
1992	363.9	3.3	2.3
1993	420.1	15.4	2.6
1994	476.4	13.4	2.8
1995	519.6	9.1	2.9
1996	552.8	6.3	3.0
1997	576.8	4.3	3.1
1998	571.0	−1.0	3.1
1999	575.0	0.7	3.1
2000	595.0	3.5	3.1
2001	681.0	14.4	3.6
2002	770.0	13.1	4.0
2003	800.0	3.9	4.3
2004	827.0	3.4	4.2
2005	839.0	1.5	4.2
2006	847.0	1.0	4.1
2007	830.0	−2.0	4.0
2008	886.0	6.7	4.2
2009	921.0	4.0	4.3
2010	908.0	−1.4	4.1
2011	922.0	1.5	4.1
2012	917.0	−0.5	4.1

资料来源：《中国劳动统计年鉴2013》，中国统计出版社2014年版，第139页。

除去失业问题引起的城市人员贫困外，城市中尚有为数众多的20世纪60年代的精减退职职工、原国民党起义投诚人员、释放人员、摘掉"右"派帽子人员、受迫害人员，以及大批孤老残幼人员等等，这也构成了城市中庞大的贫困群体。

国家统计局公布的1995年城镇贫困人数为1240万人。根据朱庆芳的研究，1995年底拖欠职工工资的人数有1000万人，停发或减发工资的退休人员有151万人。公布的登记失业人数为520万人，以上三部分共计1671万人，如包括他们所抚养的人口则为2890万人，再加上由民政系统救济的城镇孤老残幼等弱者190万人，共计3080万人。另据国家统计局城调队住户调查，1995年城镇居民人均生活费收入每月在160元的户占调查总数的10%，其中月收入在143元的困难户占5%；此收入水平相当于民政部实施的城市最低生活保障线补助标准120元—170元的水平。因此，城镇贫困阶层人口约为2000万—3000万人，约占城镇人口的5.7%—8.5%。其中特困户占城镇人口的5%左右（其收入水平比全国平均水平低56%）。以上是全国平均数，如按地区分，以东北三省、中西部、三线地区贫困人口比例较高；按行业分，以纺织、煤炭、森工、轻工、军工亏损、"双停"企业最多；按所有制分，以国有中小型企业困难最大。①

（二）城市困难居民的救助政策

20世纪90年代初，在从计划经济体制向市场经济体制转型的过程中，上海市出现了一些新的情况：由于企业转换经营机制和改革用工制度，出现了一批失业人员和下岗人员；由于部分企业不景气，职工收入下降、生活受到了影响；由于物价涨幅较大，部分居民尤其是传统的民政救济对象、外地回沪定居的低收入家庭成员，生活更加困难；由于社会救济政策不能

---

① 朱庆芳：《城镇贫困阶层和解困对策》，《中国社会工作》1997年第1期。

适应形势发展，一些"政府管不上、企业靠不上、家庭顾不上"的"三不管"人员生活陷入了困境。这些情况通过信访反映到市政府，引起了市领导的高度重视。① 根据市政府的指示，民政部门和有关部门经多次协调，经过充分调研，1993年5月7日，上海市民政局、财政局、劳动局、人事局、社会保险局、总工会联合发布《关于本市城镇居民最低生活保障线的通知》，宣布1993年6月1日起实施最低生活保障制度，标准为月人均120元。这一文件的下发，标志着中国最早的最低生活保障制度正式出台。

上海市建立最低生活保障制度的做法引起全国和民政部的重视，1994年5月召开的第十次全国民政会议上，十分明确地把"对城市社会救济对象逐步实行按当地最低生活保障线标准进行救济"列入了"民政工作今后五年乃至本世纪末的发展目标"，并部署在东部沿海地区进行试点。到1995年上半年，已有上海、厦门、青岛、大连、福州、广州等6个大中城市相继建立了城市居民最低生活保障制度。1995年，民政部部长多吉才让在部分省、市、区民政厅（局）长座谈会上的讲话中指出："在城市要以发展社区服务和实行最低生活保障线制度为重点，构筑保障城市居民基本生活的最后防线和福利服务网络。""在城市逐步建立最低生活保障线制度是第十次全国民政会议提出的城市社会保障的目标和任务，它对于保障居民的基本生活权益，及时有效地解决群众的生活困难，促进改革的深化和发展，维护社会稳定，具有十分重要的意义。"②

1996年3月，第八届全国人大四次会议通过的《关于国民经济和社会发展"九五"计划和2010年远景目标纲要的报告》，首次提出了"要逐步建立城市居民最低生活保障线制度，帮助城市贫困人口解决生活困难"的要求。与此同时，实施最低生活保障的城市逐渐增多。据统计，1995年底之前，全国只有厦门、青岛、福州、大连、广州、沈阳、本溪、抚顺、丹东、

---

① 多吉才让：《中国最低生活保障制度研究与实践》，人民出版社2001年版，第98页。
② 《民政工作文件选编（1995年）》，中国社会出版社1996年版，第49页。

海口、无锡等 12 个城市建立了这项制度；到 1996 年底，这一数字就增加到了 116 个（其中直辖市 2 个、计划单列市 5 个、省会城市 17 个、地级市 55 个、县级市 37 个），山东、江苏、浙江、广东等省还整体设计，连片实施；到 1997 年 8 月底，又有 90 个城市建立了这项制度，使全国建立这一制度的城市总数达到了 206 个，约占到当时全国城市总数的 1/30。[①]

1997 年 9 月，中国共产党第 15 次全国代表大会通过的报告指出："实行保障城镇困难居民基本生活的政策。"1997 年 9 月 2 日，国务院印发了《关于在全国建立城市居民最低生活保障制度的通知》，《通知》指出：建立城市居民最低生活保障制度，是《中华人民共和国国民经济和社会发展"九五"计划和 2010 年远景目标纲要》提出的一项重要任务，是改革和完善传统社会救济制度、建立健全社会保障体系的重大举措。《通知》要求：1997 年底以前，已建立这项制度的城市要逐步完善，尚未建立这项制度的要抓紧做好准备工作；1998 年底以前，地级以上城市要建立起这项制度；1999 年底以前，县级市和县政府所在地的镇要建立起这项制度。各地要根据当地实际情况，逐步使非农业户口的居民得到最低生活保障。《通知》明确了保障对象的范围和保障标准：家庭人均收入低于当地最低生活保障标准的持有非农业户口的城市居民，主要是以下三类人员：无生活来源、无劳动能力、无法定赡养人或抚养人的居民；领取失业救济金期间或失业救济期满仍未能重新就业，家庭人均收入低于最低生活保障标准的居民；在职人员和下岗人员在领取工资或最低工资、基本生活费后以及退休人员领取退休金后，其家庭人均收入仍低于最低生活保障标准的居民。保障标准由各地人民政府会同当地相关部门制定，既要求能保障基本生活、克服依赖思想，又在当地财政的承受能力范围之内、与其他各项保障标准相衔接。城市居民最低生活保障制度所需资金由地方各级人民政府列入财

---

① 多吉才让：《中国最低生活保障制度研究与实践》，人民出版社 2001 年版，第 101 页。

政预算，纳入社会救济专项资金支出科目，专账管理。

为了规范城市居民最低生活保障制度，保障城市居民基本生活，1999年9月，国务院第21次常务会议通过了《城市居民最低生活保障条例》，将城市居民最低生活保障制度上升到了法律规范的层次。与《关于在全国建立城市居民最低生活保障制度的通知》相比，该《条例》把享受城市居民低保对象界定为"共同生活的家庭成员人均收入低于当地城市居民最低生活保障标准的、持有非农业户口的城市居民"。该《条例》规定：城市居民最低生活保障制度实行地方各级人民政府负责制。县级以上地方各级人民政府民政部门具体负责本行政区域内城市居民最低生活保障的管理工作；财政部门按照规定落实城市居民最低生活保障资金；统计、物价、审计、劳动保障和人事等部门分工负责，在各自的职责范围内负责城市居民最低生活保障的有关工作。县级人民政府民政部门以及街道办事处和镇人民政府（以下统称管理审批机关）负责城市居民最低生活保障的具体管理审批工作。居民委员会根据管理审批机关的委托，可以承担城市居民最低生活保障的日常管理、服务工作。国务院民政部门负责全国城市居民最低生活保障的管理工作。保障标准依然由当地人民政府民政部门会同财政、统计、物价等部门制定，并强调要"按照当地维持城市居民基本生活所必需的衣、食、住费用，并适当考虑水电燃煤（燃气）费用以及未成年人的义务教育费用确定"，与1997年的《通知》相比，《条例》规定的更为详细具体，便于操作。城市居民最低生活保障所需资金，由地方人民政府列入财政预算，纳入社会救济专项资金支出项目，专项管理，专款专用，同时也鼓励社会组织和个人为城市居民最低生活保障提供捐赠、资助，显示了多渠道筹集经费的意识。该《条例》中详细规定了城市居民最低生活保障制度的申请、审查、管理程序，对低保的接受者采取的是属地管理原则，申请者要提出书面申请，并出具相关的证明材料，填写《城市居民最低生活保障待遇审批表》，经过其所在地的街道办事处或镇人民政府初审，最后由县级人民政府民政部门通过入户调查、邻里访问、信函索证等方式调查核实并进行审批。

随着国有企业改革不断深化而出现的下岗职工问题，2000年5月28日国务院下发了《做好企业离退休人员养老金按时足额发放和国企下岗职工基本生活保障工作的通知》，强调应保尽保的原则，要求"凡家庭人均收入低于当地最低生活保障标准的城市居民，都要纳入最低生活保障范围"，并要求"合理确定最低生活保障标准，既要保障贫困居民的基本生活，又要有利于促进下岗和失业人员再就业"，并提出"对财政确有困难的地区，中央财政酌情给予支持"。2000年6月1日，中共中央办公厅、国务院办公厅发出的《关于进一步做好资源枯竭矿山破产工作的通知》，把具有非农村户口的关闭破产矿山职工及其家属纳入到城市居民最低生活保障制度中，在确保其基本生活水平的同时鼓励其积极就业，并对财政负担较困难的地区由中央财政给予适当补助。

针对城市居民最低生活保障工作发展不平衡，一些地方存在着财政投入不足、属地管理原则没有完全落实、管理工作不够规范、基层日常管理、服务工作不适应以及最低生活保障与其他保障措施衔接不够紧密等问题。2001年11月12日，国务院办公厅下发《关于进一步加强城市居民最低生活保障工作的通知》，要求依照属地原则，将中央、省属企业，尤其是远离城镇的军工、矿山等企业符合条件的贫困职工家庭纳入到最低生活保障范围，提出"坚决克服按非农业人口一定比例下达保障对象指标等简单化的办法，尽快把所有符合条件的城市贫困人口纳入最低生活保障范围"，即明确提出了"应保尽保"的目标和要求。同时把建立和规范城市居民最低生活保障制度定为地方各级人民政府的重要职责，增加中央对财政困难地区的专项转移支付的力度，但强调地方各级人民政府，特别是省级人民政府必须逐年增加经费支出，加大最低生活保障资金投入，所需资金要列入财政预算，不得因中央的支持而减少地方财政投入。再次重申要建立健全法规制度，推进城市居民最低生活保障工作的规范化管理，积极推动最低生活保障工作机构建设，加强基层组织的低保工作力量，推行低保工作的信息化管理。

2002年11月，中国共产党第十六次全国代表大会通过的《全面建设小康社会，开创中国特色社会主义事业新局面》的报告指出："建立健全同经济发展水平相适应的社会保障体系，是社会稳定和国家长治久安的重要保证。坚持社会统筹和个人账户相结合，完善城镇职工基本养老保险制度和基本医疗保险制度。健全失业保险制度和城市居民最低生活保障制度。"

为进一步规范城市低保管理工作，解决低保对象认定不够准确的问题，2010年6月，民政部发出《关于进一步加强城市低保对象认定工作的通知》，进一步规范低保对象认定条件，包括规范户籍认定条件、规范家庭财产的类别和条件、规范家庭收入的类别和计算方法、规范家庭收入的减免类型和金额等。该《通知》还强调要进一步改进低保对象认定方法，做到由街道、乡镇低保经办机构直接受理低保申请；入户调查应存录原始资料；民主评议应规范、简便，讲求实效；张榜公示应限定范围和时间；县级民政部门应建立随机抽查制度等。该《通知》还要求做好低保对象认定排查工作。

中国的城市低保工作经过十几年的实践，也暴露出一些地区还不同程度存在对最低生活保障工作重视不够、责任不落实、管理不规范、监管不到位、工作保障不力、工作机制不健全等问题。为切实加强和改进最低生活保障工作，2012年9月1日，国务院印发《关于进一步加强和改进最低生活保障工作的意见》，明确了总体要求和基本原则。总体要求：最低生活保障工作要以科学发展观为指导，以保障和改善民生为主题，以强化责任为主线，坚持保基本、可持续、重公正、求实效的方针，进一步完善法规政策，健全工作机制，严格规范管理，加强能力建设，努力构建标准科学、对象准确、待遇公正、进出有序的最低生活保障工作格局，不断提高最低生活保障制度的科学性和执行力，切实维护困难群众基本生活权益。基本原则：坚持应保尽保，坚持公平公正，坚持动态管理，坚持统筹兼顾。该《意见》提出了加强和改进最低生活保障工作的政策措施，主要包括：完善最低生活保障对象认定条件、规范最低生活保障审核审批程序、建立救助申请家庭经济状况核对机制、加强最低生活保障对象动态管理、健全最低生活保障工作监管机制、建立健全投诉举报核查制度、加强最低生活保障与其他社会救助制度的有效衔接。同时，该《意见》还要求强化工作保障，确保各项政策措施落到实处，加强组织领导，进一步落实管理责任。

该《意见》对保证城市居民最低生活保障工作的科学化、规范化、精确化，充分发挥其保障困难群众基本生活的基础性作用具有重要的意义。

（三）城市居民最低生活救助保障

自1993年中国开始实行城市居民最低生活保障制度以来，随着社会经济的快速发展和人民群众生活水平的不断提高，国家投入的保障资金也是逐渐增加，从而保障了城市困难居民的生活。

1996年，全国已有90个城市建立了最低生活保障制度，比上年增加近70个；全国共有84.9万人生活在最低生活保障线以下的城镇居民及时得到了国家的社会救济。地方政府和企事业单位已为建立最低生活保障制度投入资金3亿元。[1]

1997年，全国城镇有贫困人口532.6万人。全国有375个城市公布决定建立居民最低生活保障制度，其中的317个城市开始进入具体的操作，比上年增加了227个，已占全国城市总数的47.6%。地级城市已有56.3%实施了城市最低生活保障制度，超额完成了国务院既定的任务。国家共投入保障资金3亿元，有89.2万人生活水平在最低生活保障线以下的城镇居民得到了救助，为城镇的社会稳定提供了有力的保障。[2]

1998年，全国已有1702个市（县）建立城市居民最低生活保障制度，

---

[1] 《中国民政统计年鉴1997》，中国统计出版社1997年版，第172页。
[2] 《中国民政统计年鉴1998》，中国统计出版社1998年版，第175页。

其中地级市 204 个，占地级市总数的 89.9%，超额完成了国务院既定的目标；县级市 373 个，占县级市总数的 85.4%；县 1121 个，占总数的 66.4%。国家共投入保障资金 7 亿元，比上年增长了 133.3%，救助了 184 万生活水平在最低生活保障线以下的城镇居民，为城镇的社会稳定提供了有力的保障。①

1999 年，全国共有 531.6 万生活水平在最低生活保障线以下的城乡居民得到了救助，用于最低生活保障救助支出 23.7 亿元（包括农村的最低生活救助支出）。②

2000 年，国家用于最低生活保障救助支出 3.45 亿元，比上年增长 45.6%；其中城市居民最低生活保障支出 27.2 亿元，比上年增长 76.6%。共有 402.6 万城镇居民得到了最低生活保障，比上年增长 51.4%，部分农村也开展了最低生活保障制度，有 300.2 万村民得到了最低生活保障，比上年增长 13%。③

2001 年底，全国符合城市最低生活保障条件的人员 1655.3 万人，比去年同期增长 134%；共有 1170.7 万城镇居民得到了最低生活保障，比上年增长 190.8%。④

2002 年，全国共有 2064.7 万城镇居民、819 万户低保家庭得到了最低生活保障。其中在职人员 186.8 万人，下岗人员 554.5 万人，退休人员 90.1 万人，失业人员 358.3 万人，上述人员家属 783.1 万人，"三无"人员 91.9 万人。全年共用低保资金 108.7 亿元，其中，中央财政投入 46 亿元。2002 年全国城镇最低生活保障月人均保障水平 52 元。⑤

2003 年底，共有 2246.8 万城镇居民、930 万户家庭得到了最低生活保

---

① 《中国民政统计年鉴 1999》，中国统计出版社 1999 年版，第 126 页。
② 《中国民政统计年鉴 2000》，中国统计出版社 2000 年版，第 172 页。
③ 《中国民政统计年鉴 2001》，中国统计出版社 2001 年版，第 4 页。
④ 《中国民政统计年鉴 2002》，中国统计出版社 2002 年版，第 24 页。
⑤ 《中国民政统计年鉴 2003》，中国统计出版社 2003 年版，第 26 页。

障。其中在职人员 179.3 万人，比上年同期下降了 4%；下岗人员 518.4 万人，比上年同期下降了 6.5%；退休人员 90.7 万人，比上年同期增长了 0.7%；失业人员 409.1 万人，比上年同期增长了 14.2%；上述人员家属 949.4 万人，"三无"人员 99.9 万人，比上年同期增长了 8.7%。全年各级财政共支出低保资金 151 亿元，其中，中央财政投入 92 亿元。2003 年全国城市最低生活保障月人均保障水平 58 元。①

2004 年底城市居民最低生活保障平均标准达到 152 元。全国共有 955.5 万户，2205 万城镇居民得到了最低生活保障，分别比上年同期增加 2.7% 和下降了 1.9%。得到最低生活保障人员中，在职人员 141 万人，比上年同期下降了 21.4%；下岗人员 468.9 万人，比上年同期下降了 9.6%；退休人员 73.1 万人，比上年同期下降了 19.4%；失业人员 423.1 万人，比上年同期增长了 3.5%；上述人员家属 1003.5 万人，比上年同期增长了 5.7%；"三无"人员 95.4 万人，比上年同期下降了 4.5%。全年各级财政共支出低保资金 172.7 亿元。2004 年全国城市最低生活保障月人均保障水平 65 元，比上年提高 12%。②

2005 年全国城市最低生活保障月人均保障水平 72.3 元，比上年提高 11.2%。2005 年底城市居民最低生活保障平均标准达到 156 元。全国共有 994.7 万户，2234.2 万城市居民得到了最低生活保障，分别比上年同期增长 4.1% 和 1.3%，保障户型结构向小户型转变，使城市居民中的孤寡老人、"三无"对象进一步得到了保障，城市低保对象连续 3 年稳定在 2200 多万人，城市最低生活保障制度进入了平稳发展时期。得到最低生活保障人员中，在职人员 114.1 万人，比上年同期下降了 19.1%；下岗人员 430.7 万人，比上年同期下降了 8.1%；退休人员 61.3 万人，比上年同期下降了 16.1%；失业人员 410.1 万人，比上年同期下降了 3.0%；"三无"人员 95.8 万人，与

---

① 《中国民政统计年鉴 2004》，中国统计出版社 2004 年版，第 30 页。
② 《中国民政统计年鉴 2005》，中国统计出版社 2005 年版，第 32 页。

上年基本持平；上述人员的家属及其他特殊救济人员1122.1万人，比上年同期增长11.8%。①

2006年全国共有1029.7万户、2240.1万城市居民得到了最低生活保障。全年各级财政共支出低保资金224.2亿元，比上年增长16.8%。2006年全国城市最低生活保障月人均保障水平86元，比上年提高15.6%。2006年底城市居民最低生活保障平均标准169.6元，比上年提高8.7%。城市居民中的"三无"对象等得到了有效救助。城市低保对象连续4年稳定在2200多万人，城市最低生活保障制度进入了平稳运行时期。得到最低生活保障人员中：在职人员97.6万人，占总人数的4.3%；下岗人员350万人，占总人数的15.6%；退休人员53.2万人，占总人数的2.4%；失业人员420.8万人，占总人数的18.8%；"三无"人员93.1万人，占总人数的4.2%；上述人员的家属及其他特殊救济人员1225.3万人，占总人数的54.7%。②

2007年，全国共有1064.3万户、2272.1万城市居民得到了最低生活保障。全年各级财政共支出低保资金277.4亿元，比上年增长23.7%。得到最低生活保障人员中，在职人员99万人，占总人数的4.1%；灵活就业人员343.8万人，占总人数的15.1%；老年人298.4万人，占总人数的13.1%；登记失业人员627.2万人，占总人数的27.6%；未登记失业人员364.3万人，占总人数的16%；在校生321.6万人，占总人数的14.2%；其他未成年人223万人，占总人数的9.8%。2007年全国城市最低生活保障月人均保障水平102.7元，比上年提高22.8%；全国城市居民最低生活保障平均标准182.4元，比上年提高7.5%。③

2008年底，全国共有1110.5万户、2334.8万城市居民得到了最低生活保障。全年各级财政共支出低保资金393.4亿元，比上年增长41.8%。

---

① 《中国民政统计年鉴2006》，中国统计出版社2006年版，第35页。
② 《中国民政统计年鉴2007》，中国统计出版社2007年版，第38-39页。
③ 《中国民政统计年鉴2008》，中国统计出版社2008年版，第41页。

得到最低生活保障人员中，在职人员82.2万人，占总人数的3.5%；灵活就业人员381.7万人，占总人数的16.3%；老年人316.7万人，占总人数的13.6%；登记失业人员564.3万人，占总人数的24.3%；未登记失业人员402.2万人，占总人数的17.2%；在校生358.1万人，占总人数的15.3%；其他未成年人229.6万人，占总人数的9.8%。2008年全国城市最低生活保障月人均保障水平143.7元，比上年提高39.9%；全国城市居民最低生活保障平均标准205.3元，比上年提高12.6%。①

2009年底，全国共有1141.1万户、2345.6万城市低保对象。全年各级财政共支出低保资金482.1亿元，比上年增长22.5%，其中中央财政补助资金为359.1亿元（其中春节一次性补贴34.2亿元），占全部支出资金的74.5%。城市低保对象中：在职人员79.0万人，占总人数的3.4%；灵活就业人员432.2万人，占总人数的18.4%；老年人333.5万人，占总人数的14.2%；登记失业人员510.2万人，占总人数的21.8%；未登记失业人员410.9万人，占总人数的17.5%；在校生369.1万人，占总人数的15.7%；其他未成年人210.7万人，占总人数的9.0%。2009年全国城市低保平均标准227.75元，比上年提高10.9%；全国城市低保月人均保障水平172元，比上年提高19.7%。②

2010年，全国共有1145.0万户、2310.5万城市低保对象。全年各级财政共支出城市低保资金524.7亿元，比上年增长8.8%，其中中央财政补助资金为365.6亿元，占全部支出资金的69.7%。城市低保对象中，在职人员68.2万人，占总人数的3.0%；灵活就业人员432.4万人，占总人数的18.7%；老年人338.6万人，占总人数的14.7%；登记失业人员492.8万人，占总人数的21.3%；未登记失业人员419.9万人，占总人数的18.2%；在校生357.3万人，占总人数的15.5%；其他201.2万人，占

---

① 《中国民政统计年鉴2009》，中国统计出版社2009年版，第46页。
② 《中国民政统计年鉴2010》，中国统计出版社2010年版，第43—44页。

总人数的8.7%。①

2011年底，全国共有城市低保对象1145.7万户、2276.8万人。全年各级财政共支出城市低保资金659.9亿元，比上年增长25.8%，其中中央财政补助资金502.0亿元，占总支出的76.1%。2011年全国城市低保平均标准287.6元/人、月，比上年增长14.5%；全国城市低保月人均补助水平240.3元(含一次性生活补贴)，比上年提高27.1%。城市"三无"救济：2011年城市"三无"救济19.3万人，比去年增长30.9%。②

2012年底，全国共有城市低保对象1114.9万户、2143.5万人。全年各级财政共支出城市低保资金674.3亿元，比上年增长2.2%，其中中央财政补助资金439.1亿元，占总支出的65.1%。2012年全国城市低保平均标准330.1元/人、月，比上年增长14.8%；全国城市低保月人均补助水平239.1元。城市"三无"救济：2012年救济城市"三无"9.9万人。③

2013年底，全国共有城市低保对象1097.2万户、2064.2万人。全年各级财政共支出城市低保资金756.7亿元，比上年增长12.2%，其中中央财政补助资金545.6亿元，占总支出的72.1%。2013年全国城市低保平均标准373元/人、月，比上年增长13%；全国城市低保月人均补助水平264元。城市"三无"救济：2013年救济城市"三无"8.6万人。④

四、特殊人员的救助

改革开放以后，中国社会在由农业社会向工业社会转变的过程中，中国共产党和中国政府社会救助的观念随着社会的进步更加深刻，对于一些特殊人员社会救助的能力在进一步增强。

---

① 《中国民政统计年鉴2011》，中国统计出版社2011年版，第51页。
② 《中国民政统计年鉴2012》，中国统计出版社2012年版，第7页。
③ 《中国民政统计年鉴2013》，中国统计出版社2013年版，第8页。
④ 《中国民政统计年鉴2014》，中国统计出版社2014年版，第7页。

（一）流浪乞讨人员的救助

改革开放初期，由于历史和社会原因，城市积累了不少流浪人员。1980年的调查显示，在城市乞讨的，绝大多数来自农村。其中以青壮年居多，约占60%；老年约占15%；少年儿童约占25%。根据沈阳、广州、郑州、石家庄、南昌、蚌埠、韶关、安阳、邯郸、汕头、萍乡等11个市收容的2142名乞讨人员分析，遭灾或因其他原因造成生活困难的有731人。其中一部分属于无依无靠的孤老残幼；屡遣屡返的惯讨者690人。其中有没有户口，无处安身的，有不愿在民政部门安置农场劳动的，也有好逸恶劳的二流子；家庭管教不当或受虐待而外出的有403人。其中多数是少年，有少数已成为顽劣儿童；家庭无力看管和被丢弃的痴呆傻者、精神病人有132人；劳改劳教释放的、倒流城市无法落户的、投亲不遇和钱粮被偷的人员有100人；生活并不困难，以乞讨作为增加收入之道的，有46人。有的人到城市讨钱，用来盖房或为孩子娶亲；以上访为名，流浪乞讨的，有40人。[①]

城市流浪人员的成因既有自然灾害的原因，更有社会救助政策的原因。比如社会收容工作不经常，临时突击收容多，经常性工作很少；对于遣送回籍的乞讨人员，不少地方没有切实帮助解决实际困难，致使他们重新外流；安置农场减少，安置能力远远满足不了社会需要，等等。[②] 城市流浪人员的状况引起了中央的充分重视，国务院指出："城市中乞讨人员多，社会秩序乱，是当前一个比较突出的社会问题，也是一个不安定的因素。其政治影响很坏，群众反映强烈"，要求"各级政府要采取有力措施，坚决把乞讨人员收容起来，并根据不同情况，分别妥善处理，务使安置落实。

---

① 民政部政策研究室：《民政工作文件汇编》（二），地质出版社印刷厂印刷1984年，第380–381页。

② 民政部政策研究室：《民政工作文件汇编》（二），地质出版社印刷厂印刷1984年，第380–381页。

对有关部门工作中遇到的实际困难和问题,要切实帮助解决"。①1982年5月12日,国务院发布了《城市流浪乞讨人员收容遣送办法》(以下简称《收容遣送办法》),明确了制定此项法规的目的是救济、教育和安置城市流浪乞讨人员,以维护城市社会秩序和安定团结。收容遣送工作由民政、公安部门负责,具体办法由省、市、自治区人民政府根据实际情况确定。在大城市、中等城市、开放城市和其他交通要道流浪乞讨人员多的地方,设立收容遣送站。收容遣送站应当及时了解被收容人员的姓名、身份及家庭住址等情况;安排好他们的生活;加强对他们的思想政治教育;及时把他们遣送回原户口所在地。收容遣送对象包括:家在农村,流入城市行乞的;家在城市,但流落街头乞讨的;其他露宿街头的生活无着的人员。被收容人员的安置工作,由其户口所在地人民政府负责。对遣送回去的被收容人员,由当地人民政府责成有关社队、街道妥善安置,认真解决他们的生产、生活困难;对无家可归的被收容人员,由其户口所在地的民政部门负责安置;对遣送回去的被收容人员,户口已经注销的,公安部门应当准予落户。②同年,民政部、公安部又发布《城市流浪乞讨人员收容遣送办法实施细则》,明确了收容遣送站是对城市流浪乞讨人员进行救济、教育和收容遣送的特殊性事业单位,规定了收容遣送站和工作人员的工作规程和要求。该《细则》规定了流浪乞讨人员的安置工作,由其户口所在地的人民政府负责。户口已经注销的,当地公安机关应准予落户。把被收容人员送到县(市)以后,由县(市)人民政府责成有关社队、街道予以安置,认真帮助他们解决生产、生活困难,使其不再外流。对无家可归、有劳动能力而原户口所在地安置确实有困难的被收容人员,由当地民政部门报经省、自治区、直辖市民政厅(局)批准后送安置农场。对城市中无家可归、没有劳动能力的被收容

---

① 民政部政策研究室:《民政工作文件汇编》(二),地质出版社印刷厂印刷1984年,第379页。
② 民政部政策研究室:《民政工作文件汇编》(二),地质出版社印刷厂印刷1984年,第384–385页。

人员，经户口所在地县（市）以上民政部门批准，送城市社会福利事业单位。对农村中无家可归、没有劳动能力的被收容人员，经户口所在地县（市）以上人民政府批准，送农村敬老院安置或者分散安置，给予五保待遇。同时，该《细则》还规定：收容遣送站组织被收容人员进行生产劳动的收入，主要用于被收容人员的伙食补贴和遣送路费。[①] 这样，收容遣送站既是社会救助者，救助流落城市街头的流浪乞讨人员，同时又是社会行政管理者，强制性地收容遣送影响城市秩序的流浪乞讨人员。

但自1984年开始，各地对流浪乞讨人员的遣送功能更加强化。1984年5月，公安部、民政部发出《关于加强收容遣送工作的通知》，指出：在当前严厉打击刑事犯罪的斗争中，发现一些刑事犯罪分子为了逃避打击，混入流浪乞讨人员之中，把民政收容遣送站当作他们的"防空洞""避风港"。这些犯罪分子，被收容后又不报真实姓名、住址，民政部门不易审查，而按一般流浪人员收容遣送。有的在收容站内不服管理，带头闹事，甚至殴打工作人员。有的在遣送中聚众逃跑、行凶，给收容遣送工作带来很多困难。为了加强收容遣送工作，维护社会治安，严厉打击刑事犯罪分子的破坏活动，各地民政、公安部门要密切配合，对被收容人员逐个登记，认真清理审查。凡查明有犯罪嫌疑的人和材料，由公安机关收容审查站接受，继续审查清楚后，酌情处理。对那些不讲真实姓名、住址，来历不明，隐瞒罪行和有重大犯罪嫌疑的，都可以移交公安机关审查处理。民政部门在执行收容和遣送过程中，如遇收容对象聚众闹事、行凶、殴打工作人员等情况，可通知当地公安机关按治安管理办法处理。对其中触犯刑律的，由公安机关依法惩处。边境地区的收容遣送站，对接收的越境人员，一定要查明其真实姓名、住址、来历，交公安机关审查处理。民政部门收容遣送站由当地公安机关派驻民警（人数多少，视站大小和工作需要商定），负责维持

---

① 民政部政策研究室：《民政工作文件汇编》（二），地质出版社印刷厂印刷1984年，第386-390页。

秩序及协助执行收容遣送工作。①

从以上分析可以看出，收容遣送的救济、教育和安置功能逐步弱化，行政管理功能增强，随后发生的三大历史变化和事件又强化了遣送功能。

1.1983年"严打"工作的影响

1983年8月25日，中共中央发出的《关于严厉打击刑事犯罪活动的决定》指出：严厉打击刑事犯罪活动，是政治领域中一场严重的敌我斗争。为迅速扭转社会治安的不正常状况，中共中央决定，以三年为期，组织一次、两次、三次战役，按照依法"从重从快，一网打尽"的精神，对刑事犯罪分子予以坚决打击。在此背景下，1984年9月，民政部办公厅发出《关于积极配合打击严重危害社会治安犯罪活动加强收容遣送工作的通知》，指出"收容遣送工作，是搞好社会治安综合治理的一部分"。《通知》强调：（1）抓住时机，"积极配合这场斗争，及时将城市中的流浪乞讨人员收容起来，并使这一工作做到经常化、制度化，改善城市治安秩序；（2）认真审查，发现犯罪嫌疑分子，应立即交当地公安部门处理，不能使收容遣送站成为犯罪分子的'防空洞''避风港'；（3）加强管理，预防事故的发生。②紧接着，1986年9月15日至18日，民政部城福司在哈尔滨召开了部分省、自治区、直辖市收容遣送工作经验交流会。会议指出："目前流浪乞讨人员的成分已经发生了很大变化，我们的收容遣送工作也应该从单纯'救济型'的老观念，向'行政管理型'的新观念转变，锐意改革，依法办事，积极解决流浪乞讨这一社会问题，为两个文明建设服务。"③

2."民工潮"带来的问题

1984年1月1日，中共中央发出的《关于1984年农村工作的通知》指出：

---

① 《民政工作文件选编（1984年）》，华夏出版社1985年版，第261–262页。
② 民政部政策研究室：《民政工作文件汇编》（二），地质出版社印刷厂印刷1984年，第391–392页。
③ 《民政工作文件选编（1986年）》，华夏出版社1987年版，第269页。

1984年，各省、自治区、直辖市可选若干集镇进行试点，允许务工、经商、办服务业的农民自理口粮到集镇落户。开始了中国小城镇户籍制度改革。1984年10月，国务院又发出了《关于农民进集镇落户问题的通知》，规定：凡申请到集镇(指县以下集镇，不含城关镇)务工、经商、办服务业的农民和家属，在城镇有固定住所，有经营能力，或在乡镇企事业单位长期务工的，公安部门应准予落常住户口，发给《自理口粮户口簿》，统计为"非农业人口"，并把他们纳入街道居民小组进行管理，使其同集镇居民一样享有同等权利，履行同等义务。[①] 这是中国户籍制度改革的重大突破，为中国农村劳动力向城市流动提供了法律保障。20世纪80年代后期，大批农村剩余劳动力转向城市，全国出现了一个"民工潮"。但是，由于人口迁移的盲目性，给城市也带来铁路运输紧张、粮食供应紧张、社会治安等一系列问题。如1988年浙江舟山市定海区查破的重大刑事案件有14%系外来人员所为，16%的重大案犯来自于外省市，有14人被判刑。究其原因：(1)居所不定，管理困难。外来民工往往是哪里收入多就涌向哪里，常常十天半月换一个地方，游动频繁。他们的住处大多在建筑工地，少量的租住民房，使有关部门难于管理，不能及时发现、打击犯罪。(2)有些雇工单位只图外来劳力低廉，不抓日常管理，有的甚至连民工的姓名、年龄、原籍地址等基本情况也不了解。(3)缺少有效的管理办法。[②]1989年第一季度，深圳外来人员作案占全市总发案数的78.2%。[③]

3.1989年初夏之交的政治风波起到了进一步的推动作用

1989年7月，民政部发布的《关于进一步做好收容遣送工作的通知》指出："近年来，各城市特别是大城市和沿海开放城市，都涌入大量的流浪乞讨人员，其中也混杂着一些流氓等犯罪分子，给社会秩序和社会治安

---

① 《国务院关于农民进入集镇落户问题的通知》，《中华人民共和国国务院公报》1984年26期。
② 宋舟雄：《民工浪潮的困扰》，《人民日报》1989年5月24日。
③ 陈华、胡跃平：《转移——跨世纪的选择》，《人民日报》1989年6月6日。

带来极大的危害,是社会的不安定因素。在这次北京、长沙、西安等地发生的动乱和反革命暴乱中,有的歹徒就是流浪在街头的乞讨人员。"为整顿社会秩序,配合政法机关打击犯罪分子,处理轻微违法人员,该《通知》要求"加强经常性的收容工作,做到党政机关驻地、繁华地段、车站、码头等重点地区基本上无流浪乞讨人员;不承担收容任务的站,要配合公安部门做好收容工作。对被收容人员要逐个登记,认真审查,发现犯罪分子和犯罪嫌疑分子,及时送交公安部门处理"。同时要"加强遣送和安置工作。各站要按规定将被收容人员送到流出地,不准途中放行或丢弃;要积极主动地配合流出地政府做好安置工作,可通过与流出地乡、镇或街道办事处签订安置协议的方法,从根本上解决一些流浪乞讨人员屡遭屡返的问题"。①

收容遣送站的遣送功能强化后,从表37中可以看出,20世纪80年代中后期,遣送站和遣送站职工人数逐年增加,到1990年,遣送站职工人数超过了1万人。

表37　1978—1992年收容遣送站情况

年份	遣送站(个)	职工人数	年份	遣送站(个)	职工人数
1978	783	7839	1986	647	9576
1979	845	7761	1987	639	9711
1980	665	8354	1988	644	9807
1981	598	8766	1989	669	9988
1982	610	9014	1990	666	10080
1983	615	9198	1991	691	10433
1984	628	9808	1992	692	11084
1985	636	9296			

资料来源:民政部计划财务司:《民政统计历史资料汇编(1949-1992)》,冶金印刷厂印刷1993年版,第476-481页。

与此同时,随着改革开放的逐步深化,人口流动更加自由。1992年4月1日,广东省粮食收购实行指导性计划,在全国率先放开粮食价格,也成为全国第一个取消粮票的省份。紧接着,浙江、上海、江苏、安徽、福建、

① 《民政工作文件选编(1989年)》,中国社会出版社1990年版,第406页。

江西、北京等地也宣布粮食购销价格全面放开，取消粮票。凭票供应制度的基本取消，为人口自由流动提供了基本的物质前提。邓小平南巡讲话和党的十四大正式提出建立社会主义市场经济体制以及国有企业建立现代企业制度的目标，对人口自由流动提供政策支持。1993年11月14日，中共十四届三中全会通过的《中共中央关于建立社会主义市场经济体制若干问题的决定》指出："改革劳动制度，逐步形成劳动力市场。我国劳动力充裕是经济发展的优势，同时也存在着就业的压力，要把开发利用和合理配置人力资源作为发展劳动力市场的出发点。广开就业门路，更多地吸纳城镇劳动力就业。鼓励和引导农村剩余劳动力逐步向非农产业转移和地区间的有序流动。发展多种就业形式，运用经济手段调节就业结构，形成用人单位和劳动者双向选择、合理流动的就业机制。"同时，劳动部发布了《农村劳动力跨省流动就业管理暂行规定》，提出了劳动力有序流动的举措，主要体现：（1）实行流动就业证制度控制流动人口跨省流动。流动人口必须到户籍所在地办理"外出人员就业登记卡"并到就业单位所在地办理"外来人员就业证"。只有证、卡合一才能生效，才能作为流动就业的有效证件。（2）采取本地就业优先原则限制流动人口跨省流动。要求用人单位在本地无法招足所需人员的行业、工种中才能使用流动人口。（3）严格控制招收方式。要求用人单位一般不得在本地直接招收外省的农村劳动力，必须派员前往应招对象所在地直接招收，或者委托应招对象户口所在地劳动部门职业介绍机构或其他具备相应资格的职业介绍机构招收，或者委托本地劳动部门职业介绍机构或其他具备相应资格的职业介绍机构招收；如果用人单位或其委托代理人从应招对象户口所在地招收农村劳动力，须向该地劳动就业服务机构提交诸如许可证明、招工简章、法律文书、委托代理书等一系列文件，经核准后在劳动就业服务机构的协助下招收，并接受该地劳动行政部门的监督。可见，这种有序的人口流动政策实质上对流动人口跨省流动进行了严格的管制。实际上，很多地方已经完全突破了这种限制，中国农村劳动力流动进入了一个高潮期。

为加强对流动人口的管理，1995年7月，中央社会治安综合治理委员会同公安部、劳动部等16个部委在厦门召开全国流动人口管理工作会议（简称"厦门会议"），确定了"因势利导，宏观控制，加强管理，兴利除弊"的流动人口指导思想。随后，中央社会治安综合治理委员会于同年9月颁布了《关于加强流动人口管理工作的意见》。该《意见》指出：根据当前维护社会稳定的需要，收容遣送的对象主要是无合法证件、无固定住所和无正当生活来源的流浪乞讨人员。收容遣送工作由民政部门和公安机关共同承担。公安机关负责对影响社会治安管理的流浪乞讨人员的收容工作，民政部门协助；民政部门负责收容遣送站的管理和遣送工作，公安机关协助。根据需要，公安机关可在收容遣送站设立派出机构，负责维护治安秩序，协助民政工作人员进行审查、管理和遣送。对收容遣送站中直接接触收容遣送对象的民政工作人员，应按规定给予适当补贴。为了方便工作，可以给负责收容遣送的民政工作人员制发统一的证件和标志。要大力加强大中城市收容遣送工作，健全工作网络。公安机关和民政部门要密切配合，加强协作。地方各级政府要关心和重视收容遣送工作。确实保障必需的工作经费，努力为这项工作的顺利进行创造条件。各级党委、政府要切实加强对外来人员的教育和管理，并积极做好盲流人员的遣送安置工作。要尽快制定全国性的收容遣送工作法规。可以看出，是否具有暂住证和就业证已经成为收容遣送的重要依据。

1996年11月27日至12月1日，民政部在山东省潍坊市召开了"全国收容遣送工作现场经验交流会"。会议认为："随着社会的发展与进步，收容遣送工作出现了许多新情况、新问题，突出表现为被收容对象成分发生了质的变化，真正因灾、因生活困难而流浪乞讨的人员仅占15%左右，其余俱是务工不着、逃婚逃学、以乞讨为生财之道者和长期上访人员等。这些人在行为上具有多重性和职业性，对社会生活秩序有多重负面影响。收容遣送工作已不单纯是社会救济性质,其社会行政管理的任务日益加重。"①会议还强调收容遣送工作必须坚持《关于加强流动人口管理工作的意见》提出的公安机关和民政部门的职责分工:坚持公安机关负责对影响社会治安管理的流浪乞讨人员的收容工作,民政部门协助;民政部门负责收容遣送站的管理和遣送工作,公安部门协助。②1997年4月,中央社会治安综合治理委员会成立了流动人口治安管理工作领导小组,统筹指导、协调全国流动人口治安管理工作。此后,各省、直辖市等也相继成立流动人口治安管理工作领导机构。到2000年,全国有742个收容遣送站,其中有149个收容遣送站担负着省际收容遣送对象的远途中转和省内收容遣送对象的接收安置任务。③

强制收容遣送目的的加重必然导致实际工作收容遣送的过火,"有的地方擅自扩大收容遣送对象范围;有的不顾收容遣送对象实际情况,强行收费,甚至搜身;有的故意延长滞留时间,强迫收容遣送对象参加劳动。"④这是严重侵犯公民人身权利的重大问题。2003年3月17日夜晚,刚到广州打工20多天的27岁的大学毕业生孙志刚,只因走在广州的街头没有带暂住证被收容。20日凌晨,他死在当地收容人员救治站。该事件一经媒体曝光,就在社会上引起强烈反响,舆论矛头直接指向收容遣送制度。

在此背景下,2003年6月18日,国务院第12次常务会议正式通过了《城市生活无着的流浪乞讨人员救助管理办法》,6月20日正式公布,并于8月1日起正式施行。6月19日,民政部及时下发了《关于做好城市生活无着的流浪乞讨人员救助管理准备工作的紧急通知》,要求各地及早清理滞站人员,对院舍环境进行整顿、改造,拆除隔离性设施,做好新办法

---

① 《民政工作文件选编(1997年)》,中国社会出版社1998年版,第607页。
② 《民政工作文件选编(1997年)》,中国社会出版社1998年版,第608页。
③ 《民政工作文件选编(1999年)》,中国社会出版社2000年版,第612页。
④ 《民政工作文件选编(1999年)》,中国社会出版社2000年版,第565页。

实施前的一切准备工作。7月21日，民政部发布《城市生活无着的流浪乞讨人员救助管理办法实施细则》。这样两个文件的出台，标志着新的救助管理制度正式确立。与原来的收容遣送制度相比，新的救助管理制度有很多方面的变化。

第一，新救助管理制度明确了对流浪乞讨人员实施救助是其唯一目标。该《救助管理办法》第一条明确指出：为了对在城市生活无着的流浪、乞讨人员实行救助，保障其基本生活权益，完善社会救助制度，制定本办法。

第二，新救助管理制度主要是针对"在城市生活无着的流浪、乞讨人员"。按照《救助管理办法实施细则》的规定，这部分人是指因自身无力解决食宿，无亲友投靠，又不享受城市最低生活保障或者农村五保供养，正在城市流浪乞讨度日的人员。虽有流浪乞讨行为，但不具备前款规定情形的，不属于救助对象。这里实际上是对所有人员自由流动的默认。

第三，新救助管理制度明确由民政部门负责。该《救助管理办法》第四条明确指出：县级以上人民政府民政部门负责流浪乞讨人员的救助工作，并对救助站进行指导、监督。公安、卫生、交通、铁道、城管等部门应当在各自的职责范围内做好相关工作。这样就淡化了新制度的强制色彩。

第四，新救助管理制度明确规定了自愿受助、无偿受助的原则。所谓自愿受助，指求助人向救助管理站自愿求助，经询问符合救助对象的范围，救助管理站应给予救助；同时，受助人可以放弃救助，告知救助管理站后自愿离站，救助管理站不得限制。公安机关和其他有关行政机关的工作人员在履行自身职责时发现流浪乞讨人员，主要负有告知和引导的义务。他们应当告知流浪乞讨人员向救助管理站求助；对其中的残疾人、未成年人、老年人和行动不便的其他人员，还应引导、护送到救助管理站。所谓无偿救助，指救助管理站不得向受助人及其家属和单位收取费用，也不得组织受助人从事生产劳动以自挣生活费及返家所需费用。①

第五，新救助管理制度更为明确地规定了救助内容。该《救助管理办法》第七条就规定了救助站应当根据受助人员的需要提供下列救助：（1）提供符合食品卫生要求的食物；（2）提供符合基本条件的住处；（3）对在站内突发急病的，及时送医院救治；（4）帮助与其亲属或者所在单位联系；（5）对没有交通费返回其住所地或者所在单位的，提供乘车凭证。

第六，新救助管理制度强化了对救助站工作人员的约束，而减轻了对受助人员的约束。该《救助管理办法》第十四条规定：县级以上人民政府民政部门应当加强对救助站工作人员的教育、培训和监督。救助站工作人员应当自觉遵守国家的法律法规、政策和有关规章制度，不准拘禁或者变相拘禁受助人员；不准打骂、体罚、虐待受助人员或者唆使他人打骂、体罚、虐待受助人员；不准敲诈、勒索、侵吞受助人员的财物；不准克扣受助人员的生活供应品；不准扣压受助人员的证件、申诉控告材料；不准任用受助人员担任管理工作；不准使用受助人员为工作人员干私活；不准调戏妇女。违反前款规定，构成犯罪的，依法追究刑事责任；尚不构成犯罪的，依法给予纪律处分。而相应的对于受助人员的约束就比较简单。

第七，新救助管理制度体现了一定的开放性，鼓励、支持社会组织和个人参与救助流浪乞讨人员。

2003年7月22日，全国贯彻落实《城市生活无着的流浪乞讨人员救助管理办法》工作会议在北京召开。中共中央政治局委员、国务院副总理回良玉强调，国务院决定废止旧的收容遣送办法，制定公布了新的救助管理办法，把强制性的收容遣送改为关爱性的救助管理，建立以自愿受助、无偿救助为原则的新型的社会救助制度。这是中国社会救助制度的重大改

---

① 《民政工作文件选编（2003年）》，中国社会出版社2004年版，第745页。

革,也是民主法制建设的一件大事。施行新的救助管理办法需要把握好以下几个问题:一要坚持自愿受助、无偿救助的原则;二要依法认真界定救助对象;三要既搞好救助,又要加强管理;四要政府、家庭和社会的责任相结合,共同做好救助管理工作。它要求,各地区、各有关部门要切实加强对这项工作的领导,县级以上政府都要建立主管领导牵头、有关部门参加的工作协调机制,密切配合,狠抓落实,确保救助管理办法落到实处。各级民政部门要尽职尽责,精心组织,扎实工作,同时注意研究新情况、解决新问题。各级公安、财政、卫生、铁道、交通、城管等部门要在职责范围内对这项工作继续给予支持和帮助。23日,民政部发出《关于将收容遣送站更名为救助管理站的通知》。8月14日,民政部根据《国务院法制办公室对有关收容遣送的规章和规范性文件进行清理的通知》,发出《关于废止收容遣送规章和规范性文件的通知》,废除了1980年以来有关收容遣送的规章和规范性文件。

总之,从收容遣送到救助管理,可以说是中国社会救助制度的重大改革,也是民主法制建设的一件大事。在此过程中,制度性质、目的、对象、手段等等都发生了根本性的变化,这些变化体现了在法治时代对人的尊严和权利的尊重与保护,体现了在市场经济条件下对社会救助与社会管理的新探索,是全面履行政府职能的必然要求,是贯彻依法治国、坚持依法行政的具体体现,是完善社会保障体系的重要方面,对于保障城市生活无着的流浪乞讨人员的合法权益、维护改革发展稳定大局具有重要意义。

新的《救助管理办法》和《实施细则》实施后,救助机构基本到位,管理制度初步建立,运转机制正在形成,工作起步平稳顺利。根据表38所示,2003年以来,各地的救助站数量不断增加,2013年达到1891个,比2003年增加1027个,救助人次也由2003年的634528增加到2013年的3484727,解决了需要救助人员的临时生活困难。

表38 城市生活无着人员救助情况

年份	救助站（个）	流浪儿童救助保护中心（个）	生活无着人员救助（人次）		救助类单位床位数（张）	
			总数	流浪儿童	总数	儿童救助床位
1978	783					
2003	864		634528	60257		
2004	977		820254	104455	47086	
2005	1079	40	1196305	120487	45603	1849
2006	1189	50	1295506	129337	45661	1133
2007	1261	90	1544492	159989	46800	3621
2008	1334	88	1573484	155794	50642	3543
2009	1372	116	1680532	167283	51049	3670
2010	1448	145	1719008	146329	55562	5221
2011	1547	241	2409701	178705	71109	8165
2012	1770	261	2765761	152070	99901	10038
2013	1891	274	3484727	183802	108360	11499

资料来源：《中国民政统计年鉴2014》，中国统计出版社2014年版，第167页。

（二）精减退职老职工的救助

对于20世纪60年代精减下来的困难老职工，党和国家在当时就制定了一系列社会救助的举措。但由于十年内乱的影响和经费不足等原因，按照1965年6月《国务院关于精减退职的老职工生活困难救济问题的通知》的要求，有一部分老职工没有享受到符合本人原标准工资百分之四十救济费的救助，不符合享受百分之四十救济条件而生活困难的精减退职老职工，不少人也没有享受必要的社会救济。

随着改革开放的进行，1982年3月，民政部、财政部发出《关于进一步做好精减退职老职工生活困难救济工作的通知》，对于从1961年到1965年6月9日期间精减退职的1957年底以前参加工作的老职工（简称精减退职老职工），至今未享受40%救济，经审查核实，应予补办救济手续。对不符合享受40%救济条件而生活困难的精减退职老职工，应按照《国务院关于精减退职的老职工生活困难救济问题的通知》第七条规定，给予社会救济，使他们的生活不低于当地一般居民。对其中现已年老体弱、基本丧失劳动能力而家庭生活又无依靠的精减退职老职工，各地要采取有效措施，切实解决他们的生活困难。所需经费，属于补办40%救济的，由中央财政拨款；属于社会救济的，由地方财政解决。①

为做好这项工作，民政部还专门就精减退职老弱残职工生活困难救济若干问题进行了解答，其中明确了退职老弱残职工享受40%救济应当具备的条件，包括：（1）1961年1月1日至1965年6月9日期间精减退职的；（2）1957年底以前参加工作的国营、公私合营企业、事业单位和国家机关、人民团体、民主党派，以及在军事系统工作而无军籍的职工；（3）精减当时和现在都已全部或者大部丧失劳动能力，或者年老体弱，或者长期患病影响劳动较大的；（4）精减当时和现在家庭生活无依靠的。集体所有制单位的职工，不能享受40%救济。1961年1月1日以前和1965年6月9日以后的精减退职职工，都不能享受40%救济。关于补办40%救济审批手续，民政部门规定，一律由退职老弱残职工现在居住地的省、市、自治区民政部门负责办理审批手续。或者由省级民政部门委托地、市民政部门审批，报省级民政部门复审同意后发证，等等。②1984年底，劳动人事部计划劳动力局发出《关于印发十三个地区解决六十年代初期精减职工遗留问题的政策规定资料的通知》，介绍了陕西、新疆、四川省、甘肃、青海省、云南、宁夏、上海、江苏、辽宁、安徽省、湖北、湖南13个地区改善20世纪60年代精减职工的救助标准情况，供各地民政机构参考。该《通知》指出：上海市1978年8月1日发布了上海市1961年至1962年精减退职回到外省农村的老职工生活困难补助办法，规定凡是年老体弱又无依无靠，或虽有子女但无力赡养的，以及家庭人口多，劳动力少，生活困难的，一

---

① 民政部政策研究室：《民政工作文件汇编》（二），地质出版社印刷厂印刷1984年，第346–347页。
② 民政部政策研究室：《民政工作文件汇编》（二），地质出版社印刷厂印刷1984年，第350–353页。

般都可每月给予定期补助20元。少数困难程度大的，可略高一些，困难程度小的，可略低一些；回乡老职工本人患严重疾病，应在当地治疗，享受农村合作医疗，对少数治疗费用较大，本人无力负担的，可酌情给予临时补助。危险房屋的修理，要坚持自力更生、群众互助和依靠集体力量为主，国家帮助为辅的方针，可酌情给予一次性补助，补助金额，最高不超过200元。上海市1984年9月20日规定：建国前参加革命工作，建国后经组织批准退职，本人现无固定收入的干部，凡退职前参加革命工作年限满三年以上的，可按本通知给予生活补助。具体标准是：1937年7月6日以前参加革命工作的，发给60元；1937年7月7日至1942年12月31日参加革命工作的发给50元；1943年1月1日至1945年9月2日参加革命工作的，发给40元；1945年9月3日至1949年9月30日参加革命工作的，发给30元。对1961年至1962年国民经济调整期间精减退职回农村的建国前参加革命工作的干部，每月发给生活补助费标准：连续工龄满20年的，按本人原标准工资的75%发给；连续工龄满15年不满20年的，按本人原标准工资的70%发给；连续工龄满10年不满15年的，按本人原标准工资的60%发给。除按上面标准发给生活补助外，每人每月另外再发给副食价格补贴5元，并参照享受公费医疗待遇，等等。[①]

1985年7月劳动人事部计划劳动力局又收到黑龙江、山东、浙江三省对1961年至1965年6月9日期间被精减的1957年底以前参加工作的老职工的生活困难补助规定，之后印发全国。[②]

在对精减退职老职工的救助过程中，陕西、青海、山东、黑龙江、辽宁、吉林等16省根据自己的实际情况和财力条件，制定了进一步解决六十年

---

① 《劳动人事部计划劳动力局关于印发十三个地区解决六十年代初期精简职工遗留问题的政策规定资料的通知》http://www.law-lib.com/law/law_view.asp?id=3038

② 《劳动人事部计划劳动力局关于印发黑龙江等三省解决六十年代初期精简职工遗留问题的政策规定的通知》http://www.law-lib.com/law/law_view.asp?id=3257

代初精减退职老职工生活困难的规定。对本省精减人员扩大了救济范围，提高了救济标准，所需经费由原精减单位支付。但是，也出现了新的矛盾，即个别省在执行地方规定时将外省精减回原籍安置老职工的救济推给了原工作单位，致使一些人纷纷到外省原工作单位上访，既增加了原工作单位的压力，又使这部分人徒劳往返，造成生活更加困难。1987年6月，民政部办公厅发出《关于继续做好六十年代初精减退职老职工救济工作的通知》，强调应该继续贯彻1965年6月国务院印发的《关于精减退职的老职工生活困难救济问题的通知》，不论是本省还是外省精减退职的，均应给予原标准工资40%的救济；对不符合该《通知》第一条规定而符合第七条规定的，应给予社会救济，使他们的生活水平不低于当地一般群众。对既不符合该《通知》规定，又不符合地方规定的人员，需讲清道理，做好思想疏导工作，绝不能采用简单、粗暴、一推了之的办法，更不要让他们到外省找原工作单位。①

在20世纪60年代，中国实行的是低工资政策，按照1965年6月国务院印发《关于精减退职的老职工生活困难救济问题的通知》，一部分退职职工可以获取原工资40%的救助，但毕竟基数低，因此，这部分人的救助标准自然很低。

1985年3月，民政部发出《关于调整抚恤和救济标准有关问题的通知》，指出：随着国家价格体系的改革和工资制度的改革，现行的抚恤、救济标准和事业单位供养人员的生活费标准需要适时地进行调整，革命残废人员抚恤金和革命残废军人休养院休养员生活待遇的调整，由民政部、财政部统一规定；其余优抚、救济对象和事业单位供养人员的抚恤、补助、救济和供养标准等，均由省、自治区、直辖市根据政策规定和当地财力，以及群众生活水平情况，因地制宜，自行确定。地方确定新的各项抚恤、补助、

---

① 《民政工作文件选编（1987年）》，华夏出版社1988年版，第222–223页。

救济和供养标准应当遵循的原则是：应保证优抚对象的生活水平略高于当地群众的平均生活水平；救济对象的生活水平相当于当地群众的基本生活水平；对于优抚、救济对象中的孤老、孤儿和伤残者的生活水平，要比同类的其他人员从优照顾。①

  1999年，河南省民政厅给民政部发出《关于要求提高60年代精减退职老职工救济标准的请示》，当年11月，民政部办公厅做出《关于提高60年代精减退职老职工救济标准的答复》，指出：自国家财政体制改革后，社会救济经费划归地方财政负担。按照财权和事权相统一的原则，救济标准的制定和调整及有关的救济政策由地方政府负责。民政部、财政部《关于调整抚恤和救济标准有关问题的通知》中已经非常明确。因此，20世纪60年代精减退职老职工救济标准应由地方政府负责调整，所需救济经费由地方财政负担。该答复函还指出：随着经济的发展和人民生活水平及物价指数的提高，各地应从实际出发，逐步调整各类救济对象及60年代精减退职老职工的救济标准，使他们的基本生活得到切实保障。但是，也有少数地方60年代精减退职老职工救济标准没有与其他救济标准相应提高，使这部分救济对象的基本生活难以保障，不利于保持社会的稳定。尤其是今年城市居民最低生活保障标准提高30%后，有的地方没有相应提高60年代精减退职老职工救济标准，这部分救济对象反映强烈，来信来访增加。对此，地方各级政府及民政部门应引起重视，按照民政部、财政部的"通知"要求，从改革、发展、稳定的大局出发，对没有提高60年代精减退职老职工救济标准的，要抓紧做好这部分救济对象的调标工作。同时，根据地方的财力情况和有关政策，妥善解决这部分救济对象的医疗费问题。②各地根据实际情况，逐步提高了精简退职老弱残职工的救助标准。如表39所示，20世纪90年代，精简退职老弱残职工数量趋于稳定并呈逐年递减。

---

① 《关于调整抚恤和救济标准有关问题的通知》，《中华人民共和国国务院公报》1985年10期。
② 《民政工作文件选编（1999年）》，中国社会出版社2000年版，第356-357页。

另一方面，民政系统对这部分人的救助经费逐年增加。

表39　民政救助的精减退职老弱残职工（包括定量救助和享受40%救助）

年份	精减退职老弱残职工			民政救助支出（万元）
	总人数（人）	城镇（人）	农村（人）	
1979	99319			
1980	99655			
1981	99667			
1982	132573			
1983	244768			
1984	468013	253368		
1985	533779	117875	415904	
1986	1095854	697239	398615	
1987	526050	136285	389765	
1988	542900	153460	389440	13585.5
1989	549344	142641	406703	14600.5
1990	644665	254348	390317	15231.9
1991	559689	175836	383853	15984.9
1992	545687	202929	342758	17161.1
1993	546 682	108 618	438 064	19113.8
1994	541 954	106 163	435 791	21711.7
1995	538 399	107523	430 876	25268.1
1996	535 515		427147	27078.0
1997	531048			27568.2
1998	548 584			30596.5
1999	514 544			32281.7
2000	496694			33433
2001	497635			35239
2002	476198			38279
2003	448748			37722
2004	427908			39553
2005	424412			45101
2006	406725			49572
2007	392894			55870
2008	411709			65076
2009	399862			72315

资料来源：根据《民政统计历史资料汇编（1949-1992）》和1990-2010年的《中国民政统计年鉴》统计整理。

2006年3月,辽宁省人民政府办公厅转发省民政厅等部门关于调整60年代精简退职职工生活待遇标准意见的通知,提高了这部分精减退职人员的生活补助标准,具体为:(1)对1945年9月2日以前参加革命工作的,原享受本人标准工资100%生活费的,由每人每月90元,调整为每人每月150元;(2)对1945年9月3日至1949年9月30日期间参加革命工作的,原享受本人工资70%生活费的,由每人每月80元,调整为每人每月140元;(3)对1949年10月1日至1957年底以前参加革命工作的,原享受本人工资40%救济的,由每人每月65元,调整为每人每月130元;(4)对1949年10月1日至1957年底以前参加革命工作的,发给生活困难补助费。原享受每人每月60元(居住城镇的)和原享受每人每月55元(居住农村的)生活困难补助费的,均调整为每人每月120元。[1]2008年11月,辽宁省人民政府办公厅转发省民政厅等部门关于调整60年代精简退职职工生活待遇标准意见的通知,在2006年明确的救济补助标准基础上提高80%,调整后的标准分别是:(1)对1945年9月2日以前参加革命工作的,原享受本人标准工资100%生活费的,由每人每月150元调整为每人每月270元;(2)对1945年9月3日至1949年9月30日期间参加革命工作的,原享受本人工资70%生活费的,由每人每月140元调整为每人每月252元;(3)对1949年10月1日至1957年底以前参加革命工作的,原享受本人工资40%救济的,由每人每月130元调整为每人每月234元;(4)对1949年10月1日至1957年底以前参加革命工作的,原享受生活困难补助费的,由每人每月120元调整为每人每月216元。[2]2012年12月,辽宁省人民政府办公厅转发省民政厅等部门关于提高60年代精简退职职

---

[1] 《辽宁省人民政府办公厅转发省民政厅等部门关于调整60年代精简退职职工生活待遇标准意见的通知》http://www.ln.gov.cn/zfxx/zfwj/szfbgtwj/zfwj2006/201109/t20110913_700678.html

[2] 《辽宁省人民政府办公厅转发省民政厅等部门关于调整60年代精简退职职工生活待遇标准意见的通知》,《辽宁省人民政府公报》2009年第1期。

工生活待遇标准意见的通知,将60年代精简退职职工生活待遇标准,在原来基础上每人每月提高50%。①

2007年,北京市为解决本市六十年代初精减退职老职工的生活困难,调整了精减退职老职工生活困难补助标准:1945年9月2日以前参加革命工作的,生活困难补助费由每月60元提高到每月160元。1945年9月3日至1949年9月30日期间参加革命工作的,生活困难补助费由每月的50元提高到每月140元。1949年10月1日至1957年12月31日期间参加革命工作的,生活困难补助费由每月的35元提高到每月120元。②2011年,北京市再次调整了精减退职老职工生活困难补助标准:精减退职老职工生活困难补助费标准统一提高到每月250元。③2014年,北京市又调整了精减退职老职工生活困难补助标准:精减退职老职工生活困难补助费标准统一提高到每月350元。④

(三)残疾人的救助

1. 中国残疾人事业的历史演变。

残疾人是人类社会中长期存在的一个特殊群体,残疾的特征使他们的生活、生存和发展遇到极大的困难。新中国成立后,中国共产党和中共政府非常重视残疾人的社会救助。1950年,国家制定发布了《革命工作人员伤亡褒恤暂行条例》,为战时伤残人员提供了必要的保障。1951年,国家颁布了《中华人民共和国劳动保险条例》,其中涉及职工在伤残后获得必要物质帮助的办法。政府还举办了一些社会福利机构和福利企业,为残疾

---

① 《2013年1月1日起60年代精简退职职工生活待遇将提高》,《沈阳晚报》2012年12月20日。

② 《调整六十年代初精减退职老职工生活困难补助费标准》http://shbz.beijing.cn/shjz/zdshbz/n214035888.shtml

③ 《北京市提高精减退职老职工困难补助标准》http://www.gov.cn/fwxx/sh/2011-06/21/content_1889069.htm

④ 《北京将精减退职老职工 困难补助提高100元》http://www.chinanews.com/sh/2014/08-21/6515738.shtml

人提供各种保障。1960年，经国务院批准，将中国盲人福利会与中国聋哑人福利会合并成为中国盲聋哑人协会。在集体化时期，农村残疾人的社会救助制度也确立下来。1956年颁布的《高级农业合作社示范章程》规定：农业生产合作社对于缺乏劳动力或者完全丧失劳动能力，生活没有依靠的老弱、孤残的社员，在生产和生活上给予适当的安排和照顾。一部分残疾人也纳入到五保供养制度中。

"文化大革命"发生后，中国的社会救助制度的建设和实施受到严重的干扰和破坏，中国聋哑人协会也被迫停止工作；残疾人生产自救组织被强行合并、撤迁或撤销；盲聋哑学校被迫收缩或停办。

改革开放的良好局面为中国残疾人社会保障事业的迅速恢复、发展提供了良好的契机。1984年成立的中国残疾人福利基金会，通过各种途径为残疾人服务，保障残疾人的基本权益。1985年开始起草《残疾人保障法》，为残疾人的社会保障提供了法律支持。随后，中国成立了中国残疾人联合会，协助政府为残疾人提供各种保障。在政府和社会各界的大力支持和参与下，中国残疾人各项保障事业取得了很大的进展。1987年国务院批准实施了第一次全国残疾人抽样调查，对残疾人和残疾人工作进行了全面的了解，并采取了相应的措施，推进残疾人事业的发展。1990年12月全国人大常委会通过并于1991年5月施行的《中华人民共和国残疾人保障法》，使中国残疾人的人权保障有了专门的法律。为加强残疾人的人权保障工作，国务院成立了由33个部委和中国残疾人联合会组成的国家残疾人工作协调委员会。各省、自治区、直辖市以及各地、市、县也都成立了由各级政府领导的残疾人工作协调机构。

随后，国家有步骤地制定并实施了残疾人事业发展的四个五年计划（即关于残疾人事业的"八五计划纲要""九五计划纲要""十五计划纲要"及"十一五计划纲要"），涵盖了残疾人的康复、医疗、就业、教育、扶贫、文化体育、社会保障、改善残疾人生活的社会环境等方面。

2001年6月,国务院印发的《中国农村扶贫开发纲要(2001—2010年)》将残疾人扶贫作为全国扶贫开发的重点之一,明确要求:"要重视做好残疾人扶贫工作,把残疾人纳入扶持范围,统一组织,同步实施。"2001年10月,国务院扶贫开发领导小组、财政部、中国人民银行、中国农业银行、中国残疾人联合会印发《农村残疾人扶贫开发计划(2001—2010年)》,提出尽快解决贫困残疾人的温饱问题,继续巩固已有的扶贫成果,提高贫困残疾人的生活质量和综合素质,缩小贫富差距,为实现共同富裕创造条件。"十五"期间,扶持1200万农村贫困残疾人,尚未解决的基本解决温饱,初步解决温饱的稳定提高经济收入。《农村残疾人扶贫开发计划(2001—2010年)》明确了基本方针、途径、资金、方式与措施、组织领导、统计和监督等。

为进一步促进残疾人事业的发展,2008年3月,中共中央、国务院印发的《关于促进残疾人事业发展的意见》指出:关心残疾人是社会文明进步的重要标志,残疾人事业是中国特色社会主义事业的重要组成部分。残疾人是一个数量众多、特性突出、特别需要帮助的社会群体。中国有8300多万残疾人,涉及2.6亿家庭人口。改革开放以来,中国残疾人事业不断发展壮大,残疾人生活水平和质量不断提高,残疾人事业发展在国际上赢得广泛赞誉。但是,中国残疾人事业基础还比较薄弱,残疾人社会保障政策措施还不够完善。促进残疾人事业发展,改善残疾人状况,已成为全面建设小康社会和构建社会主义和谐社会一项重要而紧迫的任务。《意见》从加强残疾人医疗康复和残疾预防工作、保障残疾人基本生活、促进残疾人全面发展、改善对残疾人的服务、优化残疾人事业发展的社会环境、加强对残疾人工作的领导等方面提出了具体要求。

2010年3月,国务院办公厅转发了《关于加快推进残疾人社会保障体系和服务体系建设的指导意见》,明确提出健全残疾人社会保障制度,提高残疾人社会保障水平。该《意见》提出要完善残疾人社会保障体系,将残疾人纳入覆盖城乡居民的社会保障体系并予以重点保障和特殊扶助，研究制定针对残疾人特殊困难和需求的社会保障政策措施，扩大残疾人社会保障覆盖面，提高残疾人社会保障待遇。具体要求是：加强残疾人社会救助；落实残疾人社会保险补贴和各项待遇；着力提高残疾人社会福利水平。该《意见》提出加强残疾人服务体系建设，提高为残疾人服务的能力和水平。具体要求是：完善社会化康复服务网络，逐步实现残疾人人人享有康复服务；完善残疾人教育服务体系，不断提高残疾人受教育水平；建立健全残疾人就业服务网络，促进残疾人稳定就业；加强农村残疾人扶贫服务，促进残疾人脱贫；健全残疾人托养服务体系，大力发展居家助残服务；加快推进无障碍建设，方便残疾人生活；发展残疾人文化体育服务，丰富残疾人精神文化生活；健全残疾人法律服务体系，维护残疾人合法权益。为保证这两大体系建设，该《意见》强调要建立完善残疾人社会保障体系和服务体系建设的体制机制。

2011年，国务院颁布了《中国残疾人事业"十二五"规划纲要》，该《纲要》的重要指导原则是：坚持以残疾人为本。将切实改善残疾人民生、促进残疾人全面发展作为发展残疾人事业的根本出发点和落脚点。激励残疾人自尊、自信、自强、自立，创造社会财富、实现人生价值。2012年国务院印发了《农村残疾人扶贫开发纲要（2011—2020年）》，提出到2015年，农村残疾人生活总体达到小康，基本生活得到稳定的制度性保障，参与社会和自身发展状况显著改善；农村残疾人社会保障体系和服务体系基本框架建立，保障水平和服务能力明显提高。到2020年，稳定实现农村残疾人不愁吃、不愁穿，全面保障平等享受基本医疗、基本养老、教育、住房和康复服务。农村残疾人家庭收入达到或接近当地平均收入水平，基本公共服务覆盖农村残疾人并不断提高水平，残疾人生存有保障，生活有尊严，发展有基础。

2. 残疾人权益保障的法规条例。

生活保障方面的法规有：1984年民政部、财政部发布《关于调整革命残废人员抚恤标准的通知》；1988年国家教育委员会、财政部、人事部发布《关于农村老病残民办教师生活补助费的暂行规定》；2009年4月30日，中国民用航空局运输司以管理文件形式颁布了《残疾人航空运输办法（试行）》。该办法是中国残疾人航空运输方面的第一个规范性文件，对保护残疾人在航空运输过程中的合法权益具有重要意义；2012年国务院颁布了《无障碍环境建设条例》以及前述城市和农村最低生活保障的法规。

教育保障方面的法规有：1983年中共中央、国务院印发的《关于加强职工教育的决定》；1985年教育部、国家计划委员会、劳动人事部、民政部发布的《关于做好高等学校招收残疾青年和毕业分配工作的通知》；1989年国务院办公厅转发国家教委等部门的《关于发展特殊教育的若干意见》；1994年国务院批准的《残疾人教育条例》。2014年1月，国务院办公厅转发教育部等部门制定的《特殊教育提升计划（2014—2016年）》，明确要全面推进全纳教育，使每一个残疾孩子都能接受合适的教育。经过三年努力，初步建立布局合理、学段衔接、普职融通、医教结合的特殊教育体系，办学条件和教育质量进一步提升。主要措施是：扩大残疾儿童少年义务教育规模、积极发展非义务教育阶段特殊教育、加大特殊教育经费投入力度、加强特殊教育基础能力建设、加强特殊教育教师队伍建设、深化特殊教育课程教学改革。

就业保障方面的法规有：1995年，国务院残疾人工作协调委员会转发了李鹏总理对北京市《关于城镇无劳动能力的重残人困难户给予适当困难补助的通知》；1998年中国残疾人联合会、劳动和社会保障部联合发出的《关于做好下岗残疾职工基本生活保障和再就业工作的通知》；2005年劳动和社会保障部发出的《关于城镇贫困残疾人个体户参加基本养老保险给予适当补贴有关问题的通知》；2009年中国残联发布的《关于在新型农村社会养老保险试点中做好残疾人参保工作的通知》。

康复保障方面的法规有：1988年中国政府就把残疾人康复保障工作纳

入国民经济和社会发展的计划,2002年卫生部、民政部、财政部、公安部、教育部、中国残联发布的《关于进一步加强残疾人康复服务工作的意见》;2005年发布的《关于开展全国残疾人社区康复示范工作的通知》;2007年卫生部、中国残联等发布的《关于加强残疾人社区康复工作》等文件。

3. 残疾人救助的成效

到2013年,中国有残疾人约8500万,但在各级政府的努力下,中国残疾人的社会救助工作取得了极大成就,到2013年,中国残疾人的生活、工作、教育、就业和康复等都得了长足的进步。

"九五"期间(1996—2000年),430多万残疾人得到不同程度的康复;残疾儿童少年义务教育入学率进一步提高;残疾人就业率由70%提高到80%;829万农村贫困残疾人得到扶持解决温饱,269万城乡特困残疾人基本生活得到保障;残疾人文化体育生活日趋活跃,特殊艺术和残疾人体育在国内外引起强烈反响;残疾预防取得进展,多项预防措施逐步得到落实,减少了残疾的发生。广大残疾人自强不息,素质提高,参与社会生活能力增强,范围扩大,为祖国建设做出了贡献。"九五"期间,扶贫开发累计扶持贫困残疾人1327万,解决温饱829万,完成总任务1500万的55%。"九五"期间,中国残联通过协调有关部门落实各种保障措施、实施特别扶助,使269万特困残疾人得到生活保障,比"八五"期间增加205万人。在已实行最低生活保障制度的城乡,共有158万残疾人享受到最低生活保障,46万残疾人在各类福利院、养老院享受集中供养、五保供养或通过院户挂钩方式在家分散供养,140万残疾人得到民政救济,58万残疾人得到统筹扶助,18万残疾人得到专项补助,通过各种助残方式,99万人得到社会扶助。[①] "九五"期间,残疾人劳动就业工作成绩显著,城镇新安排110.1万残疾人就业,其中,按比例就业25.5万人,集中就业人数29.3万人,

---

[①] 《中国残疾人事业"九五"计划纲要执行情况统计分析报告——残疾人扶贫解困情况》http://www.cdpf.org.cn/sjzx/tjgb/200711/t20071127_357673.shtml

个体就业和自愿组织起来就业55.3万人；农村就业残疾人累计达1616万人。残疾人就业率由"八五"末的70%提高到82.5%，完成了残疾人事业"九五"实施方案规定的任务目标。① "九五"期间，在有关方面的共同努力下，残疾人教育事业取得了显著的成绩，截止到2000年底，全国特殊教育学校已发展到1648所，普通学校附设特教班4567个，在校生（视力、听力、智力残疾）达589032人，学龄残疾儿童（视力、听力、智力残疾）762983人，残疾儿童少年义务教育入学率达到77%。职业教育培训机构已发展到970所，比"八五"末增加620所，接收培训残疾人参加培训的普通职业培训机构有3194个，比"八五"末增加1330个。"九五"期间，累计有251万残疾人接受了职业教育与培训。全国已开办24所特殊教育普通高中，在校生数达1809人，其中盲高中7所，在校盲生数为344人，聋高中17所，在校聋生数为1465人。2000年新增盲生数99人，聋生数499人。"九五"期间，有6812名残疾学生进入普通高等院校学习，录取率始终保持在90%以上。②

"十五"期间（2001—2005年），残疾人扶贫开发工作取得显著成效。五年间，全国已建成各级各类残疾人康复训练服务机构19000多个，累计培训康复工作人员50万人次。残疾人接受教育的权利得到更好的保障，截止到2005年底，视力、听力、智力三类残疾儿童少年义务教育入学率达到80%，特教学校发展到1662所，在校生达到56万人。其中，特殊教育普通高中学校（班）达到66所，残疾人中等职业教育学校达到158所，259.2万残疾人接受职业教育与培训，提高了就业能力。残疾儿童少年享受"两免一补"范围逐步扩大，"彩票公益金助学"等项目资助近5万人次，

---

① 《中国残疾人事业"九五"计划纲要执行情况统计分析报告——残疾人就业工作情况》http://www.cdpf.org.cn/sjzx/tjgb/200711/t20071127_357674.shtml
② 《中国残疾人事业"九五"计划纲要执行情况统计分析报告——残疾人教育工作情况》http://www.cdpf.org.cn/sjzx/tjgb/200711/t20071127_357675.shtml

资助对象拓展到贫困残疾高中和大学生及贫困残疾人子女。残疾人就业状况得到进一步改善,城镇新增就业残疾人167.3万人。农村残疾人就业累计达到1803.4万人。残疾人通过劳动就业,增加了收入,改善了生活。残疾人就业服务机构3048个。全国开设了1451个医疗按摩机构和6625个保健按摩机构,近6万盲人参加了保健按摩、医疗按摩培训。残疾人扶贫开发工作取得了新的进展,"十五"期间,累计扶持贫困残疾人1165.9万人,实际解决温饱699.7万人,实用技术培训454.5万人。全国实施彩票公益金危房改造的农村贫困残疾人户5万多户,受益贫困残疾人6万多人。中央康复扶贫贷款落实资金32.8亿元。地方安排财政扶贫资金5.1亿元,其他残疾人扶贫资金7.3亿元,全国有2106个县使用了康复扶贫贷款。一些地方按照分类救助的原则,对重度残疾、一户多残等特困残疾人给予了特别扶助,到2005年底,全国共有125.2万残疾人参加了社会保险,390.9万残疾人享受最低生活保障,487.1万残疾人得到临时救济、定期补助和专项补助,58.2万残疾人在各类福利院、养老院享受集中供养、五保供养。①

"十一五"期间(2006—2010年),各项任务指标全面完成,残疾人状况得到明显改善,政府和社会为残疾人服务的能力进一步提升。通过实施一批重点康复工程,1037.9万残疾人得到不同程度的康复。残疾人特殊教育学校达到1704所,在校残疾学生总数为42.6万人,残疾儿童少年义务教育入学水平明显提高;残疾人职业培训机构达到4704个,376.5万人次残疾人接受职业教育和培训。残疾人就业服务机构达到3019个,城镇新就业残疾人179.7万人次;扶持618.4万人次农村残疾人摆脱贫困;城乡残疾人接受各种形式的社会救助分别达到1623.7万人次和4237.6万人次。残疾人法律服务机构达到3231个,为57.9万人次残疾人提供法律服务和法律援助。创建100个全国无障碍建设示范城市,城市无障碍环境显著改善。

---

① 《中国残疾人事业"十五"计划纲要执行情况统计公报》http://www.cdpf.org.cn/sjzx/tjgb/200712/t20071202_357729.shtml

基层残疾人组织得到加强，残疾人综合服务设施网络初步建立，为残疾人服务的条件得到改善。广大残疾人积极投身改革开放和社会主义现代化建设伟大实践，自强不息，顽强拼搏，在经济社会发展中发挥了重要作用。①

2011年残疾人社会保障状况进一步改善。残疾人参加新型农村和城镇居民社会养老保险试点工作全力推进，试点地区有1232.5万残疾人参加了新型农村社会养老保险，参保率68.4%。在参保的残疾人中有重度残疾人294.9万，其中289.6万得到了政府的参保扶助（全部代缴247.7万人，部分代缴41.9万人），有229.2万非重度残疾人也享受了全额或部分代缴的优惠政策。享受养老金待遇的人数达到290.7万人。在2011年7月推行的城镇居民社会养老保险试点工作中，已有260.0万残疾人参保，参保率59.2%。在参保的残疾人中有70.5万重度残疾人，其中67.5万得到了政府的参保扶助，有55.5万非重度残疾人也享受了全额或部分代缴的优惠政策。享受养老金待遇的人数达到69.3万人。②

2012年残疾人社会保障状况保持平稳。残疾人参加新型农村和城镇居民社会养老保险工作实现了全覆盖，已有325.3万城镇残疾人参加了城镇居民社会养老保险，参保率58.4%。在60岁以下的参保残疾人中有62.8万重度残疾人，其中59.2万得到了政府的参保扶助，有47.7万非重度残疾人也享受了全额或部分代缴的优惠政策。领取养老金待遇的人数达到133.7万人。新型农村社会养老保险方面，共有1333.8万残疾人参加了新型农村社会养老保险，参保率63.8%。在60周岁以下的参保残疾人中有重度残疾人236.6万，其中224.6万得到了政府的参保扶助（全部代缴188.2万人，部分代缴36.4万人），有150.0万非重度残疾人也享受了全额或部分代缴的优惠政策。享受养老金待遇的人数达到507.4万人。城镇

---

① 《中国残疾人事业"十二五"发展纲要》http://www.gov.cn/jrzg/2011-06/08/content_1879697.htm

② 《2011年中国残疾人事业发展统计公报》http://www.gov.cn/fwxx/cjr/content_2104842.htm

残疾职工参加社会保险人数达到280.9万，城镇残疾居民参加基本医疗保险达到498.6万人，城乡1070.5万残疾人纳入最低生活保障范围；城镇集中供养残疾人和农村五保供养残疾人分别达到12.2万和68.5万；261.3万城乡残疾人获得其他救助救济，239.1万和36.3万符合条件的城乡残疾人分别享受了稳定的生活补贴和护理补贴。残疾人托养服务工作稳步推进，残疾人寄宿制托养服务机构达到3903个，其中事业单位1107个，民办非企业1366个，其他性质的1430个，托养残疾人11.3万人。残疾人日间照料机构达到3372个，为7.4万名残疾人提供托养服务。接受居家托养服务的残疾人达到56.0万人。[①]

2013年新型农村和城镇居民社会养老保险进一步扩大覆盖面，已有401.4万城镇残疾人参加了城镇居民社会养老保险，参保率65.1%。在60岁以下的参保残疾人中有77.9万重度残疾人，其中73.1万得到了政府的参保扶助，代缴补贴比例达到93.8%。有56.8万非重度残疾人也享受了全额或部分代缴的优惠政策。领取养老金待遇的人数达到162.0万人。新型农村社会养老保险方面，共有1638.3万残疾人参加了新型农村社会养老保险，参保率71.2%。在60周岁以下的参保残疾人中有重度残疾人314.0万，其中302.9万得到了政府的参保扶助，代缴补贴比例达到96.5%。有175.2万非重度残疾人也享受了全额或部分代缴的优惠政策。享受养老金待遇的人数达到628.1万人。城镇残疾职工参加社会保险人数达到296.7万，城镇残疾居民参加基本医疗保险达到547.3万人，城镇264.8万和农村828.2万残疾人纳入最低生活保障范围；城镇集中供养残疾人和农村五保供养残疾人分别达到11.7万和65.2万；366.2万和92.0万符合条件的城乡残疾人分别享受了稳定的生活补贴和护理补贴。266.0万城乡残疾人得到了其他救助救济。残疾人托养服务工作规范推进，残疾人托养服务机构达到5677

---

① 《2012年中国残疾人事业发展统计公报》http://www.gov.cn/jrzg/2013-03/28/content_2364263.htm

个，共为 16.0 万残疾人提供了托养服务。其中寄宿制托养服务机构 1750 个；日间照料机构 2000 个；综合性托养服务机构 1927 个。接受居家托养服务的残疾人达到 78.4 万人。①

2014 年新型农村和城镇居民社会养老保险统一合并实施，已有 2180.0 万城乡残疾居民参保，参保率 74.2%，在 60 岁以下的参保残疾人中有 405.0 万重度残疾人，其中 379.2 万得到了政府的参保扶助，代缴补贴比例达到 93.6%。有 234.7 万非重度残疾人也享受了全额或部分代缴的优惠政策。领取养老金待遇的人数达到 858.6 万人。城镇残疾职工参加基本养老和医疗保险人数稳定在 280 万左右，城镇 261.5 万和农村 844.1 万残疾人纳入最低生活保障范围；城镇集中供养残疾人和农村五保供养残疾人分别达到 11.2 万和 66.2 万；455.0 万和 279.0 万符合条件的城乡残疾人分别享受了稳定的生活补贴和护理补贴。257.7 万城乡残疾人得到了其他救助救济。残疾人托养服务工作规范推进，残疾人托养服务机构达到 5917 个，共为 16.1 万残疾人提供了托养服务。其中寄宿制托养服务机构 1758 个；日间照料机构 2132 个；综合性托养服务机构 2027 个。在以上机构中，共有 15933 名残疾人实现辅助性就业，3503 名残疾人实现了支持性就业。机构之外接受居家托养服务的残疾人达到 77.1 万人。全年共有 4.9 万名托养服务管理和服务人员接受了各级各类专业培训，其中接受国家级培训 882 人。②

---

① 《2013 年中国残疾人事业发展统计公报》http://www.gov.cn/xinwen/2014-03/31/content_2650048.htm

② 《2014 年中国残疾人事业发展统计公报》http://www.gov.cn/xinwen/2015-04/01/content_2841049.htm

第五章　当代中国社会救助事业的历史经验

社会救助是民生工作的重要内容，它既是一个经济问题，又是一个政治问题，社会救助关乎人民群众的生命安全和社会的稳定。其工作成效如何往往是判断一个执政党和政府是否立党为公、执政为民的重要标志。梳理和总结当代中国社会救助事业的历史经验，对于提高中国共产党的执政能力，全面建成小康社会具有十分重要的意义。

一、坚持中国共产党的领导，加强社会救助的政治和组织保证

中国共产党成立 90 多年来，始终站在时代前列，始终代表最广大人民的根本利益，团结带领全国各族人民不断取得革命、建设、改革的伟大胜利。在改造社会的伟大实践中，中国共产党带领全国人民成功开展了常态的困难救助，战胜了一次次突发性灾难，救助大批处于困难中的群众，在社会救助工作中发挥了领导核心作用，充分彰显了中国共产党的执政能力和先进性。

在革命、建设和改革时期，中国共产党在大灾巨难中发挥的领导核心作用主要表现为超强的抗灾动员能力和组织能力。根据现代灾害保障学的一般观点，政府是社会救助的主体，是社会救助工作的决策者和领导者，是广大弱势群体的保护者和援助者，并通过合理的财政预算体现出来。但

是，在中国共产党90多年的历史中，革命时期和社会主义建设的探索时期，由于历史的原因，中国在较长的历史时期中始终处于比较落后的状态。因此，政府救助主体作用的发挥自然不是采取包揽一切的救助办法。中国共产党在社会救助工作中，通过强大的动员能力，充分调动困难群众和全社会参与的积极性，把全社会分散弱小的力量在短时期积聚成强大的合力。中国共产党在社会救助中这种政治动员和保障作用在一定程度上分担了政府的主体作用。

改革开放后，在应对重大自然灾害的过程中，中共中央起到了决策领导作用。中央领导人亲赴抗灾救灾第一线，以最快的时间、最高的效率做出部署，并就重大灾害的恢复生产做出科学规划。中共中央各部门响应中央号召，部署落实中央的要求。各级党委和基层党组织在抗灾救灾中组织灾民转移、搜救被困群众、救治受伤人员，积极开展自救和灾后恢复重建，起到了领导核心作用和战斗堡垒作用，为夺取抗灾救灾的胜利提供坚强组织保证。在历次抗灾救灾中，广大党员干部以自己的模范言行，影响和带动灾区广大群众增强信心，战胜困难。各级党员干部深入抗震救灾第一线，身先士卒，哪里有灾情哪里就有党员的身影，哪里有困难哪里就有干部的足迹，特别是灾情最严重的地方，受灾群众最集中的地方，抗灾困难最大的地方，都有党员领导干部带领和组织群众抗灾自救，解决实际困难和问题，充分展示了党员干部无私无畏的良好形象，增强了广大灾区群众的自信心。同时，广大党员干部积极捐款捐物，努力解决灾区群众的生产和生活问题。在2008年四川汶川"5·12"地震发生后，各级党组织和广大党员干部，包括人民解放军和武警部队各级党组织和党员干部认真贯彻党中央、国务院、中央军委的部署，奋不顾身地投入抗震救灾第一线，带领人民群众顽强拼搏、艰苦奋战，在关键时刻充分发挥了战斗堡垒和先锋模范作用。截至5月26日的不完全统计，灾区共有1.75万多名副县级以上领导干部、228.8万多名共产党员投身抗震救灾一线。全军和武警部队共有

500多个团以上的党委，近1万个基层党组织、1000多个临时党组织和4万多名党员直接参与这次抗震救灾斗争。各个部队组织的抢险突击队、宣传工作队、心理疏导组70%以上都是党员。据统计，各部队成立了2000多个"党员突击队"，承担最紧急、最艰巨、最危险的任务，展示了军队党员模范践行中国共产党和人民解放军的宗旨，保持共产党员先进性的良好形象。① 据四川省委组织部统计，截至7月中旬，参加深入开展学习实践科学发展观活动试点单位已先后组织3万多名党员干部投入抗震救灾一线，捐款1.7亿多元，缴纳特殊党费2000多万元，献血110多万毫升，调拨帐篷138万顶、棉被248万床和其他救灾物资达145万吨。在抗震救灾的关键时刻，省委组织部从省、市、县三级机关紧急抽调3000多名干部投入救灾第一线，及时完善重建受损基层党组织和基层政权965个，组建了2万多支"党员抢险队""党员突击队""党员服务队"等救援队伍，先后组织动员了120多万名党员战斗在抢险救灾第一线。② 为尊重和鼓励党员通过党组织表达支援汶川灾区的心愿，中央组织部5月18日发出《关于做好部分党员交纳"特殊党费"用于支援抗震救灾工作的通知》，接受党员以党费捐款，作为"特殊党费"转送地震灾区。至2008年11月5日，全国共有4550多万名党员交纳抗震救灾"特殊党费"97.3亿元。③

中国共产党绝对领导下的人民解放军永远是抢险救灾的中坚力量。在每一次重大自然灾害发生后，行动最迅速、冲在最前面、最具有战斗力和纪律性、承担最危险抢险任务、不惜牺牲生命的都是中国共产党领导下的人民子弟兵。他们把人民群众的利益放在第一位，在抢险救灾中发挥了中流砥柱的作用。中国政府2013年发布的《中国武装力量的多样化运用》指出：

---

① 盛若蔚：《二百二十八万多名共产党员投身抗震救灾一线》，《人民日报》2008年5月27日。
② 郑德刚：《在抗震救灾和恢复重建中践行信念》，《人民日报》2008年7月30日。
③ 董宏君：《支援抗震救灾和恢复重建97.3亿"特殊党费"全部划拨》，《人民日报》2008年12月5日。

2008年，出动126万名官兵和民兵预备役人员抗击南方严重低温雨雪冰冻灾害，22.1万人参加四川汶川特大地震抗震救灾。2010年，2.1万军人参加青海玉树强烈地震抗震救灾，1.2万军人参加甘肃舟曲特大山洪泥石流灾害抢险救援。2011—2013年，军队和武警部队共出动兵力37万人，各型车辆（机械）19.7万台次、飞机和直升机225架次，组织民兵预备役人员87万人，参加抗洪、抗震、抗旱、防凌、防台风和灭火等抢险救灾行动，抢救转移群众245万人，抢运物资16万吨。陆军航空兵直升机每年出动数百架次担负森林和草原防火、救火任务，并实现常态化。

正是有中国共产党的坚强领导，全社会积极行动和共同参与，才形成了独具特色的灾害救助模式。

二、抓住经济建设这个中心，夯实社会救助的物质基础

马克思主义指出："人们为了能够'创造历史'，必须能够生活。但是为了生活，首先就需要吃喝住穿以及其他一些东西。因此第一个历史活动就是生产满足这些需要的资料，即生产物质生活本身，而且正是这样的历史活动，一切历史的基本条件，人们但是为了能够生活就必须每日每时去完成它，现在和几千年前都是这样。"[①] 但是，"社会的物质生产力发展到一定阶段，便同它们一直在其中活动的现存生产关系或财产关系（这只是生产关系的法律用语）发生矛盾。于是这些关系便由生产力的发展形式变成生产力的桎梏。那时社会革命的时代就到来了。随着经济基础的变更，全部庞大的上层建筑也或慢或快地发生变革。"[②] 也就是说生产力是人类社会发展的前提和基础，是决定社会发展的最终力量。生产力的水平决定着社会发展的性质、状态、面貌与发展程度。这就是历史唯物主义的基本原理。

---

① 《马克思恩格斯选集》第1卷，人民出版社1995年版，第79页。
② 《马克思恩格斯选集》第2卷，人民出版社1995年版，第32-33页。

中国共产党根据马克思主义的基本原理,正确认识了近代中国半殖民地半封建社会的性质,以及帝国主义、封建主义和官僚资本主义已经成为中国社会生产力的严重障碍。因此,中国共产党领导了新民主主义革命,其根本任务"除了取消帝国主义在中国的特权以外,在国内,就是要消灭地主阶级和官僚资产阶级(大资产阶级)的剥削和压迫,改变买办的封建的生产关系,解放被束缚的生产力"。[1]也就是说,中国共产党革命的根本任务就是解放和发展社会生产力,正如毛泽东所说:"在革命胜利以后,迅速地恢复和发展生产,对付外国的帝国主义,使中国稳步地由农业国转变为工业国,把中国建设成为一个伟大的社会主义国家。"[2]毛泽东还把生产力的发展状况作为政党评判的根本标准,他说:"中国一切政党的政策及其实践在中国人民中所表现的作用的好坏、大小,归根到底,看它对于中国人民的生产力的发展是否有帮助及其帮助之大小,看它是束缚生产力的,还是解放生产力的。"[3]刘少奇也强调:革命"只是使中国人民从帝国主义、封建主义和官僚资本主义的压迫之下解放出来,只是使他们从贫困、痛苦、被奴役、被侮辱的地位翻起身来,只是使中国已有的生产力获得解放,清除发展生产的障碍,造成继续发展生产的顺利条件,并且使生产力的继续发展获得保障,不受内部的和外来的野蛮势力的破坏。但这还不是生产力的直接提高,还不是生产本身的发展,因而就不能很大地提高人民生活水平"。[4]正因此,中国共产党一方面领导全国人民进行革命,一方面在根据地或解放区,也非常重视经济建设,为革命提供物质保障,并在此基础上进行社会救助,这就是毛泽东在革命时期发出的"发展经济,保障供给"号召。

---

[1] 《毛泽东选集》第4卷,人民出版社1991年版,第1254页。
[2] 《毛泽东选集》第4卷,人民出版社1991年版,第1437页。
[3] 《毛泽东选集》第3卷,人民出版社1991年版,第1079页。
[4] 《刘少奇论新中国经济建设》,中央文献出版社1993年版,第170–171页。

新中国成立后,中国共产党把发展社会生产力放到很高的位置,仅仅3年的时间就恢复了国民经济,并在此基础上胜利完成了国民经济的第一个五年计划,取得了社会主义改造的伟大胜利,社会生产力有了一个大的发展。进而,中共"八大"正确分析了中国社会的主要矛盾,指出"人民对于建立先进的工业国的要求同落后的农业国的现实之间的矛盾,已经是人民对于经济文化迅速发展的需要同当前经济文化不能满足人民需要的状况之间的矛盾。这一矛盾的实质,在我国社会主义制度已经建立的情况下,也就是先进的社会主义制度同落后的社会生产力之间的矛盾"。"党和全国人民的当前的主要任务,就是要集中力量来解决这个矛盾,把我国尽快地从落后的农业国变为先进的工业国"。① 但是,由于国内外各种因素的影响,中共"八大"已经形成的正确认识并没有得到坚持,逐渐偏离发展生产力这个中心,过分强调阶级斗争,其结果是给党和国家带来了巨大损失,人民生活处于极其贫困的状态,社会救助事业也受到极大影响。这完全违背了马克思主义的基本原理,如同邓小平所说:"按照历史唯物主义的观点来讲,正确的政治领导的结果,归根到底要表现在社会生产力的发展上,人民物质文化生活的改善上。"② 他还指出:"离开了经济建设这个中心,就有丧失物质基础的危险。其他一切任务都要服从这个中心,围绕这个中心,决不能干扰它,冲击它。"③

社会救助属于上层建筑,它自然受制于社会生产力的发展水平,没有社会经济的持续发展,社会救助也不可能有保证。建立在贫穷落后基础上的社会救助仅是低水平的社会救助,既不能持久,也难以发挥实际作用。2008年四川汶川抗震救灾胜利的根本原因就在于改革开放的伟大成就和积累的雄厚物质基础。正如胡锦涛所说:"抗震救灾斗争以一种

---

① 《建国以来重要文献选编》第9册,中央文献出版社1994年版,第341–342页。
② 《邓小平文选》第2卷,人民出版社1994年版,第128页。
③ 《邓小平文选》第2卷,人民出版社1994年版,第250页。

特殊的方式全面检阅和展示了我国改革开放 30 年的伟大成就。改革开放以来我国综合国力大幅跃升、社会繁荣进步,为抗震救灾提供了坚实物质保障和社会基础。"因此,中国"要继续坚持解放思想、实事求是、与时俱进,坚定不移地把改革创新精神贯彻到治国理政各个环节,着力构建充满活力、富有效率、更加开放、有利于科学发展的体制机制,为发展中国特色社会主义提供强大动力和体制保障。发展是硬道理。要继续坚持不懈地抓好发展这个党执政兴国的第一要务,聚精会神搞建设、一心一意谋发展,更加自觉、更加坚定地推动科学发展,努力实现经济社会又好又快发展,为发展中国特色社会主义打下更加牢固的物质基础"。①

三、重视社会救助工作,实现救助功能的托底兜底

中国共产党是中国人权事业的捍卫者和奠基人。"中国共产党领导人民进行革命、建设、改革,就是要实现全中国人民广泛的自由、民主、人权"。②中国共产党的历史,就是一部中国共产党人为争取、维护和促进中国人权而奋斗的历史。中国共产党坚持唯物史观为指导,始终把生存权和发展权看作中国人权的首要问题。毛泽东很早就指出:"世界什么问题最大?吃饭问题最大。"③他认为"财产是根本,教育、职业、婚姻种种都是枝叶。"④关注生命、保护生命是社会救助的第一要义。无论在民主革命时期、新中国成立初期,还是改革开放新时期,中国共产党进行社会救助的首要目的就是保障民众的生命权。同时,社会救助工作是社会的稳定器,对保证国家的长治久安具有非常重要的意义。早在大革命时期,毛泽东在《中国社

---

① 《胡锦涛在全国抗震救灾总结表彰大会上的讲话》(2008 年 10 月 8 日),《人民日报》2008 年 10 月 9 日。
② 《江泽民文选》第 2 卷,人民出版社 2006 年版,第 56 页。
③ 《毛泽东早期文稿》,中央文献出版社 1990 年版,第 292 页。
④ 《毛泽东年谱(1893-1949)》(上),中央文献出版社 1993 年版,第 83 页。

会各阶级的分析》一文中特别指出：由"失了土地的农民和失去了工作机会的手工业工人"组成的"游民无产者"，"他们是人类生活中最不安定者。处置这一批人，是中国的困难的问题之一。这一批人很能勇敢奋斗，但有破坏性，如引导得法，可以变成一种革命力量。"① 从中可以看出，正是旧政权缺少有效的社会救助，造成了这批社会的不安定者。毛泽东认为，中国共产党只要认真开展包括救助在内的革命动员和根据地建设，这些社会救助对象就可以转变为革命的力量。正因此，在中央苏区时期，毛泽东就提出要关心群众的日常生活，这是党和苏区政权全部工作的重要内容。1934年1月，毛泽东在江西瑞金作了《关心群众生活，注意工作方法》的报告。他说：我们对于广大群众的切身利益问题，群众的生活问题，一点也不能疏忽，一点也不能看轻。应该深刻地注意群众生活的问题，从土地、劳动问题，到柴米油盐问题。"一切这些群众生活上的问题，都应该提到自己的议事日程上。……要使广大群众认识我们是代表他们的利益的，是和他们呼吸相通的。"他指出：要得到群众的拥护，要群众全力支持革命战争，就得去发动群众的积极性，"就得真心实意地为群众谋利益，解决群众的生产和生活问题，盐的问题，米的问题，房子的问题，衣的问题，生小孩的问题，解决群众的一切问题"。② 在革命根据地，中国共产党高度重视社会救助工作，毛泽东指出："各解放区有许多灾民、难民、失业者和半失业者，亟须救济。此问题解决的好坏，对各方面影响甚大。"他说，我们的经济政策的原则，是进行一切可能的和必须的经济方面的建设，集中经济力量供给战争，"同时极力改良民众的生活，巩固工农在经济方面的联合"。③ 毛泽东特别赞扬了长岗乡的社会救助工作，他说："长岗乡是在最具体最实际地解决群众中

---

① 《毛泽东选集》第1卷，人民出版社1991年版，第8—9页。
② 《毛泽东选集》第1卷，人民出版社1991年版，第138页。
③ 《毛泽东选集》第1卷，人民出版社1991年版，第130页。

的每一个困难问题。长岗乡苏维埃与互济会的社会救济工作,是值得赞扬的。"①抗战时期,中国共产党把保障民生、改善人民生活与争取抗战胜利联系起来。1937年5月3日,毛泽东在党的全国代表会议上所作《中国共产党在抗日战争时期的任务》报告中,号召全国人民"为民族独立、民权自由、民生幸福这三大目标而奋斗"。②1937年8月25日,中共中央发布了《中国共产党抗日救国十大纲领》,强调在坚持抗日的基础上,广泛实行民主,保障人民权利,其中在经济方面,提出要改良工人、职员、教师和抗日军队的待遇;废除苛捐杂税;减租减息;救济失业;赈济灾荒。③毛泽东强调一定要重视包括社会救助在内的经济问题,他说:"我们应该不惜风霜劳苦,夜以继日,勤勤恳恳,切切实实地去研究人民中间的生活问题,生产问题,耕牛、农具、种子、肥料、水利、牧草、农贷、移民、开荒、改良农作物、妇女劳动……重要问题,并帮助人民具体地而不是讲空话地去解决这些问题。"④

新中国建立后,政务院1949年12月19日发出的《关于生产救灾的指示》指出:生产救灾是"关系到几百万人的生死问题,是新民主主义政权在灾区巩固存在的问题,是开展明年大生产运动、建设新中国的关键问题之一"。⑤

在改革开放的新时期,无论是日常的社会救助工作,还是应对重大自然灾害,中共中央都把人民群众的生命安全放在第一位,坚决贯彻以人为本的执政理念。特别是四川汶川大地震发生后,胡锦涛《在四川召开的抗震救灾工作会议上的讲话》中特别强调了以人为本的救助理念,他说:要继续争分夺秒地搜救被困群众,"抗震救灾工作必须坚持以人为本。抢

---

① 《毛泽东选集》第1卷,人民出版社1991年版,第136-137页。
② 《毛泽东选集》第1卷,人民出版社1991年版,第259页。
③ 《毛泽东选集》第2卷,人民出版社1991年版,第356页。
④ 《毛泽东选集》第2卷,人民出版社1991年版,第467页。
⑤ 《中央人民政府政务院关于生产救灾的指示》,《人民日报》1949年12月20日。

救人民群众生命是首要任务,必须继续作为当前抗震救灾工作的重中之重。""只要有一线希望,只要有一点生还可能,我们就要做出百倍努力。要充分发挥人民解放军、武警部队和公安消防特警突击队作用,在救援队伍进入所有乡镇的基础上,尽快进入所有村庄,排查每一处倒塌房屋,竭尽全力搜救被困群众。要充分发挥专业救援队伍的优势,实行科学救援,尽最大努力抢救被困群众的生命。"要全力救治受伤人员,"要加强对本地和从各地及部队调集来的医疗救护队伍的组织协调,尽最大努力抢救伤员生命、医治群众病痛。要切实保障灾区医疗急救物资供应,切实满足救治工作需要。现在,灾区医疗机构的负荷很重,为了保证伤员救治,要统筹安排,及时将部分能够安全转移的伤员送往外省市条件较好的医疗机构救治。"要想方设法安排好受灾群众基本生活。"要加强组织调运,继续筹措受灾群众急需的生活必需物资,想尽一切办法把粮食、食品、饮用水、药品、衣被等物资运往灾区。当前,灾区急需帐篷,要采取挖掘库存、抓紧调运、扩大生产、争取外援等办法加以解决,尤其要尽快把已经筹集到的帐篷送到灾区群众手中,确保灾区群众有饭吃、有衣穿、有干净水喝、有临时住处。要深入灾区群众特别是遇难者家属,耐心细致地做好思想工作,注重做好心理安抚,维护好特殊情况下的社会秩序,确保灾区社会安定、人心稳定。"这充分体现了中国共产党在社会救助中一直坚持"生命第一"的原则和全心全意为人民服务的宗旨。

四、加强制度建设,确保社会救助的公平有效

在社会经济运行中,生产、分配、交换、消费是社会再生产过程中的四个重要环节。分配是指社会在一定时期内新创造出来的产品或价值(即国民收入)的分配。一般说来,分配分为初次分配和二次分配两种。初次分配,是指在产品和劳务的生产当中,按照劳动力、资本、土地和技术等各生产要素主体对产出直接做出贡献的大小给予的货币补偿;而二次分配

则是指由政府主导的通过税收或财政支出所进行的包括社会保险、社会救助、社会福利、优抚等社会保障的分配。在初次分配中，为提高市场配置资源的有效性，激发对价值创造的积极性，提高经济生产的效率，必然让那些有知识、善于创新并努力工作的人得到更多的报酬，这就是初次分配中的效率优先。由于社会成员个体的差异性和对公共产品的普遍需要，在第二次分配领域里，由政府主导，通过公共支出、税收、转移支付，把高收入者的一部分收入转移给公共事业建设或低收入者，其更加注重分配的相对平等，这就是二次分配中的公平。

在二次分配过程中能否真正实现公平，关键取决于各分配支出类别自身是否有科学合理的制度安排。在社会救助中，救助条件、救助标准、救助范围、救助内容、救助评价等都必须有明确的制度规定。在革命、建设和改革时期，中国共产党在社会救助工作中，不断总结经验教训，中央和地方各级人民政府逐步建立了一整套社会救助的管理制度，保证了社会救助工作的效率和公平。

在新民主主义革命时期的灾害救助中，中国共产党领导下的革命政府逐渐明确了报灾、请赈、政府批复、发放救济粮款、总结等基本程序以及各个环节的要求。在救助物资的发放方面，解放战争时期就有一套合理的发放办法，使最困难的灾民能够得到及时救济。具体包括：（1）通过村救委会或村干部进行调查登记，然后交群众大会讨论决定，这种方式主要用于工作基础比较薄弱的地区；（2）干部深入群众，进行个别调查，然后结合困难群众的自我申请；（3）由村民分组讨论，交村救委会汇总，然后提交大会考核，如过半数通过，即确定救济；（4）先确定救济标准，由村救委会提出若干对象，再由群众讨论选举。在救济对象确定的同时，评定灾荒等级，然后张榜公布，设置意见箱，征求群众意见，以补民主之不足。总之，救济物资的发放主要坚持了以下原则：急救精神与重点发放的原则；以战争损失严重、生活困难、抗战有功，作为救济对象的基本条件；

坚持群众路线,发扬民主;救济与生产相结合。[1]与此同时,各根据地或解放区还有工作反馈环节,及时了解救助资金和粮食的使用状况,以便及时发现问题及时纠正。如山东抗日根据地政府专门规定了严格的汇报制度,要求下级机关就救济灾民难民的准备工作、发放粮食和钱款数目及被救济人数等定期上报。专署以上政权机关,每3个月向其上级做书面工作报告一次;县政府每月向专署作书面工作报告一次,报告要写两份,一存专署,一由专署签注指示意见后转其上级(如由主任公署,则需要三份书面报告,专署存一份,转呈两份);区公所每月向县政府作书面报告一次。另外,还须每月15日向县政府各科、处、部作口头报告一次;乡公所每半月向区公所作口头报告一次,每月作书面工作报告一次。村公所向乡公所每月作口头报告三次。[2]

新中国成立后,具有临时宪法作用的《中国人民政治协商会议共同纲领》规定:人民政府应根据国家计划和人民生活的需要,争取于短时期内恢复并超过战前粮食、工业原料和外销物资的生产水平,应注意兴修水利,防洪抗旱,恢复和发展畜力,增加肥料,改良农具和种子,防止病虫害,救济灾荒,并有计划地移民开垦。1954年9月20日,第一届全国人民代表大会第一次会议通过的《中华人民共和国宪法》规定:中华人民共和国劳动者在年老、疾病或者丧失劳动能力的时候,有获得物质帮助的权利。国家举办社会保险、社会救济和群众卫生事业,并且逐步扩大这些设施,以保证劳动者享受这种权利。此后历次修改的《中华人民共和国宪法》都有社会救助的法律规定。这就为社会救助工作提供了根本的法律依据。

但由于计划经济时期的经济上高度集中、政治上高度集权的特点和革命战争环境中形成的有事找党委、依靠政策办事的习惯,再加上几千年封建社会特权和个人独断专行的历史惯性,依法治国并没有真正成为国家和

---

[1] 《山东革命历史档案资料选编》第21辑,山东人民出版社1986年版,第125-126页。
[2] 《山东革命历史档案资料选编》第6辑,山东人民出版社1982年版,第246-249页。

社会必须遵守的最根本的法律，社会救助的制度化建设受到影响。1978年12月，中共十一届三中全会开启了改革开放的历史新时期，做出把全党工作重点转移到经济建设上来的重大决策，同时强调要发展社会主义民主、健全社会主义法制。中共十一届三中全会公报明确指出："为了保障人民民主，必须加强社会主义法制，使民主制度化、法律化，使这种制度和法律具有稳定性、连续性和极大的权威，做到有法可依，有法必依，执法必严，违法必究。从现在起，应当把立法工作摆到全国人民代表大会及其常务委员会的重要议程上来。……要保证人民在自己的法律面前人人平等，不允许任何人有超于法律之上的特权。"[1]1979年，中共中央在《关于坚决保证刑法、刑事诉讼法切实实施的指示》中提出，能否切实执行法律，"是衡量我国是否实行社会主义法治的重要标志。" 1978年12月，中共中央工作会议指出："为了保障人民民主，必须加强法制。必须使民主制度化、法律化，使这种制度和法律不因领导人的改变而改变，不因领导人的看法和注意力的改变而改变。"1997年9月，中共十五大正式把依法治国作为党领导人民治理国家的基本方略。

在此背景下，关于社会救助的制度化建设取得了长足的进步，法制化建设逐步代替了政府出台的各种政策性文件和召开的相关会议，其中最重要的标志是国务院1994年颁布的《农村五保供养工作条例》，这是中国第一部关于农村地区社会救助的专门法律规范。该法规的实施进入到21世纪之后，在国家推行农村费税改革的形势下，农村五保供养资金的源头活水被迫中断，遇到了严峻的挑战。2006年1月11日，国务院审议通过的新《条例》规定，农村五保供养资金纳入财政预算，五保供养标准不低于当地村民平均生活水平，五保供养服务机构建设纳入当地经济社会发展规划，这标志着中国农村五保供养开始由农村集体福利事业向现代社会救

---

[1] 《三中全会以来重要文献选编》（上），中央文献出版社2011年版，第9页。

助制度转型。另一个重要标志是 1999 年国务院颁布的《城市居民最低生活保障条例》，这是中国第一部关于城市社会救助的最高行政法规，明确了城市低保的一系列重大政策，使城市居民的基本生活有了法律保障，城市低保从此逐步走上规范化、法制化的管理轨道。作为国家主管社会救助的最高行政部门民政部和各省（区、市）人民政府都非常注重社会救助的制度建设，出台了一系列成龙配套的社会救助行政规章，市、县、乡逐级建立起比较完备的社会救助政策体系，使社会救助工作基本做到了有法可依、有章可循。

五、适应社会发展变化，多渠道地筹措救助资金

在社会救助工作中，中国共产党曾经把互帮互助作为社会救助的重要内容。但是在集体化时期，个体间的互助被集体组织间的互助替代。改革开放后，随着农村集体化的解散、城市经济体制的改革和人民群众生活水平的提高，群众个体和单位捐助支援灾区的要求增加了。1981 年 10 月 4 日，民政部发布《关于可否发动群众募捐支援灾区问题的答复》，指出："根据中央有关指示精神，灾区人民的生活困难，主要依靠自力更生和国家必要的救济解决。对单位或群众都不号召不发动救灾募捐，但如有些单位和个人出于自愿主动给予捐赠，民政部门可以接收，并将收到的捐赠物寄到重灾地区，由社队评发给灾民。"[①] 虽然此后的募集活动一度集中在国家机关、国有企事业单位，但打破了相当长时期群众很难捐赠救助状态。1986 年 10 月 11 日，国务院同意转发了民政部《关于在全国大中城市募集多余衣被支援贫困地区的请示》，同意该年秋季在全国大中城市开展一次为贫困地区募集衣被的活动。11 月 11 日，民政部在《关于切实做好支援贫困地区衣被募集发放工作的通知》中，表示对"自

---

① 民政部政策研究室：《民政工作文件汇编》（二），地质出版社印刷厂印刷 1984 年，第 176 页。

愿捐助者应表示欢迎"。①捐助活动得到群众的大力支持,此后,捐助社会化进程加快。

1989年9月,民政部办公厅发布《关于在国内募集衣被等物资支援灾区有关问题的通知》,决定把募集活动作为救灾工作的一项补充措施,列入经常性的工作日程。各地可视实际情况,适时适度地开展募集活动,广泛发动非灾区支援灾区、城市支援农村、党政机关支援基层的互助互济活动,帮助灾区群众解决困难。②1991年5、6月间,中国出现了特大洪涝灾害,全国很多地方的党政机关、群众团体、企事业单位和个人发扬一方有难、八方支持的互助协作精神,纷纷致信致电民政部,要求以单位和个人的名义提供捐赠,有些已直接交寄款物,有的文艺团体要求义演募捐,帮助灾区。为此,1991年7月17日,民政部发出《关于印发＜民政部国内救灾工作通告＞的通知》,就国内救灾捐赠工作做出规定,要求各地加强对捐助工作的领导,尽快做好救灾捐赠接收的一切准备工作,包括办事机构、办公地址、联系电话、接收捐款账号等,为各方面捐赠提供方便条件。该《通知》要求严格管理,对捐赠款物要按日清理,做到账款、账物相符,防止漏洞,发现问题,及时处理。③

为进一步在全国开展经常性社会捐助活动,并切实加强对这项工作的规范和管理,经中共中央、国务院同意,2001年9月,民政部发布了《关于进一步开展经常性社会捐助活动的意见》,要求各地充分认识开展经常性社会捐助活动的重要意义,进一步明确政策,健全网络,严格管理,规范操作,把经常性社会捐助工作纳入规范化、制度化的轨道,推动这项工作深入、持久、健康发展。该《意见》就完善经常性社会捐助工作的管理体制和运行机制、建立健全经常性社会捐助活动服务网络、规范捐助款物

---

① 《民政工作文件选编(1986年)》,华夏出版社1987年版,第227页。
② 《民政工作文件选编(1989年)》,中国社会出版社1990年版,第205页。
③ 《民政工作文件选编(1991年)》,中国社会出版社1992年版,第151页。

的流程制度、经常性社会捐助工作的经费来源和优惠政策等明确了具体意见。中国共产党和中国政府对国内捐助的积极态度和规范化要求，有力地促进了国内救灾捐助工作的开展。

与此同时，中国共产党和中国政府对各类民间团体、慈善组织的认识也发生重大变化。1996年，民政部发出《关于在社会救助工作中充分发挥慈善组织作用的通知》，明确指出慈善组织是"政府与群众之间的桥梁纽带，在调集社会资源、开展扶贫济困等方面具有一定的优势，发挥着重要作用"。《通知》强调："在政府履行社会救助职能的过程中，充分动员社会力量，特别是发挥各类慈善社团的作用，建立多层次、多渠道的社会救助体制，改变单一依靠政策包揽的局面，是一项紧迫的任务"。各级政府"要主动为慈善组织的工作提供必要条件，支援他们开展各种形式的社会救助活动，使他们更好地发挥自身的优势，协助政府推动社会救助工作社会化的进程"。① 这个通知及后续一系列会议、文件为慈善组织参与社会救助工作奠定政策法律依据。2004年9月，中共十六届四中全会第一次将"慈善事业"写进执政党的重要文献。2005年3月，国务院将"支持慈善事业发展"第一次写入政府工作报告。国家"十一五"规划中也提出了"鼓励开展社会慈善、社会捐赠、群众互助等社会扶助活动，支持志愿服务活动并实现制度化"的要求。

另外，中国政府对海外援助的态度也逐渐发生变化，由原来的一味拒绝变为主动请求国际社会援助。1980年7月，鉴于中国广东沿海地区遭受台风袭击，灾情严重，联合国救灾署曾来电通过联合国开发计划署驻京代表处询问灾情，并询问中国是否需要援助。之后，该办事处主任夏龙再次询问湖北灾情，并征询中国是否愿意接受援助。②10月，外经部、民政部、外交部在向国务院呈送的《关于接受联合国救灾署援助的请示》中指出，"鉴

---

① 《民政工作文件选编（1996年）》，中国社会出版社1997年版，第325-326页。
② 民政部政策研究室：《民政工作文件汇编》（二），地质出版社印刷厂印刷1984年，第166页。

于发展中国家遭受严重自然灾害时要求救灾署组织救济较为普遍,属于各国人民相互支援的性质","今后我国发生自然灾害时,可及时向救灾署提供灾情,对于情况严重的,亦可提出援助的要求","建议由外经部作为救灾署对口机构,负责与该署进行联络和交涉;民政部负责内部工作归口"。该《请示》还表示"我们欢迎国际社会向我灾区提供人道性质的援助"。国务院批准了这一请示。①

1987年,大兴安岭火灾给中国造成巨大损失,中国红十字会首次向国际社会提出受援请求。国际社会对大兴安岭火灾给予很大关注。50多个国家和国际组织发来了慰问电,20多个国家和国际组织捐赠救灾资金、器材、药品和食品。中国政府不仅改变了以往对国际救灾援助的态度,而且拓宽了接受国际救灾援助的渠道,从过去单一接受联合国救灾署和国际红十字会的援助,到接受来自国家、国际组织乃至个人的救灾援助。②借此机会,外经贸部、民政部和外交部于1987年5月13日向国务院提交《关于调整国际救灾援助方针问题的请示》,建议调整接受国际救灾外援的方针。1987年6月,国务院批准了该请示。该请示指出:为开放、搞活救灾工作,建议有组织有计划地向国际社会通报和提供有关灾情和救灾工作的资料,有选择地积极争取国际救灾援助,并接受联合国系统各机构、其他国际组织和友好国家政府的救灾援助。③这样,中国对待国际灾害救助由被动变为主动,同时,中国在接受救灾外援方面明确了不同部门、不同单位的不同职责,使得接受外援政策更加规范化。

1989年3月,中共中央政治局委员、国务院副总理田纪云在中国"国际减灾十年"委员会成立会议上发表讲话,提出要"解放思想,进一步扩

---

① 民政部政策研究室:《民政工作文件汇编》(二),地质出版社印刷厂印刷1984年,第168页。
② 詹奕嘉:《唐山大地震后30年》,《世界知识》2006年第14期。
③ 民政部法规办公室:《中华人民共和国民政法规大全》,中国法制出版社2002年版,第1088页。

大国际救灾交往与合作",他指出:"自然灾害是一种自然现象,是自然与整个人类的冲突和矛盾。在同自然灾害的斗争中,全人类不论是哪个国家、哪个民族、哪种信仰的人,都有与自然灾害做斗争的义务。过去,我们在这个问题上有过教训,往往把灾情、救灾和接受外援与政治因素混在一起考虑,在救灾交往方面不够开放。唐山地震可谓是世界第一,可是当时任何外援都不接受啊!"他指出,过去"我们把接受外援当作是一种不光彩的事情,好像只有援助别人是应该的。我们过去常常受这种观念的熏陶,我看这种观念现在应该彻底抛弃。现在,世界许多国家在接受救灾外援方面是很开放的"。许多国家争取外援不但获取了"现金援助和大量人力、物力援助,而且在国际上赢得了好评"。他建议"没有极特殊情况,对灾情可以公开,可以主动向国际社会通报。对外援,要积极争取,坦然接受,尽量抛弃政治因素,除个别别有用心者和带有不利于我国的附加条件外,对其他人道主义的援助,要来者不拒,一概欢迎。"①

经国务院批准,在民政部、经贸部、外交部指导下,按照国家社团管理条例规定原则,1992年10月8日,以抗灾救灾为目的的面向国内外的全国性群众团体——中国抗灾救灾协会宣布成立。其宗旨为组织动员和运用国内外民间力量,采取救灾扶贫的办法,帮助灾区人民提高抵抗灾害的能力,克服灾害带来的生产、生活困难,发展抗灾救灾事业。其主要任务是开展同国内外与抗灾救灾有关的部门、组织、单位、团体以及友好人士、港澳台同胞、海外侨胞的联系、交往与合作,互通信息,交流经验;同时,受政府委托,争取抗灾救灾援助,接受和管理国内外民间组织、团体和个人对中国灾区的捐赠等。②

实践证明,多渠道筹集救助资金改变了以往大包大揽的做法,各类民间团体、慈善组织和个人以及国际社会救援发挥了重要作用。

---

① 《民政工作文件选编(1989年)》,中国社会出版社1990年版,第172页。
② 陈雁、翟启运:《中国抗灾救灾协会在京成立》,《人民日报》1992年10月9日。

六、根据中国实际，循序渐进地推进社会救助工作

社会救助是生产力发展到一定阶段的产物，受生产力发展水平的制约。社会救助的标准和范围如果适应社会生产的发展，社会救助工作就会得到发展，反之，社会救助不仅不会得到发展，反而会伤害到社会的公平和效率，从而起到相反的作用。

中国正处于社会主义初级阶段，经济总量虽然有很大的增长，但人均数量依然很低，还达不到世界的人均水平。中国人口众多，需要各类救助的人数往往有数亿，国家经济社会发展很不平衡，基础设施建设有待于进一步提高。中国共产党领导的社会救助事业走出了一条渐进改革的模式。这种模式是依据制度内外约束，沿着由点及面、循序渐进的轨迹，层次式推进、适应性调适、阶段化发展的改革策略。

从救助的次序性上看，中国的社会救助在策略上注重试点先行、典型引路，发挥地方政府的主动性，在框架上侧重于发展基本生计性救助，然后逐步拓展制度内容，在区域上城市优先推动，为农村乃至全国提供成功经验，在节奏上看，中国社会救助制度建设稳步推进，从体制改革和贫困群体的客观需求出发，比较合理地把握了中国贫困面大、贫困程度深以及城乡间、区域间差距比较突出的实际，较好地实现了财政承受能力与社会需求的有机统一。坚持渐进改革的策略，使社会救助建设把突出重点与兼顾全面相结合，极大降低了由于信息不足而带来的不确定性风险，把握了改革的科学性和协调性，从而有重点、有步骤地持续推动着制度的发展和良性运行，提高了救助制度的适应性和实效性。[①]

在社会救助的标准方面，中国的社会救助遵循适度原则，把社会救助的标准控制在合理的区间限度内，在此基础上，根据社会生产力的发展，逐步提高救助标准，丰富救助内容。改革开放以来，无论是城市困难群众

---

① 江治强：《我国社会救助建设：经验、议题与发展框架》，《中国民政》2009 年第 8 期。

的低保、还是农村五保供养,都坚持了一条循序渐进的做法,并随着社会生产的发展和国家财政收入水平的提高不断修改救助举措,加大救助投入,实行了救助标准与物价上涨挂钩的联动机制,并坚持临时救助和定期救助相结合,救助内容由最基本的生活救助会逐步扩展到医疗救助、教育救助、住房救助、司法救助等福利救助,形成呈梯级、保基本、有分类、多层次、广覆盖的社会救助体系。

表格索引

表1　1935年全国失业人数统计表

表2　1912—1948年历年灾民总数阶段变动表

表3　抗日战争时期陕甘宁边区的灾荒情况统计表

表4　1949—1956年全国灾民及损失情况

表5　1952—1956年国家用于救灾的支出费用

表6　1957—1967年中国自然灾害损失

表7　1957—1964年中国春荒、夏荒情况

表8　1957—1963年中国粮食征购占粮食总产量的比例

表9　1952—1962年中国农业劳动力情况变化比例表

表10　社会救济福利费中城市救济费的情况

表11　1966—1976年中国农作物受灾、成灾面积

表12　1950—1976年粮食产量表

表13　1956—1976年中国粮食进出口变化表

表14　1963—1977年的全国退职老弱病残职工情况

表15　中国1949—1978年粮食产量、人口和人均粮食量总览

表16　中国人均生活消费量（1957—1978年）

表17　全国城乡居民收入与支出表

表18　1954—1976年中国农村居民每日热量和营养摄入量

表 19　1977—1979 年中国人均集体收入 50 元以下的穷县、穷队数

表 20　1978—2008 年中国农村的贫困人口

表 21　按照低收入标准计算的贫困人口（2000 年—2010 年）

表 22　"十五"和"十一五"期间绝对贫困和贫困人口减少情况

表 23　农村五保供养情况

表 24　集体优待供给补助情况

表 25　最低生活保障和社会救济平均标准

表 26　农村五保供养服务机构

表 27　农村最低生活保障和社会救济平均标准

表 28　1978—2007 年中国农业受灾面积和成灾面积

表 29　2000—2009 年中国发生的地质灾害种类及损失统计

表 30　1978—2009 年中国的自然灾害损失

表 31　1985—2009 年自然灾害救助情况

表 32　改革开放以来自然灾害生活救助经费情况

表 33　全国知识青年上山下乡人数

表 34　上山下乡知识青年调离农村人数

表 35　全国就业人员年末人数

表 36　历年年末城镇登记失业人数及登记失业率

表 37　1978—1992 年收容遣送站情况

表 38　城市生活无着人员救助情况

表 39　民政救助的精减退职老弱残职工